圖解論語大全

國家圖書館出版品預行編目 (CIP) 資料

圖解論語大全 / 張超群編著 . -- 初版 . -- 新
北市 : 新文創文化 , 2013.11
　　面 ;　公分
　　ISBN 978-986-89829-6-3（平裝）
　　1. 論語 2. 研究考訂
121.227　　　　　　　　　　102018043

圖解論語大全

編　　　著	張超群
責任編輯	王淑燕
校對編輯	洪小萍
封面設計	葉美君
內文編排	健呈電腦排版股份有限公司
法律顧問	朱應翔 律師
	滙利國際商務法律事務所
	台北市敦化南路二段 76 號 6 樓之 1
	電話：886-2-2700-7560
法律顧問	徐立信 律師

出 版 者	新文創文化事業有限公司
	地址：235 新北市中和區中山路三段 118-28 號 1 樓
	E-mail：newknowledge2013@gmail.com
總 經 銷	易可數位行銷股份有限公司
	地址：231 新北市新店區寶橋路 235 巷 6 弄 3 號 5 樓
	電話：886-2-8911-0825
	傳真：886-2-8911-0801
香　　港 總 經 銷	和平圖書有限公司
	地址：香港柴灣嘉業街 12 號百樂門大廈 17 樓
	電話：852-2804-6687
	傳真：852-2804-6409
本版發行	2015 年 12 月
I S B N	978-986-89829-6-3
定　　價	依封面定價為準

序言

《論語》對中國文學的影響

　　《論語》是僅次《聖經》的世界第二大暢銷出版物。二十世紀八〇年代末，七十五位諾貝爾獎得主，相約法國巴黎，聯袂宣言：「如果人類要在二十一世紀生存下去，必須回溯到二千五百年前，汲取孔子的智慧。」隨著經濟全球化的到來，一個文化全球化的時代即將誕生，中華傳統文化將在這個進程中，擔當起舉足輕重的角色。作為中華傳統文化的核心代表，和孔子思想學說的重要載體，以及儒家最重要的經典著作，《論語》確實值得為知識經濟所薰染的時人含英咀華。

　　南懷瑾先生言：「孔子學說與《論語》的價值，無論在任何時代、任何地區，對它的原文本意，只要不故加曲解，始終具有不可毀的不朽價值，後起之秀，如篤學之，慎思之，明辨之，融會有得而見之於行事之間，必可得到自證。」《論語》中保留孔子生平、思想學說的重要內容，尤其是教育思想和教學活動，是我國十分重要的文化遺產，也可以說，可作為中國歷史上，最早的一部教育書。

　　《論語》是儒家經典著作，是記錄孔子及其弟子言論的書籍。《論語》、《大學》、《中庸》和《孟子》合稱為「四書」，是封建社會讀書人的必讀之書。《論語》共二十篇，四百九十二章，內容涉及廣泛，包含哲學、政治、教育、文學、藝術，乃至立身處世之道等。其文字簡短，精練質樸，含義很深，不少句子被現代人當作格言而奉行，

是我國現存最早用語錄體記錄的古籍。它是研究孔子思想的重要依據，先後影響中國社會、周邊國家和地區，以及世界各地的華人達兩千多年。這種影響，首先表現在思想上與學術上，而思想和學術的影響，都是透過語言表述來實現的。其次，它在文學史上占有重要地位。《論語》語言與其思想和學術一樣，博大精深；影響也與其思想和學術一樣，廣泛深遠。

《論語》對治國方略的影響

《論語》是孔子思想的表現，感悟孔子的治國思想主要有：領導者提升自身修養，是治國的起點；領導者規範自身行為，是治國的關鍵；領導者施行開明的治國政策，是治國的核心。孔子認為領導者提升自身修養的方法，有重學、立志、力行、自省；領導者規範自身的行為，主要是正己和盡職兩個方面；治國政策主要有仁治、禮治、德治、孝治、名治、賢治、誠治、育治和革治。國家要長治久安，保持富強，就必須具備三個條件：一、土地廣大；二、人口眾多；三、要有足夠的可耕土地。然而具備以上條件，國家未必能富強，重要的是看政治狀況。

因此，儒家為了安定，建立嚴格的等級制度，要從家庭教育開始，注重道德的教化，輕刑罰。從歷史來看，任何社會的政治、經濟、文化制度都不可能長期合理，永不改變，儒家治國方略強調革故鼎新，因時變法。「順乎天，而應乎人」，不合時宜的舊制度舊法令，當禁止就加以禁止，不要拖泥帶水；該推行新制度新法令，就應該雷厲風行，不可畏首畏尾、猶猶豫豫。一動一靜，或行或止，才有光明前途；社會和諧、政治安定，就不會有傾覆的危險。

孔子思想一直是世人研究的主要內容之一，面對國家諸多的社會問題，孔子的治國思想更值得深思、分析、總結和借鑒。儒家治國方略，首要是為政以德、以德治國，讓人心悅誠服，用德教來啟發人民自覺地守法。在齊家治國方面，儒家強調舉賢任能、端正吏治，這是治國理財的關鍵措施。儒家治國安邦的理念，數千年來，在中華大地生根開花，深入人心，造就一代又一代的經世良才，促成國家不斷繁榮昌盛，傲然挺立於世界的東方，為人類的發展作出獨特貢獻。

《論語》是孔子的論和語，論就是議論，語就是告知，即使人有所感悟。可見《論語》所述之治國之道，是孔子治國思想的結晶和表現。

《論語》對古今教育的影響

孔子的理想，是要實現人與人之間充滿仁愛的大同世界。孔子在長期的教育實踐中，累積十分豐富的教學經驗，創造卓有成效的教學方法，總結許多寶貴的教育主張和原則，形成完整的教育思想體系。他的這些教育經驗和原則，是中國傳統教育思想的寶貴遺產，至今仍對全人類的教育實踐，具備行之有效的指導意義：有教無類、誨人不倦、因材施教、循循善誘、學思並重、傳習結合等。儒家對教育作用的看法為：透過格物、致知，做到誠意、正心（即樹立正確的倫理道德觀念，做到不為各種私心邪念所動搖），進而達到修身的目的，即形成完善的人格，這是教育對個人發展產生的作用。在此基礎上，每個人都積極為促進各自家庭的和諧美滿，和國家的繁榮穩定，而努力作出自己的貢獻，也就是齊家、治國，這是教育對社會發展所產生的作用。

當然，也有很多人認為孔子重文輕理，或只教倫理道德而不教自然科學，這種說法是站不住腳的。儒家輕視自然科學是漢儒和宋儒們所為，是違背孔子教育思想的。在這方面，必須將孔子代表的先秦儒家，和以後的漢儒、宋儒劃清界限。儘管孔子的教育思想隨著時代的發展，會顯出它的某些不合時宜，但其中的基本原則永遠不會過時。

孔子所處的時代，教育與學術由官府壟斷，孔子提出「有教無類」的思想，以私人身分招徒講學，創辦我國歷史上第一所私人學校，選編《詩》、《書》、《禮》、《樂》、《易》、《春秋》六種教材，將內容分為「德行」、「言語」、「政事」、「文學」四科進行教育。孔子在其豐富的教學實踐基礎上，提出一套完整的教育理論和教學方法，教育目標是培養君子仁人，教育對象則有教無類，教學原則是因材施教，教學方法為「循循然善誘人」的啟發式，要求弟子學思結合，舉一反三，學而時習之，溫故而知新；重視德育，智仁勇並舉而以仁為中心；提倡教師以身作則，師生教學相長；端正實事求是的學習態度，「知之為知之，不知為不知，是知也」；「當仁不讓於師」，要求弟子學以成才，學以致用。孔子一生「學而不厭，誨人不倦」，被尊為「萬世師表」，教育理論和教學方法，影響兩千多年的中國傳統教育，而且在現今看來，仍與東西方現代教育理念相吻合。

目 錄

章編三絕
孔子自衛反魯音樂終
不能月勝而喜為刪
求泰緊況扑文言詩
易之易編至於三
純曰假我數年以學
易可以無大過矣

學 習 篇

　　《學而第一》完整表現孔子的學習觀，既包括「學」（狹義的學習），
又包括「習」（實際行動），將所學的付諸實踐；同時孔子認為學
習內容不只涵括書本知識，還有為人處世的道理。孔子的學習觀注
重生活能力的培養，對於培養學生的獨立人格，具有重要的借鑒意
義。

1. 子曰：「學而時習之，不亦說乎？有朋自遠方來，不亦樂乎？人不知而不慍，不亦君子乎？」

【譯文】孔子說：「學習要經常溫習和練習，這不是一件很愉快的事情嗎？有志同道合的朋友從很遠的地方來，這不是很令人高興的事情嗎？別人不了解我，我並不會因此而生氣發怒，不也是一個有修養的君子嗎？」

【點評】學習不是一蹴可及的事，要從中體會樂趣，就需要溫習與練習。

北宋大學者范仲淹，在年少求學時，由於家貧，生活十分艱苦。每天晚上，他用糙米煮好一鍋稀飯，等第二天早晨凝成凍後，用刀割成四塊，早上吃兩塊，晚上再吃兩塊；沒有菜，就切一些醃菜下飯。天氣寒冷時，他感覺困倦不能集中精神的時候，就用雪水洗臉，使自己保持清醒，繼續苦讀。生活雖然清苦，但是少年范仲淹卻樂在其中。如果將學習視為伴隨自己一生的生活必需品，有終身學習的自覺性，化被動為主動，這樣才能體會到孔子所說的學習樂趣吧！與志同道合的朋友交往，也是人生一大樂事，能夠在談笑間交換意見，增長見識，取長補短。就算別人不了解自己，也不會因此而感到不愉快。

2. 子曰：「中人以上，可以語上也；中人以下，不可以語上也。」

【譯文】孔子說：「具有中等水準以上才智的人，可以和他談論高深的學問；中等水準以下的人，不能和他們談論高深的學問。」

【點評】孔子向來認為，人的智力，從出生就有聰明和愚笨的差別，即上智、下愚與中人。有些學生反應快，但是，有時候對於所學的內容卻掌握得不清楚；有些學生反應比較慢，但是對於所學的內容卻掌握得紮實清楚。孔子主張對學生要「因材施教」，根據每個學生不同的特點，採用不同的教育方法。只要教授方法得當，每個學生都能獲得發展。孔子的這種教育思想，對我國教育學的形成和發展，提供巨大的貢獻。

3. 子曰：「弟子入則孝，出則弟，謹而信，汎愛眾，而親仁。行有餘力，則以學文。」

【譯文】孔子說：「弟子們在父母跟前就孝順父母，出門在外要順從兄長，言行要謹慎，要誠實可信，要廣泛地去愛眾人，親近那些有仁德的人。這樣躬行實踐之後，還有餘力的話，就再去學習文化知識。」

【點評】孔子希望能培養學生良好的道德觀念和道德行為，表現在孝悌、謹信、愛眾、親仁等方面。把「德」排在「識」之前。首先，做一個好人，學習書本知識才能有用；如果還有閒暇時間和餘力，則用以學習古代典籍，增長文化知識。孔子辦學的宗旨，是把培養學生的道德觀念放在首位，知識傳遞放第二位。

學習的樂趣

韋編三絕

《韋編三絕》為一首古琴曲，又名《讀易》、《秋風讀易》，由孔子「韋編三絕」的故事演變而來。

「韋編三絕」這個故事，說的是孔子用牛皮帶編串起來的竹簡——《易經》一書，經孔子反覆翻閱後，把牛皮帶都磨斷好多次。

傳說《易經》是我國古代聖人伏羲和文王相繼寫成，雖然難於理解，但孔子非常用心學習，一遍一遍地翻閱，不但認真閱讀，而且動手寫好多心得，後人把這些心得稱為《易傳》。

大學者范仲淹

學習不是一蹴可及的事情，要循序漸進，學會在學習中尋找樂趣，化被動為主動。

范仲淹在年少的時候，家中貧苦，但是對於這些他沒有怨言，只是專心讀書學習。

天氣寒冷時，范仲淹就用雪水洗臉，使自己保持清醒繼續苦讀。生活雖然清苦，但是少年范仲淹卻樂在其中。

小智慧大妙處

學習的重要性 知識非常重要，是一種無價之寶，沒有知識，在社會上就會寸步難行。五千年的華夏文明，創造並累積了大量的精神財富，我們需要長時間的學習，在學習中充實精神，昇華人性。

4. 子夏曰：「賢賢易色；事父母，能竭其力；事君，能致其身；與朋友交，言而有信。雖曰未學，吾必謂之學矣。」

【譯文】子夏說：「一個人能夠對妻子重品德，不重容貌；侍奉父母，能夠竭盡全力；服侍君主，能夠獻出自己的生命；與朋友交往，說話誠實，恪守信用。這樣的人，儘管他自己說沒有學習過，我一定說他已經學習過了。」

【點評】一個人有沒有良好的教育，主要不是看他的文化知識，而是要看他能不能實行「孝」、「忠」、「信」等基本道德。

剡子是周朝人，祖上世代以耕種為主，父母一年到頭在田間辛苦勞作，也只能勉強溫飽。一次，遇到災荒，收成不濟，父母憂急交加，心火上攻，導致雙眼失明。為了幫父母治病，剡子到處求醫，當他知道鹿奶可以治眼疾，便向鄰居借了一張鹿皮扮成小鹿的模樣，模仿小鹿跑跳的動作。經過多次演練，剡子舉手投足已經非常像是一隻小鹿，於是他輕輕地走近母鹿，擠了滿滿一碗鹿奶。從那以後，剡子多次扮成小鹿去擠奶，父母由於常喝到鮮美的鹿奶，身體也一天天強壯了，後來，失明的眼睛竟然奇蹟般地復明。所以，孔子認為，德行是行走人生的前提，才能是創造幸福家庭的方法，兩者結合才能使自己的人生絢爛多姿！

5. 子曰：「吾與回言終日，不違如愚。退而省其私，亦足以發。回也，不愚。」

【譯文】孔子說：「我給顏回講述一整天課，他一句反對的話都沒有，看起來像是比較愚蠢。等回去之後，我聽到他和別人的言談，發現他能夠對我所說的內容充分發揮，由此可見顏回並不愚蠢啊！」

【點評】孔子提倡啟發式的教育理念，提倡學生也要有主動發明和創造精神，不希望學生被動接受老師傳授的知識，不假思索地直接裝入自己的大腦，這種方法很不科學。在學習中希望收到良好的學習效果，就要學會獨立思考，善於發現問題，能夠提出問題。現代很多教育工作者都強調，要讓學生能夠獨立思考，老師不能代替學生思考。

6. 子曰：「默而識之，學而不厭，誨人不倦，何有於我哉？」

【譯文】孔子說：「默默地把知識記住，學習從不覺得厭煩，教育別人不知道疲倦，做這些事情對我來說有什麼困難呢？」

【點評】孔子談論教育問題時，說自己能夠默默地把知識記在心裡，講的是用心。學而不厭的關鍵是學出樂趣，在教育別人的時候也不會感到厭倦。在教育學生時要盡心，對學生要有愛心，這樣的教育思想，對現代教育也具有正面意義。

良好德行，絢爛人生

「孔門十哲」之一：子夏

子夏是孔子後期學生中的佼佼者，才思敏捷，以文學稱，被孔子許為「文學」科的高才生。子夏為學時，因常有獨到見解，得到孔子的讚許。

子夏，姓卜名商，晉國溫人，是孔子晚年的得意弟子之一。子夏是繼孔子之後，系統傳授儒家經典的第一人，對儒家文獻的流傳和學術思想的發展，有重大的貢獻，被後世譽為「傳經之鼻祖」。子夏還在儒家思想的發展和創新方面，取得了很大的成就，他晚年時，到魏國西河一帶教學，開創的「西河學派」培育出大批經國治世的良才，並成為前期法家成長的搖籃。子夏在傳播儒家經典、發揚儒家學說、繼承和發展孔子思想，以及培育具有法家特色的弟子等方面，都具有巨大貢獻。

鹿乳奉親

好德之心不是天生就固有，需要後天的培養。良好的品行是人生路上的敲門磚，有德才能從容立世。

剡子為了替患眼疾的父母治病，披著鹿皮取奶，奉養雙親。

小智慧大妙處

道德和智慧相結合 著名的詩人但丁曾說過：「道德能彌補智慧的缺陷，而智慧永遠也彌補不了道德的缺陷。」道德是修身養性的原則，也是自我約束的底線，可以指揮人們做有益的事情。把道德和智慧結合起來，才會超越自我，實現人生價值。

7. 　子貢問君子。子曰：「先行其言而後從之。」

【譯文】子貢問孔子，怎麼樣做才能成為君子。孔子說：「對於你想要說的話，先透過實踐把它變成現實，然後再說出來。」

【點評】做一個有道德、博學多識的君子，不能只說不做，而應該先做後說，才可以取信於人，儒家講究質樸，反對華而不實。

季札奉命到西邊去訪問晉國，途中佩帶寶劍順便拜訪徐國的國君，徐國國君是一位喜歡收藏寶劍的君主，看到季札的寶劍就借來觀賞，觀賞完畢，臉上流露出對寶劍的喜愛之情。在季札出使晉國的日子裡，心裡總是會想起這件事。後來他要回國，卻得到徐國國君客死楚國的消息，於是，季札解下寶劍，送給新繼位的徐國國君，隨從人員阻止他說：「這是吳國的寶物，不是用來做贈禮的。」季札說：「我不是贈給他，前些日子我經過這裡，先國君觀賞我的寶劍，雖然嘴上沒有說什麼，但是臉色流露出對這把寶劍的喜愛之情，我當時因為有出使上國的任務，就沒有獻給他。雖是這樣，但在我心裡早就把寶劍贈送給他。如今他身故，就不將寶劍進獻給他，這樣做是在欺騙自己的良心。如果因為過分愛惜寶劍，就使自己的良心變得虛偽，本質廉潔的人是不會這樣做的。」於是他將寶劍送給剛繼位的徐國國君。但是新繼位的徐國國君說：「先君並沒有留下遺命，我不敢輕易接受您的寶劍。」於是，季札就把寶劍掛在前徐國國君的墳墓邊，這個行為得到徐國人的讚美。

8. 　子曰：「學而不思則罔，思而不學則殆。」

【譯文】孔子說：「學習如果不懂得思考，就會迷惑不解；只知道思考而不懂得學習，是很有害的。」

【點評】孔子認為在學習的過程中，需要把學習和思考結合起來，二者缺一不可。學而不思，就會徒勞無功，很容易陷入被動，變得迷惑茫然。思而不學的弊端，則是不學無術，也很有害。因此，學習和思考不能偏廢。現實中，很多品學兼優的學生，都有掌握一套獨特的學習方法，懂得獨立思考，對於老師傳授的內容，透過思考，把這些學習內容轉化吸收，這是孔子治學方法的總結。

9. 　子曰：「自行束脩以上，吾未嘗無誨焉。」

【譯文】孔子說：「只要自己主動拿著十條乾肉做見面禮的求學者，我從來沒有不教誨他的。」

【點評】過去有人說，既然要交十條乾肉做學費，那必定是家境中等以上的子弟才能入學，貧窮人家自然是交不出見面禮。但只要有心想學，孔子就會教他，也就是說，並不會選擇學生的出身門第，這反映出「有教無類」的教育思想。

君子的高尚品德

「孔門七十二賢」之一：子貢

　　端木賜（西元前 520 ~ 前 456 年），字子貢，是「孔門七十二賢」之一，孔子的得意門生，且列言語科之優異者，孔子曾稱其為「瑚璉之器」。他利口巧辭，善於雄辯，且有才能，辦事通達，曾任魯、衛兩國之相。還善於經商之道，曾經商於曹、魯兩國之間，富致千金，為孔子弟子中首富。相傳，孔子病危時，子貢未趕回，他覺得對不起老師，別人守墓三年離去，他卻在墓旁守六年。

季札掛劍的本質所在

　　雖然徐國的國君已經身故，但是季札還是將自己的寶劍掛在死去國君的墳上，以表明自己的守信，誠信是值得秉持的高尚品德。

用語言去成就 ← **誠信** → 以行動來證明

→ 季札

不貴難得之物 ⋯⋯ 擁有寶劍卻不獨佔 ← 徐君愛劍，季札成人之美。

解劍掛在墓邊

看淡富貴名利

　　延陵季子看到徐國國君十分喜歡自己的寶劍，因為身擔出使重任，所以沒有將劍給他。後來出使返回後，才知他已死，於是將劍掛在他的墳墓上，以表示自己的誠信。

10. 子曰：「由，誨汝知之乎？知之為知之，不知為不知，是知也。」

【譯文】孔子說：「子由，我說的內容你聽明白嗎？知道就說知道，不知道就承認自己不知道，這就是真正的智慧啊！」

【點評】孔子對子路說，應該用老實的態度來對待學習的問題，知道就是知道，不知道就是不知道，學習中不得有半點虛偽和驕傲。

從前，有個北方人去南方，許多事不明白，可是他並不虛心請教。一次，去鄉下做客，主人端上一盤菱角，他從沒吃過菱角，又不好意思問，於是裝模作樣拿起一隻菱角，放到嘴裡去嚼。主人很詫異，說：「這菱角要剝皮才好吃。」他明知自己弄錯了，卻還死要面子，一本正經地說：「連殼都吃掉，為的就是清熱解火。」主人搖搖頭，說：「我們怎麼沒聽說過呢？你們那兒這東西很多嗎？」那人答道：「多得很哪！山前山後到處都是。」菱角本來是生長在水中的，這人不懂裝懂的樣子，讓主人不禁啞然失笑。

11. 子張學干祿。子曰：「多聞闕疑，慎言其餘，則寡尤；多見闕殆，慎行其餘，則寡悔。言寡尤，行寡悔，祿在其中矣。」

【譯文】子張向孔子請教如何求取官職俸祿。孔子說：「要多聽，有疑問的地方要先放下，沒有疑問的地方說出來也需要謹慎，這樣做可以少犯錯誤；要多觀察，不明白的地方先放下，明白的地方也需要謹慎地去做，這樣就能儘量避免事後後悔了。言語少有錯誤，行事少有後悔，這麼做官職俸祿自然就有。」

【點評】孔子教導學生子張怎樣能做好官，要勤學慎行，言行不犯錯誤，要說有把握的話，做有把握的事，對自己不了解的事不要輕易下結論。孔子的思想中有「學而優則仕」的觀念，其實他講的為官之道，與他的學習理論有相通之處。

在對待學習的問題上，要有實事求是的態度，對於自己不知道的事情，一定多方詢問。這種實事求是的態度，在處理政事時，能夠使人少犯錯誤，這也是立身於社會的基本原則。

12. 子曰：「朝聞道，夕死可矣。」

【譯文】孔子說：「早晨知道大道，晚上即便死去也是值得的。」

【點評】孔子這段話常被拿來引用，對中國人的影響非常深遠。在不同的時代、不同的人看來，對「道」的理解可能有所不同。這裡強調對理想真理孜孜不倦的追求精神，對人們有積極的鼓勵作用。追求完美的道德品行，追求理想與真理，任何時候做都不晚。時間不是讓人停滯不前的理由，即使只有一天的時間，用來追求、學習真理，完善自己的品德修養，都非常有意義。

良好德行，絢爛人生

孔門弟子：子路

　　仲由字子路，又字季路，春秋末魯國卞（今山東泗水縣泉林鎮卞橋村）人，是孔子的得意門生，以政事見稱，性格爽直率真，有勇力才藝，敢於批評孔子。孔子了解其為人，對其評價很高，認為可備大臣之數，「千乘之國可使治其賦」，並說他使自己「惡言不聞於耳」。做事果斷，信守諾言，勇於進取，曾任衛蒲邑大夫、季氏家宰，是孔子「墮三都」之舉的最主要合作者之一。後為衛大夫孔悝家宰，在內訌中被殺。

長在陸地上的菱角

　　勇於承認自己某些方面無知並不可恥，反而是一種真正明智的作法。很多知識淵博、學有所成的學者，常都非常謙虛，他們會承認自己對某些問題不了解。這種謙虛並非故作姿態，而是真正聰明的作法。

　　一個北方人去南方鄉下做客，主人為他端上來一盤菱角，可是他並不知道吃菱角的方法，又不虛心請教。

　　他裝模作樣地將整個菱角放進嘴裡，告訴主人菱角要連殼吃掉可以清熱解火，還講自己家鄉滿山遍野都長滿菱角。

孔門弟子：子張

　　子張（西元前 503 ～？年），即顓孫師，字子張，孔門弟子之一。春秋末陳國陽城（今河南登封）人。出身微賤，且犯過罪行，經孔子教育成為「顯士」。雖學干祿，未嘗從政，以教授終。

小智慧大妙處

　　「知」是「無知」　韓愈說過：「聞道有先後，術業有專攻。」每個人都有自己的專長，不可能每件事都很精通，學問中最高的「知」，是「無知」。

13. 子貢曰：「夫子之文章，可得而聞也；夫子之言性與天道，不可得而聞也。」

【譯文】子貢說：「老師講授的禮樂詩書等知識，我們能夠聽得到；老師關於人性和天道的理論，我們不能僅依靠聽來領會與掌握。」

【點評】子貢對於孔子所講授的內容，發表自己的見解。學習不能只靠聽，有些知識聽老師講就可以掌握，但有些學習內容，只靠聽仍然不能領會與掌握。像禮樂詩書等知識為有形的，可以聽聞得到；關於人性與天道，這些內容比較抽象，希望對這些內容有所了解與認識，需要自己去獨立思考。

14. 子貢問曰：「孔文子何以謂之『文』也？」子曰：「敏而好學，不恥下問，是以謂之『文』也。」

【譯文】子貢問：「為什麼孔文子以『文』為諡號呢？」孔子說：「他聰敏而又勤奮好學，不以向地位比他低下的人請教為恥辱，所以給他一個『文』的諡號。」

【點評】在學習中，孔子主張不僅要勤奮好學，具有聰慧的資質，還要有不怕別人恥笑，不怕向不如自己的人請教的精神。

《宋稗類鈔》中記載，蘇東坡曾經誦讀唐詩《襄陽旅殯舉人詩》：「流水涓涓芹努芽，織烏西飛客還家。荒村無人作寒食，殯宮空對棠梨花。」他不解「織烏」是什麼意思，就去問比他小很多歲的王銍（字性之，王銍少年博學，宋高宗時任樞密院編修官），王銍答道：「織烏，就是太陽，比喻太陽像織布的梭子那樣，在天空穿梭。」每一個人都不可能掌握所有的知識，即使是一個知識淵博的人，也必然會在某些領域表現得很無知，所以保持謙虛好學、善於向別人請教，這種學習態度非常必要。

15. 子曰：「十室之邑，必有忠信如丘者焉，不如丘之好學也。」

【譯文】孔子說：「即使是在只有十戶人家的小地方，也必然有像我這樣忠實守信的人，只不過不如我這樣好學罷。」

【點評】孔子以自己為例子，強調好學善問的重要性。他認為自己的忠實與誠信都不是最特別的，即使是在一個人口非常少的小地方，也不難找出忠實守信的人來。由此可見講求忠信，並不是非常特別的資質，一般普通人也都具有這樣的本質。但他坦言自己非常好學，表明他承認自己的德行和才能都是學來的，並不是「生而知之」。孔子以此激勵他人要有愛學習的精神。普通人具有勤學善問的精神，也能夠像孔子一樣，即使不能成為一個聖人，也能成為一個學有所長的人。從這個角度就可以了解孔子學習的基本精神。

孔子敏而好學

孔子一個人住在外祖父家受教用功，寒暑不歇，數年不倦，顏襄把胸中的學問，逐步傳給他。在十五歲時，孔子就在心中立定求學問之道的志向。

小智慧大妙處

謙受益，滿招損 「謙受益，滿招損」是古人留給後世之人的智慧。蘇格拉底也曾說過：「我唯一知道的就是我一無所知。」把自己的姿態放低，才能從別人那裡學到知識、智慧。

蘇東坡不恥下問

織烏是什麼意思？

織烏就是太陽的意思。

要勇於承認自己不知道的事情，就像成熟的稻穀一樣，時常要保持謙虛的態度。在求知的領域要誠實面對自己的無知，否則不僅會貽笑大方，而且還會造成貽害無窮的損失。

16. 冉求曰：「非不說子之道，力不足也。」子曰：「力不足者，中道而廢。今汝畫。」

【譯文】冉求說：「我並非不喜歡老師所講的道，只不過是我能力不足啊！」孔子說：「能力不夠的人是做到一半才停下來，現在是你自己為自己劃定界限，停滯不前。」

【點評】透過孔子與冉求的對話，說明在學習過程中，不能先給自己設定界限，以能力不足為理由，認為自己做不到，這樣的作法會使人停滯不前。冉求說自己喜歡老師所講授的內容，只不過自己能力不足，所以達不到老師所要求的那種境界。孔子認為，冉求並非能力有問題，而是他想法上的畏難情緒在做怪。他提出先去做這件事情，然後再說自己是不是能力不足。如果你做，即使中途由於能力不夠而停下來，也勝過從一開始就認為自己做不到，而不去做的態度。

17. 子曰：「知之者不如好之者，好之者不如樂之者。」

【譯文】孔子說：「知道它的人不如喜好它的人，喜好它的人不如以它為樂的人。」

【點評】知之、好之、樂之，是學習的三個層次，強調愛好和興趣在學習中的作用。無論做什麼事情，如果對這件事情有真正的興趣，能夠從這件事情中體會到樂趣，那麼這件事情肯定能完成得很好。在學習過程中也是如此，如果把學習當成是一個任務，那遠不如喜歡學習；喜歡學習又比不上真正以學習為樂。有句話說：「興趣是最好的老師」，就是這個意思。

18. 子夏曰：「博學而篤志，切問而近思，仁在其中矣。」

【譯文】子夏說：「廣泛地學習而且能堅定自己的志向，就與切身有關的問題提出疑問並且去思考，仁就在其中。」

【點評】孔子教育學生要多讀書，要帶問題去學習，增加自己的知識含量。曹丕是曹操的第二個兒子，二十五歲就任五官中郎將、副丞相，建安二十二年立為魏太子。漢獻帝延康元年，他繼曹操之位為丞相，同年冬天廢漢自立，登上了皇帝的寶座。曹丕自幼隨父親南征北戰，弓馬嫻熟，精於擊劍，同時酷愛讀書，即使在軍旅也手不釋卷，待年紀稍長一些，已經讀遍四書五經，熟記諸子百家之言，故而博古通今，曾被舉薦為秀才，但他沒有去應薦。曹丕愛好文學創作，八歲就能寫文章，創作詩詞歌賦近百篇，文筆清新流暢，其中《典論》中的《論文》一篇，是我國文學批評史上傑出的作品，可見曹丕學識豐富，見聞廣博，故史書評價魏文帝「天資聰穎、下筆成章、博聞強識、才藝兼備」。把學到的知識爛熟於胸，而且要熟練運用到實踐。

學習切勿知難而退

孔門弟子：冉求

冉求（西元前522～前489年），春秋末魯國人。字子有，通稱冉有，孔子弟子，以政事見稱。多才多藝，尤擅長理財，曾擔任季氏宰臣。西元前484年率魯師抵抗入侵齊軍，並身先士卒，以步兵執長矛的突擊戰術取得勝利，又趁機說服季康子，迎回在外流亡十三年的孔子。

冉求不重仕德的修養，從來沒發表過關於仁、義、禮、孝等儒家道德觀念方面的看法，也沒向孔子請教過這方面的問題。他認為自己學習「仁」的力量不夠，孔子批評他根本不努力學習有關「仁」的學說。他不重禮樂修養，認為禮樂教化之事，要等待賢人君子去做。他對孔子不是絕對服從，具有一定的改革精神，對後世影響很大。

博聞強識而讓，敦善行而不怠

曹丕自幼隨父親南征北戰，弓馬嫻熟，精於擊劍，同時酷愛讀書，即使在軍旅也手不釋卷。

曹丕曾親筆書寫《典論》，作為禮物送給孫權。凡此種種，可見曹丕學識豐富、見聞廣博。

《芙蓉池》

乘輦夜行遊，逍遙步西園。雙渠相溉灌，嘉木繞通川。
卑枝拂羽蓋，修條摩蒼天。驚風扶輪轂，飛鳥翔我前。
丹霞夾明月，華星出雲間。上天垂光彩，五色一何鮮！
壽命非松喬，誰能得神仙？遨遊快心意，保己終百年。

學習時要帶問題去學，多讀書，發自內心地學習，並且把學到的知識爛熟於胸，並熟練運用實踐。

19. 子曰：「述而不作，信而好古，竊比於我老彭。」

【譯文】孔子說：「只敘述而不進行創作，相信並且喜歡古代的文化知識，私底下我把自己比做老彭。」

【點評】孔子提出自己的治學原則，強調要「述而不作」，這反映孔子思想上保守的一面。「述而不作」，是一種比較嚴謹的治學方法，也就是對於古人的東西只整理，並不做過多地發揮與創作。孔子這種治學方法具有正面意義，同時也需要辯證對待。治學嚴謹，完全遵從「述而不作」的原則，那麼對古代的東西只能陳陳相因，就不會再有思想的創新和發展。「述而不作」的治學方式，對中國人的思想有一定程度的局限作用。

20. 子曰：「溫故而知新，可以為師矣。」

【譯文】孔子說：「時常溫習學過的內容，能有新的收穫與發現，就可以當老師了。」

【點評】學習不是一下子就能完成的事，學習是經常性的行為，是一個不斷累積的過程。孔子認為，不斷溫習所學過的知識，就會加深從前學過的內容，可以獲得新知識。因此，溫故而知新是一個切實可行的學習方法，也是學習的基本規律。從中吸取教訓，做到前事不忘後事之師，那麼這個人就是了不起的人。

北宋著名的政治家趙普，曾輔佐宋太祖，實現中國大部統一。趙普出身小吏，比起一般的文臣，學問較差，他當上宰相後，宋太祖勸他多讀點書。趙普每次回家就關起房門，認真誦讀。第二天上朝，他處理起政事，思緒總是十分敏捷，於是人們就流傳一種說法，趙普是靠「半部《論語》治天下」。趙普之能夠坐穩宰相之位，除了深研《論語》之外，還離不開他豐富的實踐經驗，經驗是最好的老師，尤其是被很多人證明的「真理」。每個人只有了解過去的歷史，然後才能從中借鑒歷史的經驗和教訓，少走冤枉路，此為「溫故而知新」的本意。

21. 子曰：「志於道，據於德，依於仁，遊於藝。」

【譯文】孔子說：「立志向道，以道德為基礎，以仁德為依據，在禮、樂、射、御、書、數六藝之中悠遊。」

【點評】孔子教育弟子進德修業的秩序和方法，層次分明，像一個教學大綱。孔子說他教育學生要追求道，以道為自己的終身追求，要以道德為基礎，以仁德為依託，精通六藝。可見孔子的教育思想，既要把學生教育成有遠大理想的人，又注意培養學生的思想品德，注重培養學生的仁義道德等本質，同時使學生精通六藝，有實際的才能。也就是說，孔子希望把自己的弟子們都培養成品德兼優、有志向與追求的人才，全面均衡地發展，而不是只會讀書的書呆子。

舉一反三，溫故知新

學習篇

半部《論語》治天下

趙普自幼學習吏事，後周顯德三年（西元 956 年），他成為匡國軍節度使兼殿前都指揮使趙匡胤的幕僚。趙普讀書不多，自言是「半部《論語》治天下」。

趙普出身小吏，和一般的文臣比起來，學問較差。當上宰相後，皇帝勸他多讀點書。

每次回家趙普就會關起房門，認真地讀書，不允許任何人打擾。

趙匡胤還在睡夢中的時候，忽被一陣「萬歲」聲驚醒，諸將給他披上黃袍，擁立為帝。於是改國號為「宋」，建立趙宋王朝。

趙匡胤即位後，接受趙普建議，解除武將兵權。西元 961 年，趙匡胤召眾宿將飲酒，勸諭他們釋去兵權。

25

22. 子曰：「攻乎異端，斯害也已。」

【譯文】孔子說：「學習研究那些不正確的學說，是非常有害的。」

【點評】孔子提出一個警示：學習要走正道，從精簡開始，不可駁雜不純，更不要攻習邪說。孔子認為批判這種歪理邪說，這種不正確理論的危害就會終止。孔子談的是如何學習。要收到良好的學習效果，首先要找對學習方向。

皇甫謐小時候不愛讀書，到十幾歲還是到處遊盪，不務正業，他母親看在眼裡，既生氣又擔心。有一天，母親對他說：「你都快二十歲了，沒看過幾本書，心中也沒有志向，你怎麼對得起父母的養育之恩啊？」母親歎了口氣，接著說：「從前，孟子的母親為他的學業曾三次搬家，曾子為了信守諾言殺豬教子，難道是我沒有選好鄰居，教育得不好，你才會如此頑劣嗎？」母親的話說得皇甫謐十分慚愧。從此，皇甫謐一改之前的遊手好閒，在家刻苦讀書，終於有所成就，創作出許多文學作品，還編著《針灸甲乙經》，發明「針灸療法」，成為魏晉時期著名的文學家和醫學家。

23. 子曰：「不憤不啟，不悱不發。舉一隅不以三隅反，則不復也。」

【譯文】孔子說：「教育學生，不到他反覆思考卻仍然找不到答案的時候，就不去啟發他，不到他想說卻說不出來的時候，就不去開導他。舉一個例子他卻不知道以此類推得出其他的例子，這樣的學生就不值得再教他。」

【點評】孔子談到教育問題，提出「啟發式」教學的思想。在這裡，孔子要求學生先學會獨立思考，而不是事事依靠老師。當老師在講授知識時，自己要勤於思考，要能夠「舉一反三」；在學生充分獨立思考的基礎上，再對他們進行啟發、開導，這種思想是符合教學基本規律的，而且具有深遠的影響。他反對「填鴨式」、「滿堂灌」的作法。

24. 子曰：「加我數年，五十以學易，可以無大過矣。」

【譯文】孔子說：「假如再給我多年時間，到五十歲的時候學習《周易》，就可以做到不犯大錯誤了。」

【點評】孔子對於《周易》的評價很高，認為自己活到五十歲的時候學習《周易》，大概就可以做到不犯大錯誤。孔子對《周易》的學習表明具有活到老、學到老的進取精神，孔子說，「五十而知天命」，可見他把學《周易》和「知天命」聯繫在一起。他主張認真研究《周易》，是為了使自己的言行合乎「天命」。《史記‧孔子世家》中說，孔子「讀《易》，韋編三絕」。他非常喜歡讀《周易》，曾把穿竹簡的皮條翻斷很多次。這種刻苦鑽研精神值得借鑒和學習。

精而不雜，學習要有正確的方向

《針灸甲乙經》

學習要走正道，要從精於一切開始，學會獨立思考明辨是非，大膽地指出與人們思想不同的其他錯誤思想，去偽存真。

皇甫謐，幼名靜，字士安，自號玄晏先生。安定朝那人。生於東漢建安二十年（西元 215 年），卒於西晉太康三年（西元 282 年），享年 68 歲。除《針灸甲乙經》外，他還編撰了《歷代帝王世紀》、《高士傳》、《逸士傳》、《列女傳》、《元晏先生集》等書。他一生以著述為業，在醫學史和文學史上都負有盛名。

《針灸甲乙經》共十卷，一百二十八篇，其內容包括臟腑、經絡、腧穴、病機、診斷、治療等。書中校正出當時的腧穴總數的穴位六百五十四個，記述各部穴位的適應症和禁忌，說明各種操作方法。這是我國現存最早的一部理論聯繫實際、有重大價值的針灸學專著，被人們稱為「中醫針灸學之祖」。

小智慧大妙處

學習要循序漸進　學習是一件終身的事，要學會深入思考，善於質疑，積極思考，明辨是非，否則就會與正確的道路漸行漸遠。

25. 子曰：「蓋有不知而作之者，我無是也。多聞，擇其善者而從之，多見而識之，知之次也。」

【譯文】孔子說：「大概有不知道卻憑空創造的人，我不是這樣的人。多聽，選擇好的方面加以接受；多看，都記在心裡，這樣做是比知道次一等的智慧。」

【點評】孔子主張對於自己不了解的事情，不要去憑空創造，而是要多聽多看，努力學習，選擇其中好的方面加以吸收，牢記在心，這樣做也是一種智慧。這是他對自己的要求，同時也要求他的學生這樣去做。孔子的這段話，對於後人具有積極的激勵作用，如果勤奮學習，每個人都可以取得很大收穫。

清朝初期的著名學者、史學家萬斯同，參與編撰我國重要史書「二十四史」之一，但萬斯同小的時候卻是一個頑皮的孩子。萬斯同由於貪玩，在賓客們面前丟盡顏面，遭到賓客們的批評。萬斯同惱怒之下，掀翻賓客們的桌子，被父親關進書房。萬斯同從生氣、厭惡讀書，到閉門思過，並從《茶經》中受到啟發，開始用心讀書。轉眼一年多過去，萬斯同讀了很多書，父親原諒兒子，而萬斯同也明白父親的良苦用心。經過長期的勤學苦讀，萬斯同終於成為一位通曉歷史、博覽群書的著名學者，並參與「二十四史」中《明史》的編修工作。

26. 子曰：「我非生而知之者，好古，敏以求之者也。」

【譯文】孔子說：「我不是一個生來就有知識的人，而是愛好古代的文化知識，勤奮敏捷善於學習罷。」

【點評】孔子表明自己並不是一個天生什麼都知道的人，淵博學識也不過是從刻苦勤奮學習中得來的罷，這是他總結自己學習與修養的主要特點。在孔子的觀念當中，人按智力和知識可以分為四等，依次是生而知之、學而知之、困而學之、困則不學。「生而知之者」，即為「上智」，但他卻否認自己是「生而知之者」，一方面是自謙，另一方面則是為了鼓勵學生發奮努力，成為有用之才。

27. 子曰：「三人行，必有我師焉。擇其善者而從之，其不善者而改之。」

【譯文】孔子說：「三個人在一起行走，其中必然有一個人能當我的老師。選擇他的優點向他學習，看到他的缺點引以為戒，改掉自己的缺點。」

【點評】要有謙虛好學的本質，要善於發現別人的優點，善於向別人學習。每一個人身上都必然有值得我們學習的地方，關鍵是要善於發現別人的長處。孔子的「三人行，必有我師焉」這句話，受到後代知識分子讚賞。他虛心向別人學習的精神十分可貴，不僅要以善者為師，而且以不善者為師，這其中包含深刻的哲理。這句話，對於指導我們處世待人、修身養性、增長知識，都很有益處。

浪子回頭金不換，刻苦奮發終不晚

　　「術業有專攻」，所以要養成良好的學習習慣，多聽多看，善於發現別人的優點，刻苦學習，修身養性，增長自己的文化知識。

　　萬斯同小的時候特別貪玩，不愛讀書，整天遊手好閒，不務正業。

　　萬斯同不好好讀書，遭到賓客們的批評。萬斯同惱怒之下，掀翻賓客們的桌子，被父親關進書房閉門思過。

　　萬斯同經過長期的勤學苦讀，終於成為一位通曉歷史、博覽群書的著名學者，並參與「二十四史」中《明史》的編修工作。

智力和知識的等級

生而知之

學而知之

困而學之

困則不學

小智慧大妙處

三人行必有我師　人們常只會看到自己的優點、他人的缺點，在與他人相處中，就會對優於己、強於己者不服氣，對有缺點錯誤者鄙視、嫌棄，嚴於責人而寬於律己。這樣，阻礙向他人學習、提升自己的道路，也難免造成人際關係的不和諧。

28. 子曰：「二三子以我為隱乎？吾無隱乎爾。吾無行而不與二三子者，是丘也。」

【譯文】孔子說：「你們大家以為我對你們有什麼隱瞞不教的嗎？我沒有什麼隱瞞不教你們的。我沒有任何事不向你們公開，這就是我孔丘的為人。」

【點評】孔子的教育之道注重言傳身教。孔子在這裡表明自己在教育弟子的過程中，盡心盡力，毫無隱瞞，將自己所懂得的一切，都毫無保留地傳授弟子們。孔子為萬世師表，樹立教師職業道德的楷模，一是靠身教，不表白什麼，也沒有任何保留；二是把學習融入日常生活，循循善誘，誨人不倦，讓學生親身去體驗和感悟。

29. 子以四教：文、行、忠、信。

【譯文】孔子在文化、德行、忠實、誠信四個方面教育學生。

【點評】孔子注重對歷代古籍、文獻資料的學習，但僅有書本知識還不夠，還要重視社會實踐活動。所以，從《論語》書中，我們可以看到孔子經常帶領學生周遊列國，一方面對各國統治者進行遊說，另一方面讓學生在實踐中增長知識和才能。但書本知識和實踐活動仍不夠，還要養成忠、信的德行，即對待別人的忠心和與人交際的信實。概括來說，就是書本知識、社會實踐和道德修養三個方面。這是孔子教學的內容和由淺入深的順序。

北宋著名的科學家、改革家沈括小時候，每當讀到「人間四月芳菲盡，山寺桃花始盛開」時，眉頭凝成一個結：「為什麼我們這裡花都凋謝，山上的桃花才開始盛開呢？」為了解開這個謎團，沈括約了數個朋友上山實地考察，四月的山上，乍暖還寒，涼風襲來，凍得人瑟瑟發抖，沈括茅塞頓開，原來山上的溫度比山下要低很多，因此花季才比山下來得晚。憑藉著這種求知精神和實證方法，沈括長大後編著《夢溪筆談》。

30. 子曰：「不患人之不己知，患其不能也。」

【譯文】孔子說：「不憂慮別人不知道自己，只擔心自己沒有本事。」

【點評】不要擔心自己總是懷才不遇，要努力提升自己，加強學習，只要有真才實學，千里馬總會被伯樂發現。

孔子四教

孔子四教：文、行、忠、信

一名合格的君子，除了要做到文、行、忠、信，若要成就一番事業，還要做到義、勇、忍、仁，如此，才能走到哪裡都會成功。

| 文 | 術業有專攻，要有一技之長。 |

| 行 | 行動、道德本質。君子訥於言而敏於行，同時行為必須符合一定的道德標準。 |

| 忠 | 指「己欲立而立人，己欲達而達人」的「仁之方」的思想原則。 |

| 信 | 「信」是培養「士」的基本條件，指君子「取信於民」。 |

合格君子

＋

| 義 | 勇 | 忍 | 仁 |

＝

成就事業

謙卑的徐達

徐達（西元 1332 ～ 1385 年），明朝開國軍事統帥，字天德，濠州鍾離（今安徽鳳陽東北）人。出身農家，少有大志，喜讀兵書，知《六韜》、《三略》。

徐達雖然立有赫赫戰功，但從不居功自傲，一直過著簡樸的生活。

大功

31. 曾子曰：「以能問於不能，以多問於寡；有若無，實若虛；
犯而不校。昔者吾友嘗從事於斯矣。」

【譯文】曾子說：「自己很有才能卻能夠向不如自己的人請教問題，自己知識豐富卻能夠向知識少的人請教問題；有學問卻像沒學問一樣，知識淵博卻很謙虛像沒有知識一樣；別人冒犯他也不去計較，從前我的朋友曾經這樣做過。」

【點評】曾子完全秉承了孔子的思想學說。曾子指出學習要保持謙虛謹慎的態度，要善於向別人請教，即使對方不如自己知識淵博，也並不妨礙他在某些方面的見解很出眾，在他們身上總有值得你學習的地方，所以要善於學習和提問，始終保持謙虛不自滿的態度。同時曾子又指出，對待別人要有一種大度的精神，當別人冒犯自己的時候，也不要過於計較，表現出一種寬闊的胸懷和忍讓的精神，這也是值得學習的。相傳我國唐朝著名詩人白居易，每當寫好一首詩，總是先念給牧童或老婦人聽，然後再反覆修改，直到他們聽完拍手稱好，才算定稿。像白居易這樣一位著名的詩人，並不因牧童和村婦的無知而輕視他們，因為他懂得真正的文學作品必須得到人民的承認，所以他虛心求教於一般群眾，這才使他的詩通俗易懂，為後人所傳誦。

32. 子曰：「興於《詩》，立於禮，成於樂。」

【譯文】孔子說：「《詩經》可以感發人的意志，禮可以使人能夠立足於社會，音樂可以成就人的道德本質的修養。」

【點評】孔子提出學習要經歷三個過程，從中可以看出，孔子重視的是以學本身為樂，從學習《詩經》開始，以禮作為立身的根基，完成於學習音樂，全面發展，廣泛掌握文化知識。雖然，孔子辦教育的目的是要培養治國安邦的人才，但他更看重的是以學為目的的人。

33. 子曰：「三年學，不至於穀，不易得也。」

【譯文】孔子說：「學習三年，還沒有想到去做官獲取俸祿，這是很不容易找到的。」

【點評】孔子教育弟子，學習優異者去從政為官。孔子指出學習多年，還沒有想到去做官的學生，很不容易找到。可見，孔子還是非常重視學生是否專心學習。對於那些心無雜念、專心讀書的學生，他認為很難能可貴。

不傲才以驕人，不以寵而作威

「宗聖」曾子

齊魯名士孔子說：「孝，德之始也；弟，德之序也；信，德之厚也；忠，德之正也。參也中夫四德者矣哉！」被孔子譽為「四德」之人的曾參，如今已成為愈來愈多人心中的聖人。

曾子（西元前 505～前 432 年），姓曾，名參，字子輿，春秋末年魯國南武城（今山東嘉祥縣）人。十六歲拜孔子為師，積極推行儒家主張，傳播儒家思想。孔子的孫子孔伋（字子思）師從參公，又傳授給孟子。曾參上承孔子之道，下啟思孟學派，對孔子的儒學學派思想既有繼承，又有發展和建樹，他的修齊治平的政治觀，省身、慎獨的修養觀，以孝為本的孝道觀，影響中國兩千多年，至今仍具有極其寶貴的社會意義和實用價值，是當今建立和諧社會的重要思想。

曾子四德

曾參是第二位進入配享行列的。曾參，字子輿，也是孔子最優秀的學生，與父親曾點先後師從過孔子。曾子是有名的孝子，主張對父母「生，事之以禮；死，葬之以禮，祭之以禮」（《孟子・滕文公上》），唐人皮日休說「曾參之孝感天地，動鬼神，自漢至隋不過乎」（《宗聖志》卷七）。曾子又是一位剛毅超群的人，「辱若可避，避之而已。及其不可避，君子視死如歸」（《春秋繁露・竹林》）；「可以託六尺之孤，可以寄百里之命，臨大節而不可奪也」（《論語・泰伯》）等名言都出自曾子之口。所著《大學》為《四書》之一，被譽為「儒學綱領」、「入德之門」。唐睿宗太極元年（西元 712 年），釋奠以曾參配，是為曾參列入配享之始。

孝，德之始也

弟，德之序也

信，德之厚也

忠，德之正也

小智慧大妙應

生命有限，知識無窮 曾有學者說過：「有了真誠，才會有虛心，有了虛心，才肯丟開自己去了解別人，也才能放下虛偽的自尊心去了解自己。」生命有限，知識無窮，任何一門學問都是無窮無盡的海洋，都是無邊無際的天空，需要我們用畢生的精力去學習。

34. 子曰：「學如不及，猶恐失之。」

【譯文】孔子說：「學習唯恐趕不上，學會了又擔心會失去。」

【點評】孔子對學習有十分強烈的求知慾望，有唯恐來不及的精神，學習到的內容，又生怕會失去。這是對孔子勤奮好學、至老不衰的求學精神，最生動的寫照。面對知識的海洋，我們所學所知就如同滄海一粟，希望不斷地充實自己，學習就要有永不滿足、永不懈怠的精神。

35. 陳亢問於伯魚曰：「子亦有異聞乎？」對曰：「未也。嘗獨立，鯉趨而過庭。曰：『學《詩》乎？』對曰：『未也。』『不學《詩》，無以言。』鯉退而學《詩》。他日，又獨立，鯉趨而過庭。曰：『學禮乎？』對曰：『未也。』『不學禮，無以立。』鯉退而學禮。聞斯二者。」陳亢退而喜曰：「問一得三。聞《詩》，聞禮，又聞君子之遠其子也。」

【譯文】陳亢問伯魚：「你在老師那裡聽到過什麼特別的教誨嗎？」伯魚回答說：「沒有啊！有一次他獨自站在堂上，我快步從庭裡走過，他說：『學《詩》了嗎？』我回答說：『沒有。』他說：『不學《詩》，就不懂得怎麼說話。』我回去就學《詩》。又有一天，他又獨自站在堂上，我快步從庭裡走過，他說：『學禮了嗎？』我回答說：『沒有。』他說：『不學禮就不懂得怎樣立身。』我回去就學禮。我就聽到過這兩件事。」陳亢回去高興地說：「我提一個問題，得到三方面的收穫，聽完關於《詩》的道理，聽完關於禮的道理，又聽完君子不偏愛自己兒子的道理。」

【點評】孔子對學生的教育注重全方面的發展。《詩經》和禮是孔子教育學生的必修科目，並不僅局限於課本的知識，他對兒子孔鯉的教育也是如此。

36. 子曰：「後生可畏，焉知來者之不如今也？四十、五十而無聞焉，斯亦不足畏也已。」

【譯文】孔子說：「年輕人值得敬畏，怎麼知道後來人不如現在的人呢？如果到四、五十歲還沒沒無聞，那這個人也就沒有什麼可畏懼的事了。」

【點評】孔子的這段話是對年輕人的鼓勵。他說年輕人不可輕視，後來的人也會勝過現在的人，要抓緊時間努力成才，不要等到四、五十歲的時候還沒有什麼成就。他從正反兩個方面來提醒年輕人要珍惜時光、努力進取，這就是說「青出於藍而勝於藍」、「長江後浪推前浪」。

孔子以身作則，詩禮傳家

「聖人」孔子

《詩經》和禮是孔子教育學生的必修科目，並不僅局限於課本的知識。他對兒子孔鯉的教育也是如此。

孔子一生都在致力於恢復《周禮》，處處以身作則。在學習《詩經》和禮的過程中孜孜不倦，以求達到完美的境界。

孔子問孔鯉有沒有學習《詩經》和禮，孔鯉說沒有，孔子認為不學《詩》，就不懂得怎麼說話，而不學禮，就不懂得怎樣立身。

小智慧大妙處

生命有限，知識無窮　學習是終身的，少年時期孩子純真無邪，從小要培養良好的學習習慣；青年時期，是學習的黃金時期，要抓緊時間努力學習，為自己美好的未來打下堅實基礎；老年時期人生觀、價值觀已經形成，這時候學習，能更好地理解人生，更豁達，還能增強記憶力，防止腦力衰退。

35

37. 子曰：「可與共學，未可與適道；可與適道，未可與立；可與立，未可與權。」

【譯文】孔子說：「可以和他一起學習的人，未必可以和他一起追求道；可以和他一起追求大道的人，未必可以和他一起建功立業；可以和他一起建功立業的人，未必可以和他一起通權達變。」

【點評】人與人之間，在有些事情上可能志同道合，換一些事情就未必如此了。這說明立志於道的人，應該能夠自新，人的能力發展不平衡，要會通達應變，要尋求志同道合的人共同發展，在與人交往中，能夠通權達變是很高的境界。

38. 子路問：「聞斯行諸？」子曰：「有父兄在，如之何其聞斯行之？」冉有問：「聞斯行諸？」子曰：「聞斯行之。」公西華曰：「由也問『聞斯行諸』，子曰，『有父兄在』；求也問『聞斯行諸』，子曰，『聞斯行之』。赤也惑，敢問。」子曰：「求也退，故進之；由也兼人，故退之。」

【譯文】子路問：「聽到就行動起來嗎？」孔子說：「有父兄在，怎麼能聽到就行動起來呢？」冉有問：「聽到就行動起來嗎？」孔子說：「聽到就行動起來。」公西華說：「仲由問『聽到就行動嗎』，你回答說『有父兄健在』；冉求問『聽到就行動起來嗎』，你回答『聽到就行動起來』。我被弄糊塗了，敢再問個明白。」孔子說：「冉求總是退縮，所以我鼓勵他；仲由好勇過人，所以我約束他。」

【點評】孔子要自己的學生不要退縮，也不要過頭冒進，要進退適中。所以，對同一個問題，孔子針對子路與冉求的不同情況，做不同的回答。同時反映孔子教育方法的一大特點，即「因材施教」，這是孔子的教育原則和方法。

39. 子曰：「誦《詩》三百，授之以政，不達；使於四方，不能專對。雖多，亦奚以為？」

【譯文】孔子說：「把《詩經》三百篇背得很熟，讓他處理政務，卻不會辦事；讓他當外交使節，不能獨立地交涉。背得很多，又有什麼用呢？」

【點評】《詩經》是孔子教授學生的主要內容之一，他教學生誦詩，不單純是為了誦詩，而是為了把《詩經》的思想運用到處理政務中。儒家不主張死背硬記，而是要學以致用，應用到社會中去實踐。

學習貴在有恆和創新

學習要循序漸進

在學習中要有恆和創新,與志同道合的人共同發展,同時在學習中切忌急功冒進,學習是個循序漸進的過程,沒有捷徑可走。

貴有恆,何必三更起五更眠;最無益,只怕一日曝十日寒。

人最可貴的是有恆心、有毅力,做事按照既定目標一步一個腳印地去實施,努力不懈地奮鬥,最終一定能夠實現自己的理想。這樣在平時工作中就不必夙興夜寐、挑燈夜戰。而對人們最沒有益處的是做事三天打魚,兩天晒網,凡事馬虎隨便,這樣最終會一事無成。

寶劍鋒從磨礪出,梅花香自苦寒來。

寶劍的鋒利是從不斷的磨礪中才練就的,梅花的香也是在歷經寒冷之後才擁有的。所以成功人士都是在一番磨練中才能有所成就,切記,不可急功冒進,要長期努力不懈怠。

紙上得來終覺淺,絕知此事要躬行。

特別強調做學問的功夫要下在「哪裡」,這也是做學問的訣竅,那就是不能滿足於字面上的意思,而要躬行實踐,在實踐中加深理解。只有這樣,才能把書本上的知識,變成自己的實際本領。

40. 子曰：「古之學者為己，今之學者為人。」

【譯文】孔子說：「古代的人學習是為了提升自己，而現在的人學習是為了給別人看。」

【點評】孔子指出古今學者學習目的不同，差別在古代的學者是真誠地為了提升自己，而不像後來的學者是為了給人看。學習是要腳踏實地的，不得有半點浮躁和虛誇。

41. 「唐棣之華，偏其反而。豈不爾思？室是遠而。」子曰：「未之思也，夫何遠之有？」

【譯文】「唐棣的花朵，翩翩地搖擺。怎麼能不思念？只是住得太遠啊！」對於這首詩，孔子說：「他還不是真正的思念啊，有什麼遙遠的呢？」

【點評】孔子認為路途遙遠不是不去行動的理由，真正想要去做一件事情，路途遙遠並不能阻止人們前進，只要有毅力，目標就不遠了。

漢朝著名的史學家、文學家司馬遷為了替李陵說情，被漢武帝關進了監獄。受過腐刑之後，他流著淚歎息道：「是我自己造孽啊！身體遭到這樣大的損傷，還有什麼用呢？真不如死好！」可冷靜下來後，他又想到自己的理想，想到古代有作為的人，他們哪個不是因為受到不公平的待遇才發憤圖強的啊？周文王被紂王關起來，寫下《周易》；孔子不被重用，做《春秋》；左丘明眼睛瞎了，編著《國語》；孫臏被砍下膝蓋，著作《孫子兵法》；還有屈原，不也因為被流放江南，才寫出不朽的《離騷》嗎？這些仁人志士正因為心中積滿悲憤，無法傾訴，才寫出千古傳誦的佳作，用來啟發後人。司馬遷以他們為榜樣，繼續史書的寫作，終作成「史家之絕唱，無韻之《離騷》」的《史記》。不管路途多麼遙遠和艱難，只要心中有理想，並且朝著目標不斷努力，那麼希望就在前方。

42. 闕黨童子將命。或問之曰：「益者與？」子曰：「吾見其居於位也，見其與先生並行也，非求益者也，欲速成者也。」

【譯文】闕裡的一個童子，來向孔子傳話。有人問孔子：「這是個求上進的孩子嗎？」孔子說：「我看見他坐在成年人的位子上，又見他和長輩並肩而行，他不是要求上進的人，只是個急於求成的人。」

【點評】孔子特別注重教育年輕人要注重禮制，長幼有序是儒家的道德規範之一，是儒家的一貫主張。除了在家庭裡講孝、講悌以外，年幼者在家庭以外的地方還必須尊敬長者。此為中華民族尊老敬老的傳統美德，直至現今還有提倡的必要，但應該剔除其中的封建因素，賦予民主性內容。

路漫漫，其修遠兮

梅花香自苦寒來

中華文明五千年的歷史，匯聚古代賢人的智慧結晶。即使在某一方面要達到精通，也需要用很長的時間去探究。

路途遙遠不是不去行動的理由，真正想要去做一件事情，路途遙遠並不能阻止人們前進，只要勇敢，目標就不遠了。

唐棣

小喬木，高 3 ~ 5 公尺，鮮少可達 10 公尺。生於海拔 1000 ~ 2000 公尺的闊葉林中。楮葉唐棣，單葉互生，葉卵形至長橢圓形，背有白粉，秋天葉片成黃金色或綠色帶金黃色斑點。頂生總狀花序，具數朵花，花瓣白色或粉紅色，花期四月下旬至五月中旬。

司馬遷發憤著《史記》

左丘明著《國語》

孫臏著《孫子兵法》

　　諸多仁人志士因心中積滿悲憤，沒法吐訴，寫出千古傳誦的佳作，用來啟發後人。司馬遷以此為榜樣，繼續史書的寫作，終作成「史家之絕唱，無韻之《離騷》」的《史記》。不管路途多麼遙遠和艱難，只要心中有理想，並且朝著目標不斷努力，那麼希望就在前方。

43. 子曰：「賜也！汝以予為多學而識之者與？」對曰：「然，非與？」曰：「非也。予一以貫之。」

【譯文】孔子說：「賜啊！你以為我是學習得多才逐一記住的嗎？」子貢答道：「是啊，難道不是這樣嗎？」孔子說：「不是的。我是用一個根本的道理把它們貫徹始終。」

【點評】「一以貫之」是孔子學問淵博的根本所在，是非常重要的治學思想和方法。那麼，這個「一」是指什麼呢？「一以貫之」就是在學習的基礎上，認真思考，悟出其中內在的東西。孔子在這裡告訴子貢和其他學生，要學與思相結合，認真學習，深切領悟。

44. 子曰：「不曰『如之何，如之何』者，吾末如之何也已矣。」

【譯文】孔子說：「遇事從來不說『怎麼辦，怎麼辦』的人，我對他也不知怎麼辦才好。」

【點評】孔子用幽默的語言，講述人要有強烈的求知欲望，和主動鑽研的精神。

45. 子曰：「群居終日，言不及義，好行小慧，難矣哉！」

【譯文】孔子說：「整天聚在一塊，說的都達不到義的標準，專好賣弄小聰明，這種人真難教導啊！」

【點評】孔子指出言行不一致，說的都達不到義的標準，這種現象兩千多年來比比皆是。希望在任何一件事上取得成就，都要言行一致，腳踏實地。

春秋時代，魯國有個大臣叫孟武伯，他最大的毛病是說話不算數。有一天，魯哀公在五梧舉行宴會招待群臣，孟武伯照例也參加。當時有個名叫郭重的大臣也在座。這郭重長得很肥胖，平時頗受哀公的寵愛，因而常遭孟武伯的嫉妒和譏辱。在這次宴席上，孟武伯借著向哀公敬酒的機會，便故意問他：「郭先生吃了什麼東西啊，怎麼愈來愈胖？」哀公對孟武伯不守信用的行為十分反感，當他聽見到孟武伯想嘲笑郭重時，非常厭惡，他代替郭重諷刺道：「一個人常吃掉自己的諾言，當然會變胖啊！」這句話分明反過來諷刺孟武伯，習慣說話不算數，而且在宴會上當著群臣的面，出於國君之口，孟武伯頓時面紅耳赤，感到萬分難堪。還有一個晉朝人叫殷羨，曾經做過豫章郡的太守，當他卸任離開豫章回京城時，很多人託他帶信，他都答應。當他帶著滿滿一包信走到長江邊時，突然把這些信全部扔到水裡，說：「都請到水裡去吧！要沉要浮隨你們自由，我殷羨不當太守，也不能替別人當信使啊！」

言必信，行必果

君子要用行動來表明自己的價值準則，不虛偽、有真心，這樣才會被人接受。

皇甫績

　　皇甫績（西元 539 ～ 590 年），安定郡朝那縣人，隋朝大臣。大定元年（西元 581 年），楊堅受禪稱帝，改國號為隋。皇甫績相繼任豫州刺史、尚書，後又出任晉州刺史。臨行前，他極力建議出兵滅陳朝，完成統一天下大業。全國統一後，皇甫績出任蘇州刺史。當時，隋朝剛剛統一，南方社會秩序比較混亂。開皇十年（西元 590 年），南方士族高智慧在越州（今紹興）發動叛亂，蘇州人顧子元回應，圍攻蘇州城，皇甫績苦守八十餘日，後來，楊素率大軍前往支援，擊敗了叛軍。此後，皇甫績歷任信州總管，掌十州軍事，五十二歲時去世。

誠心改過

你還小，這次我就不罰你了，不過，以後不能再犯這樣的錯誤。不做功課，不學好本領，將來怎麼能成大事？

這是私塾裡的規矩，我們都向外公保證過觸犯規矩甘願受罰，不然的話就是不遵守諾言。他們都按規矩受罰了，我也不能例外。

皇甫績小時候就很信守諾言，對於自己的錯誤勇於承擔，嚴格要求自己。

後來皇甫績在朝廷裡做大官，但是這種從小養成的信守諾言、勇於承認錯誤的品德一直持續，使得他在文武百官中享有很高的聲望。

46. 子曰：「吾嘗終日不食，終夜不寢，以思，無益，不如學也。」

【譯文】孔子說：「我曾經整天不吃飯，徹夜不睡覺，左思右想，結果沒有什麼好處，還不如去學習為好。」

【點評】在之前的一些章節中，孔子已經提到「學而不思則罔，思而不學則殆」，這裡又進一步加以發揮和深入闡述。思是理性活動，其作用有兩方面：一方面是發覺言行不符合或者違背道德，就要改正過來；另一方面是檢查、確信自己的言行符合道德標準，就要堅持下去。但學和思不可以偏廢，只學不思不行，只思不學也十分危險。總之，思與學相結合才能使自己成為有德行、有學問的人。這是孔子教育思想的重要組成部分。

47. 子曰：「君子謀道不謀食。耕也，餒在其中矣；學也，祿在其中矣。君子憂道不憂貧。」

【譯文】孔子說：「君子只謀求行道，不謀求衣食。耕田，也常要餓肚子；學習，可以得到俸祿。君子只擔心道不能行，不擔心貧窮。」

【點評】這段話的意思是要勸學，不要把全部的心思放在食與祿上。

唐朝著名詩人杜甫在長安得不到任用，加上父親去世，失去固定的經濟來源，導致生活陷於困頓，幸好偶爾會有好友相助。有一次，杜甫罹患瘧疾，被折騰得面黃肌瘦，頭暈眼花，差點失去性命。大病初癒，他扶著拐杖出門散心，不知不覺來到王倚家門口。王倚見杜甫這般模樣，十分同情，買肉買酒，熱情地招待他。其實從那時起，杜甫就過起了到處乞討的日子。後來由於「安史之亂」，杜甫被迫離開長安，流落到成都，一家人先是借住在浣花溪畔的一座古寺裡，家裡窮得沒有東西吃。當過幾天小官的杜甫，不得已只好硬著頭皮，給他的同鄉、彭州刺史高適，發出求援信：「百年已過半，秋至轉饑寒。為問彭州牧，何時救急難？」高適從百里之外背米來接濟他，鄰里又送他些小菜，使他免除無米之炊的困苦。雖然生活如此的困頓不堪，但是杜甫仍然筆耕不輟，寫下很多膾炙人口的詩詞，千古流傳。

48. 子曰：「當仁，不讓於師。」

【譯文】孔子說：「面對著仁德，就是老師，也不必對他謙讓。」

【點評】孔子和儒家特別重視師生關係的和諧，強調師道尊嚴，在一般的情況下學生不可違背老師。但是，在仁德面前，即使是老師，也不必對他謙讓。這是把實現仁德擺在第一位，「仁」是衡量一切是非善惡的最高準則。

當仁不讓於師

「詩聖」杜甫

「師不必賢於弟子，弟子不必不如師。」在學習的過程中，在真理面前，不要屈服於權威，是錯誤就應該指出來，不謙讓，這才是做學問的正確態度。

春望
唐‧杜甫
國破山河在，城春草木深。
感時花濺淚，恨別鳥驚心。
烽火連三月，家書抵萬金。
白頭搔更短，渾欲不勝簪。

原憲憂道不憂貧

孔子門下最窮的學生，要算顏回與原憲了，然而兩人的氣節最為高尚，修身不願屈節。有一次，子貢穿著漂亮的衣服，騎著駿馬去訪問原憲。子貢看見原憲臉色慘白，便問：「你病啦？」原憲回答說：「所謂貧，那是說沒有財產。所謂病，那是說縱然學習而不能實行。我現在貧而不病。」子貢聽到後，覺得很慚愧，所以君子應該是憂道不憂貧啊！

小智慧大妙處

黑髮不知勤學早，白髮方悔讀書遲　學習是終身的事情，不要貪戀食祿，而放棄學習。只有認認真真地學習，才能提升自己的素養，才能「青出於藍而勝於藍」。

49. 子曰：「有教無類。」

【譯文】孔子說：「每個人都可以接受教育，不分族類。」

【點評】孔子的教育對象、教學內容和培養目標，都有自己的獨特性。他辦教育，反映當時文化下移的現況，學在官府的局面得到改變，除了出身貴族的子弟可以受教育外，其他各階級、階層都有受教育的可能性和機會。他廣招門徒，不分種族、氏族，都可以到他的門下受教育。所以，孔子是中國古代偉大的教育家，開創中國古代私學的先例，奠定中國傳統教育的基本思想。

50. 子曰：「辭達而已矣。」

【譯文】孔子說：「言辭只要能表達意思就行了。」

【點評】孔子強調言辭貴在達意，把自己的意思用最樸實、通俗易懂的語言表達出來就可以了，不取言辭的虛浮和絢麗，這是非常正確的語言觀念。

51. 子曰：「生而知之者，上也；學而知之者，次也；困而學之，又其次也；困而不學，民斯為下矣。」

【譯文】孔子說：「生來就知道的人，是上等人；經過學習以後才知道的，是次一等的人；遇到困難再去學習的，是又次一等的人；遇到困難還不學習的，這種人就是下等的人。」

【點評】孔子雖說有「生而知之者」，但他不承認自己是這種人，也沒有見到過這種人，他說自己是經過學習之後才知道的。他希望人們勤奮好學，不要等遇到困難才去學習。俗話說，書到用時方恨少，就是這個道理。至於遇到困難還不去學習，就不足為訓。

西漢著名的政治家、軍事家張良，有一天，他在下邳縣橋上散步，有一個穿著麻布衣服的老翁，走到張良所在的地方，把自己的鞋子扔到橋下，讓張良去撿，並讓他給自己穿上。張良強忍著給老翁穿上鞋後，老人說：「小子可以教誨，五天後黎明，與我在此相會。」張良連續兩次都晚於老人。下一次，張良不到半夜就來。過了一下子，老翁也到，拿出一本書，說：「你把這本書讀通，將來就能做大王的軍師。」說完之後，老翁便離開。原來老翁給張良《太公兵法》這本兵書。張良經過一番苦讀，終於成為一代名將。

學而知之

張良功成身退

學習的目的是提升文化素養，「學則仕」，不分高低貴賤，每個人都可以學習，這是中國傳統教育的思想。

張良

張良（西元前？～前189年），字子房，傳為漢初城父（今河南寶豐東）人。漢高祖劉邦的謀臣，秦末漢初時期傑出的政治家、軍事家，漢王朝的開國元勳之一，「漢初三傑」（即張良、韓信、蕭何）之一。

❽ 假託神道，明哲保身

❼ 勸都關中，諫封雍齒

❻ 虛撫韓彭，兵圍垓下

❺ 下邑奇謀，畫箸阻封

❹ 明修棧道，暗度陳倉

❸ 諫主安民，鬥智鴻門

❷ 降宛取嶢，佐策入關

❶ 反秦復韓，圯上受書

圯橋匍伏取履，子房蘊帝師之智

張良雖是文弱之士，不曾揮戈迎戰，卻以軍謀家著稱。他一生反秦扶漢，功不可沒；籌劃大事，事畢竟成。歷來史家無不傾墨書載他那深邃的才智，極口稱讚他那神妙的權謀。

52. 子曰：「苗而不秀者有矣夫！秀而不實者有矣夫！」

【譯文】孔子說：「莊稼長了苗卻不開花是有的！開花卻不結果實也是有的！」

【點評】從幼苗到結果實是一個過程，這其中也會遇到困難、挫折等情況。孔子以莊稼為例，比喻一個人建功立業之難。有的人很有天賦，但是不能堅持到底，最終沒有成就。孔子在此勉勵學生們要不斷努力，努力不懈地奮鬥，不要半途而廢。

南朝的江淹，年輕的時候，他的詩和文章在當時就獲得了極高的評價。可是，當他年紀大以後，他的文章不但沒有以前寫得好，而且退步不少，文章平淡無奇、文句枯澀、內容平淡得一無可取。於是就有人傳說，江淹夢見一個自稱叫張景陽的人，向他討還一匹綢緞，江淹從懷中拿出幾尺綢緞還他，因此，江淹的文章便不精彩了。又有人傳說，江淹夢見一個自稱郭璞的人，向他索筆，江淹順手從懷裡取出一支五色筆來還他，此後，江淹就文思枯竭，再也寫不出好的文章了。其實並不是江淹的才華已經用完了，而是他當官以後，一方面由於政務繁忙，另一方面也由於仕途得意，無須自己動筆、勞心費力，久而久之，文章自然會逐漸遜色，缺乏才氣。可見學習是一個努力不懈的過程，半途而廢最終會「江郎才盡」。

53. 子曰：「性相近也，習相遠也。」

【譯文】孔子說：「人的本性是相近的，由於後天的習染不同才相互有差別。」

【點評】《三字經》中的「性相近，習相遠」就是從孔子的這句話來的。人和人之間本有些性相近，只是由於後天的教育環境不同，才使得人與人之間有差距。這表示孔子注重人們後天教育的思想，這也是他「有教無類」教育思想的哲學基礎。

54. 子曰：「唯上知與下愚不移。」

【譯文】孔子說：「只有上等的智者與下等的愚者改變不了。」

【點評】「上知」是指高貴而有智慧的人；「下愚」指卑賤而又愚蠢的人，這兩種人是先天所決定，無法改變。這種觀念，如果用階級分析的方法去看待，則有歧視甚至侮辱民眾的一面，應該要被指正。

努力不懈終為「仁」

　　學習就像種莊稼一樣，也會遇到挫折，只要鍥而不捨，加上後天的努力就會成功。

| 播種 | →澆水→ | 幼苗 | →滅蟲→ | 開花 | →施肥→ | 結果 |

江淹「江郎才盡」

| 幼年學習 | →努力學習→ | 少年 | →沾沾自喜且懈怠→ | 青年 | →終日不學以致文思枯竭→ | 老年 |

　　南朝的江淹，年輕的時候，他的詩和文章在當時獲得了極高的評價。

　　江淹由於政務繁忙，加上仕途得意，就不再動筆了。久而久之，文章逐漸遜色，缺乏才氣。

| 幼年學習 | →努力學習→ | 少年 | →謙虛謹慎、努力不懈→ | 青年 | →孜孜不倦、文思泉湧→ | 老年 |

55. 子曰：「小子何莫學夫《詩》？《詩》，可以興，可以觀，可以群，可以怨。邇之事父，遠之事君；多識於鳥獸草木之名。」

【譯文】孔子說：「學生們為什麼不學習《詩》呢？學《詩》可以激發志氣，可以觀察天地萬物及人間的盛衰與得失，可以使人懂得合群的必要，可以使人懂得怎樣去奉諫上級。近可以用來侍奉父母，遠可以侍奉君主；還可以多知道一些鳥獸草木的名字。」

【點評】孔子講述學習《詩經》的好處和重要性，從這裡我們也可以加深對此部詩歌總集的理解和認識。

56. 子謂伯魚曰：「汝為《周南》、《召南》矣乎？人而不為《周南》、《召南》，其猶正牆面而立也與？」

【譯文】孔子對伯魚說：「你學習《周南》、《召南》了嗎？一個人如果不學習《周南》、《召南》，那就像面對牆壁而站著吧？」

【點評】《周南》和《召南》是《詩經》中講述夫婦之道的詩篇，孔子讓兒子伯魚認真學習這兩首詩，對於培養伯魚齊家治國的理念是有幫助的，從側面反映《詩經》對治國的重要性和指導性。

57. 子曰：「道聽而塗說，德之棄也。」

【譯文】孔子說：「在路上聽到傳言就到處去傳播，這是道德所唾棄的。」

【點評】道聽塗說是一種背離道德準則的行為，而這種行為自古以來就存在。現實生活中，不僅有人喜歡道聽塗說，而且還有人喜歡四處打聽別人的隱私，然後到處傳說，以此作為生活的樂趣，這些都是不可取的。孔子要求學生對待問題應該認真思考，而且要善於獨立思考。

戰國時代，魏國的太子被送到趙國的都城邯鄲做人質，魏國的著名大臣龐恭隨行。在臨行前，龐恭對魏王說：「要是現在有個人跑來說，街市出現一隻老虎，大王您相不相信？」「當然不相信！」魏王立刻答道。「如果同時有兩個人跑來說，街市有一隻大老虎，您相信嗎？」龐恭又問。「會懷疑。」魏王答道。「那麼要是三個人異口同聲地說街上有隻老虎時，您會相信嗎？」龐恭又問。魏王想了想說：「我會相信。」於是龐恭就勸誡魏王：「街市上不會有老虎，這是很明顯的事，可是經過三個人一說，好像真的有老虎了。趙、魏兩國都城間的距離，比這裡的街市遠得多，議論我的人何止三個？希望大王明察才好。」魏王道：「一切我自己知道。」可是，龐恭走後，毀謗他的人實在太多，等到龐恭陪太子回國後，魏王果然沒有再召見他。

眾口鑠金，積毀銷骨

學習《詩經》的重要性

《詩經》是我國第一部詩歌總集，收錄自西周初年至春秋中葉五百多年的詩歌 311 篇，又稱《詩三百》。先秦稱為《詩》，或取其整數稱《詩三百》。西漢時被尊為儒家經典，始稱《詩經》，並沿用至今。

在《詩經》三百篇中，《周南》、《召南》列居十五《國風》之首。關於這種編排體例以及二者的命名及區別，歷來頗有爭議，且其爭論的焦點主要是對「南」的理解各有不同，使之成為《詩經》學史上一件公案。蘇轍為北宋著名的經學家，在疑古惑經思潮的影響下，基於「平生好讀《詩》、《春秋》，病先儒多失其旨，欲更為之傳」的目的，著有《詩集傳》一書。

道聽塗說，指鹿為馬

秦二世的時候，整個國家的大權幾乎都落到丞相趙高的手裡。他把持朝政，排除異己，進一步鞏固自己的權勢。

秦二世的時候，丞相趙高包藏篡位之心，為了探知朝中大臣們的反應，於是牽來一隻鹿，對秦二世說自己獻馬。趙高藉機知道大臣們的選擇，於是之後將那些反對他的大臣們都殺害。

道聽塗說，指鹿為馬，散布謠言很可怕，有句話說：「傷人的話總出自溫柔的嘴」，這些人嘴巴毒，道德也差。

58. 子曰：「予欲無言。」子貢曰：「子如不言，則小子何述焉？」子曰：「天何言哉？四時行焉，百物生焉，天何言哉？」

【譯文】孔子說：「我想不說話了。」子貢說：「你如果不說話，那麼我們這些學生還傳述什麼呢？」孔子說：「天何嘗說話呢？四季照常運行，百物照樣生長，天說什麼話呢？」

【點評】孔子引導學生自己思考，凡事不能總依靠老師，正所謂「師傅領進門，修行在個人」，實際上他是用無言來啟發弟子，進行更廣闊更深層的思考，含有哲學意味。

59. 孺悲欲見孔子，孔子辭以疾。將命者出戶，取瑟而歌，使之聞之。

【譯文】孺悲想見孔子，孔子以有病為由推辭不見。傳話的人剛出門，孔子便取來瑟邊彈邊唱，有意讓孺悲聽到。

【點評】孔子以實際行動教育孺悲，做事要符合禮節。孺悲不經人介紹擅自來見孔子，不符合「士相見禮」。孔子有意讓他聽見彈唱，是希望他會對自己的行為進行反省。

60. 子曰：「飽食終日，無所用心，難矣哉！不有博奕者乎？為之，猶賢乎已。」

【譯文】孔子說：「整天吃飽飯，什麼心思也不用，真太難了！不是還有玩博和下棋的遊戲嗎？做這個，也比閒著好。」

【點評】孔子認為，不管做什麼都比「飽食終日，無所用心」強，即使是「博奕」還能強化大腦，活躍思維，而什麼心思也不用，只會愈來愈懶惰。孔子的這段話是對人們惰性的當頭棒喝。

蜀後主劉禪投降後，司馬昭設宴款待，先以魏樂舞戲於前，蜀官傷感，但劉禪卻歡樂嬉笑，無動於衷。司馬昭看見這種情形就對賈充說：「人的無情，竟到這種地步，即使讓諸葛亮在世，也不能輔佐他長久安全無事，何況是姜維呢？」有一天，司馬昭問劉禪：「你很思念蜀國嗎？」劉禪說：「這裡很快樂，我不思念蜀國。」郤正知道這事就對他說：「如果晉王再問起時，你應哭泣著說：『先人的墳墓都葬在蜀地，沒有一天不思念啊！』就閉上眼睛。」適逢司馬昭再次問他時，劉禪便照著郤正教他的話回答，說完並閉上眼睛，想裝出要哭的樣子。司馬昭於是說：「為何你剛才所說的話，像是郤正的語氣呢？」劉禪聽完大驚，望著司馬昭說：「您說的話確實沒有錯。」左右的人都笑了。

學習誠可貴，勤奮價更高

學習是一個漫長的過程，在學習中要學會自主思考，取其精華並去其糟粕。「天才來自勤奮」，勤奮能活化大腦，活躍思維，引發更廣闊的思想。

學習就是「師傅領進門」，內容還需要自己提煉、消化、創新，進而變成自己的知識。

學習懶惰與勤奮分別對民眾和君王的影響

懶惰	君王	不理朝政	國家混亂 →	滅亡
	百姓	懶於勞作	生活不堪 →	貧窮
勤奮	君王	關心朝政	民興國旺 →	發達
	百姓	勤於勞作	井井有條 →	富裕

劉禪在魏國歡樂嬉笑，樂不思蜀。

小智慧大妙處

勤能補拙是良訓，一分辛苦一分才　西元825年，唐敬宗將杭州刺史白居易調任蘇州刺史，蘇州是唐東南地區最大的州，地方事務繁雜。白居易上任後謝絕所有的宴請，專心處理政務，很快就熟悉當地的情況，整頓吏治，贏得老百姓的好評。他認為自己生來笨拙，只有靠勤奮來彌補。

61. 子曰：「年四十而見惡焉，其終也已。」

【譯文】孔子說：「到四十歲的時候還被人厭惡，他這一生也就終結了。」

【點評】孔子勉勵人要及時改過遷善，多注重學習，勤修自己的品行，否則，到四十歲，便為時已晚。

　　從前有一個牧民，養了幾十隻羊，白天放牧，晚上將羊趕進一個用柴草和木樁等物圍起來的圈內。一天早晨，這個牧民去放羊，發現羊少一隻，原來羊圈有個破洞，夜間有狼從破洞裡鑽進來，把羊叼走了。鄰居勸告他：「趕快把羊圈修一修，堵住那個破洞吧！」他說：「羊已經丟失，還去修羊圈做什麼呢？」沒有接受鄰居的好心勸告。第二天早上，他發現又少一隻羊，原來狼又從破洞裡鑽進羊圈，又叼走了一隻羊。這位牧民很後悔沒有接受鄰居的勸告，及時採取補救的措施。於是，他趕緊堵住那個破洞，又加強牢固，把羊圈得很牢實，從此，這個牧民的羊就再也沒有被狼叼走過。犯錯誤，遭到挫折，這是常見的現象，只要能認真吸取教訓，總結經驗，及時採取補救措施，就可以避免繼續犯錯誤，遭受更大的損失。

62. 子夏曰：「日知其所亡，月無忘其所能，可謂好學也已矣。」

【譯文】子夏說：「每天學到一些過去所不知道的東西，每月都不忘記已經學會的東西，這就可以叫做好學。」

【點評】此段講的學習方法，也就是孔子說的「溫故而知新」，這是孔子教育思想的重要部分。孔子並不籠統反對博學強識，因為人類知識中的很多內容，都需要認真記憶，不斷鞏固，並且在原有知識的基礎上，再接受新的知識。這一點，對我們現今的教育也有某種借鑒作用。

63. 子游曰：「子夏之門人小子，當灑掃應對進退，則可矣，抑末也。本之則無，如之何？」子夏聞之曰：「噫，言游過矣！君子之道，孰先傳焉？孰後倦焉？譬諸草木，區以別矣。君子之道，焉可誣也？有始有卒者，其惟聖人乎？」

【譯文】子游說：「子夏的學生，做些打掃和迎送客人的事情是可以的，但這些不過是末節小事，根本的東西卻沒有學到，這怎麼行呢？」子夏聽完，說：「唉，子游錯了。君子之道先傳授哪一條，後傳授哪一條，這就像草和木一樣，都有分類區別的。君子之道怎麼可以隨意歪曲、欺騙學生呢？能按次序有始有終地教授學生們，恐怕只有聖人吧！」

【點評】子游和子夏兩人，在如何教授學生的問題上發生爭執，而且爭執得比較激烈，不過，這其中並沒有根本的不同，只是教育方法各自不同罷。

知錯能改，善莫大焉

「人非聖賢，孰能無過」，有正確必定有錯誤的存在，關鍵是看對待錯誤的態度。錯誤在所難免，只要改過遷善，才會避免同樣的錯誤。小錯誤要有大用心，防微杜漸才能不使「千里之堤，潰於蟻穴」。

從錯誤中成長

從錯誤中重新認識自己，透過後天的學習改正，用心體會錯誤帶來的危害，轉變觀念，總結教訓，才不會在一個地方再次摔倒。

犯錯誤，遭到挫折，只要能認真汲取教訓，總結經驗，及時採取補救措施，就可以避免繼續犯錯誤，遭受更大的損失。

理解與包容

| 做人要有雅量，心胸開闊。 |
| 能夠容忍榮辱，知人情冷暖。 |
| 能治國經世，安身立命。 |

| 心胸狹窄，斤斤計較。 |
| 不能成大器，得不到尊重，鬱鬱寡歡。 |

為人處世不要太清高，對於所有汙穢、屈辱、醜陋的東西都要有胸襟去接受；與人相處不要斤斤計較，對於一切善良、兇惡、賢明、愚蠢的人，都要理解和包容。

小智慧大妙處

三思而後行　凡事想好再去做，三思而後行，就能使犯錯誤的機率減小，切記不懂裝懂。承認對某些問題的無知，敢於承認錯誤，這才是做人做事的真正學問。

64. 子夏曰：「百工居肆以成其事，君子學以致其道。」

【譯文】子夏說：「各行各業的工匠，都在各種製造場所裡完成自己的工作，君子透過學習來掌握道。」

【點評】這段內容要表達的是勸學，勸所有的人都要努力學習，無論從事什麼專業，都要勤奮敬業。

65. 衛公孫朝問於子貢曰：「仲尼焉學？」子貢曰：「文武之道，未墜於地，在人。賢者識其大者，不賢者識其小者，莫不有文武之道焉。夫子焉不學？而亦何常師之有？」

【譯文】衛國的公孫朝問子貢：「仲尼的學問是從哪裡學來的？」子貢說：「周文王和周武王的道，並沒有失傳，還留在人們中間。賢能的人可以了解它的根本，不賢的人只了解它的末節，沒有什麼地方無文王武王之道。我們老師何處不學，又何必要有固定的老師傳授呢？」

【點評】善於學習的人，隨時隨地都可以學到有用的東西。

李密是隋朝的大將軍，年少時就發憤讀書，決定做個有學問的人。有一回，騎了一頭牛，出門看朋友，在路上，他把《漢書》掛在牛角上，抓緊時間讀書，正好宰相楊素坐著馬車從後面過來，看到少年在牛背上讀書，暗暗驚奇。楊素在車上招呼說：「哪個書生，這麼用功啊？」李密回過頭來一看，認得是宰相，慌忙跳下牛背，向楊素做一個揖，報了自己的名字。楊素問他說：「你在看什麼？」李密回答說：「我在讀項羽的傳記。」楊素回家後對兒子楊玄感說：「我看李密的見識和風度，不是你們所比得上的。」楊玄感於是傾心結交李密。

66. 子夏曰：「仕而優則學，學而優則仕。」

【譯文】子夏說：「做官還有餘力的人，就可以去學習；學習有餘力的人，就可以去做官。」

【點評】子夏的這段話概括了孔子的教育方針和辦學目的。做官之餘，還有精力和時間，那他就可以去學習禮樂等治國安邦的知識；學習之餘，還有精力和時間，他就可以去做官從政。同時，又一次談到「學」與「仕」的關係。

67. 子貢曰：「紂之不善，不如是之甚也。是以君子惡居下流，天下之惡皆歸焉。」

【譯文】子貢說：「紂王的不善，不像傳說的那樣厲害。所以君子憎恨處在下流的地方，一旦居下流，天下一切壞名聲都歸到他的身上。」

【點評】興論的力量很強大，對於一個人的評價帶有一種從眾的「慣性」。

學無常師，以致其道

　　學習是隨時隨地的，三人行必有我師。善於學習的人，無論是學習還是工作，都很勤奮敬業，學習的欲望強烈。

李密牛角掛書

　　不論是做學問還是做官，都要有「學而不厭」的精神。善於學習的人，無論在何時何地都能學到知識，始終保持著謙遜的態度。

　　子夏曰：「仕而優則學，學而優則仕。」這句話對中國的科舉制度，有著很深刻的影響。雖然當時「仕」與「學」沒有必然的聯繫，但後人一直把「仕」與「學」緊緊地連在一起。其對歷史的影響有以下數個方面——

「學」與「仕」的關係

第一，形成以「學」取「仕」的傳統

　　科舉制把「仕」與「學」連在一起，實現「學而優則仕」，這在歷史上無疑是莫大的進步。其次，以「學」取「仕」，官吏的整體素質有一定程度的提升，尤其是官吏的文化水準。從前孔子的學生宰我，他在白天睡覺，孔子罵他「朽木不可雕也」，可見，知識和文化是領導者和管理者必備的素質。但以「學」取「仕」，也造成不少弊端。其一，純粹以「學」取「仕」，有失偏頗。古人曾說過：「才者，德之資也；德者，才之帥也。」曾有偉人說過：「不但要讀有字之書，還要讀無字之書。」因此，用「學」選「仕」只應該是一個基礎條件，不應該是全部。其二，造成讀書做官論的盛行。我國歷史上不少讀書人就是為了做官，在「家」、「國」一體的宗法專制時代，以學而至仕途最終結局，只能是以學問服務於帝王的家天下，「學成文武藝，貨與帝王家」成為士子們的必然歸宿。

第二，形成「仕」而「學」的傳統

　　中國古代絕大部分官員是重視學習的，其中不少人有著很深的文化底子，不乏著書立說者，這與子夏的話不無關係。被稱為「春秋第一相」的管仲，輔佐齊桓公成就了一代霸業。在當官之餘，管仲寫下《管子》一書。雖然管仲在子夏之前，但為子夏「仕而優則學」提供了依據。秦丞相李斯，不僅輔助秦王兼併六國，完成統一中國的大業，而且對秦始皇統一法律、文字和度量衡等都作出巨大貢獻。「仕」而「學」也有弊端，在中國歷史上常「學」以「仕」名，誰的官大，誰的學問就高，「學」成為「仕」的奴婢。著名詩人王維年譜中有這樣一段話：「開元二十二年（西元 734 年）秋，維赴洛陽，獻詩張九齡求汲引。旋歸嵩山，待機出仕。」開元二十二年，王維將近四十歲，在文學上已經有很深造詣，但還「求汲引，待機出仕」，恰好說明經過仕途這一捷徑，「學」更容易得到認可的事實。「仕」應該「學」，但「仕」絕不能代替「學」、左右「學」。在學問面前應該每個人平等，絕不能以「仕」是瞻。

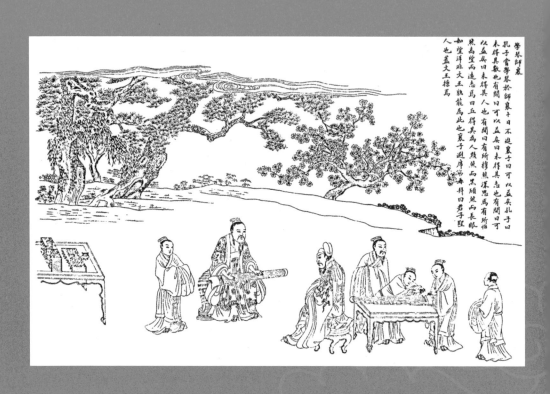

學琴師襄

孔子嘗學琴於師襄十日不進襄子曰可以益矣孔子曰丘未得其數也有間曰可以益矣曰丘未得其志也有間曰可以益矣曰未得其人也有間曰有所穆然深思焉有所怡然高望而遠志焉曰丘得其為人黯然而黑頎然而長眼如望洋如王四國非文王其誰能為此也師襄子避席再拜曰君子聖人也蓋文王操焉

修身篇

孔子是人類歷史上最偉大的思想家之一，是中華民族的精神導師，其思想學說不受時空、國籍的限制，影響深遠而廣泛。以孔子為代表的儒家修身理論，從先秦到宋明，歷經改造，經過社會歷史的選擇，並透過與其他學說的相斥相吸，豐富自身的內容，最終凝聚為中華民族精神的主流內容，在中國傳統文化中占主導地位。

孔子修身思想的實質主要側重於「修身、齊家、治國、平天下」，這是做君子的條件，而能否建功立業，修身也是關鍵。孔子提出立志、學習、自省、慎獨、自訟、克己、實踐、循序漸進等修身思想，對於現今的人們有十分重大的借鑒意義。

1. 曾子曰：「吾日三省吾身：為人謀而不忠乎？與朋友交而不信乎？傳不習乎？」

【譯文】曾參說：「我每天再三反省自己：替別人辦事是不是盡心竭力了？跟朋友交往是不是誠實守信了？對老師傳授的學業，是不是用心複習了？」

【點評】曾參很注重修身，他提出「反省內求」的修養方法，不斷檢查自己的言行，以培養自己完美的品格。自省對領導者來說同樣重要，透過自省，能夠及時檢查並發現自己的每一個細小過失，進一步嚴格要求和提升自己，防微杜漸，不斷鞭策自己前進。

著名的心理學大師榮格曾經形容一個人的中年，就等於是走到「人生的下午」，這是既可以回顧過去又可以展望未來的階段。榮格指出，在下午的時候，就應該回頭檢查早上出發所帶的東西，究竟還合不合用，有些東西是不是該丟棄。理由很簡單，因為「我們不能照著上午的計劃來過下午的人生，早晨重要的事物，到傍晚可能就顯得微不足道；早晨的真理，到傍晚可能就已經變成謊言。」人生路上，或許你已成功地走過早晨，但是，當你用同樣的方式走到下午，卻發現生命變得不堪負荷，這就是該丟棄一些東西的時候。這就好像一個人去旅行，如果帶了太多的行李上路，那麼他在尚未到達目的地之前，就已經把自己弄得筋疲力盡。唯一可行的辦法，就是去蕪存菁，把那些多餘的行李扔掉。

2. 子曰：「君子之於天下也，無適也，無莫也，義之與比。」

【譯文】孔子說：「君子對待天下的人和事，沒有特別親近的，也沒特別疏遠的，只是根據義去做事情。」

【點評】孔子提出對君子的基本要求：只求「義之與比」。有高尚人格的君子為人公正、友善，處世嚴肅靈活，不會厚此薄彼；不結黨，對待別人既不會特別親近，也不會特別冷漠。做事情要符合義的要求，不義的事情不要去做。

3. 子曰：「君子食無求飽，居無求安，敏於事而慎於言，就有道而正焉，可謂好學也已。」

【譯文】孔子說：「有德行的君子，在飲食上不追求飽足，在居住上不追求舒適安逸。工作勤奮敏捷，說話謹慎。接近品學兼優的有道君子，向他們學習，改正自己的缺點，這樣可以說是好學。」

【點評】孔子提出對君子的要求，他認為，作為一個君子，不應該在物質上有過多的講究，要把更多的精力，放在做有意義的事情上，隨時都要學習先進的思想，追求真理。在工作方面應該勤勞敏捷，能夠經常檢討自己，請有道德的人對自己的言行加以匡正，這才算是熱愛生活、熱愛學習。

卓越源自反省，自覺地自我反省，能夠啟迪智慧、開拓思路、打破定勢、更新觀念，竭力讓自己成為一個完美和高尚的人。

言　說話謹慎
行　勤奮敏捷
住　不求舒適
食　不求飽足

透過自省，進行自責，能夠及時檢查並發現自己的每一個細小過失，進一步有目的地嚴格要求和提升自己，防微杜漸，不斷鞭策自己前進。

君子對自己要求很嚴格，不論學習還是生活，每天都會反省自己，隨時學習先進的思想，對自己提出更高的要求。

人生就如旅行

人生就好像一個人去旅行，如果帶了太多的行李上路，那麼他在尚未到達目的地之前，就已經把自己弄得筋疲力盡。唯一可行的辦法，就是去蕪存菁，把那些多餘的行李扔掉。

小智慧大妙應

反省內求　人生的意義就是追逐生命的精彩，要不斷檢查自己行為中的不足，反省失敗的原因；在反省中清醒，在反省中明辨，在反省中變得睿智，就能順利地走向人生的成功。

59

4. 子曰：「吾十有五而志於學，三十而立，四十而不惑，五十而知天命，六十而耳順，七十而從心所欲，不踰矩。」

【譯文】孔子說：「我十五歲立志於學習；三十歲能夠自立；四十歲能不為外界事物所迷惑；五十歲懂得天命；六十歲能正確對待各種言論，不覺得不順；七十歲能隨心所欲而不越出規矩。」

【點評】這是孔子最為著名的言論之一，自述他學習和修養的過程。隨著年齡的增長，人生閱歷和經驗不斷豐富，思想道德水準也在不斷地提升，對人生的領悟也有所不同。十五歲到四十歲屬於學習領會的階段；而五、六十歲是安心立命的階段，成熟睿智，不容易受環境的左右；七十歲是主觀意識和做人的規則融合為一的階段。孔子滿十五歲後，受雇於貴族婚喪祭祀等需要禮儀的場合，配合奏樂念禱。三十歲時名聲漸漸響亮。三十五歲時，魯國內亂，孔子去齊國任高昭子家臣，一心希望能為齊景公服務，但為齊相晏嬰所阻。五十歲時，魯國發生陽貨之亂，次年被重新起用為官，任中都宰。但五十五歲時，遭辭退，孔子只好離開魯國與學生一齊周遊列國，六十八歲奉召返魯。從此之後，孔子便把所有的精力，都放在整理經典及教育後進之上。

5. 子曰：「君子不器。」

【譯文】孔子說：「君子不是像器具一樣，只有某一種用途。」

【點評】孔子認為真正的君子不能像器具一樣，雖然實用，但僅局限在某個方面。真正的君子應該是能夠負擔起重大責任，因此具有多方面的才能，不只是局限在某個方面。對內可以處理各種政務，對外方能夠應對四方，不辱使命。博學多才，這樣在應對、處理各項事務的時候，才能夠做到遊刃有餘、得心應手。

6. 子曰：「君子無所爭，必也射乎！揖讓而升，下而飲，其爭也君子。」

【譯文】孔子說：「君子沒有什麼要爭奪的事情，如果有那就是比賽射箭了。比賽時，上場前大家先互相行禮作揖謙讓；比賽完以後，大家下場喝酒。這就是君子之爭。」

【點評】儒家思想的一個重要特點，即強調謙遜禮讓，而反對無禮、不公正的競爭。孔子所說的「君子無所爭」，這個「爭」強調的是彬彬有禮的爭，這是可取的。但過於強調謙遜禮讓，以至於把它與正當的競爭對立起來，就會抑制積極進取、勇於開拓的精神，成為社會發展的道德阻力。尤其是在現代社會中，競爭日益激烈，沒有競爭能力的人很難在社會上立足。這種思想，指不要採取不正當的手段競爭、不要過於執著名與利，在利益問題上要有謙虛、禮讓的精神。

彬彬有禮，博學多才

在儒家思想中，「禮」占有重要的地位，而君子是對「禮」的最高詮釋。君子要能負擔起重大的責任，而且還要博學多才，這樣才能應對四方。

孔子得道

孔子對老聃說：「我研修《詩》、《書》、《禮》、《樂》、《易》、《春秋》等六部經書，自認為時間很長了，已經熟悉舊時的各種典章制度；以違反先王之制的七十二個國君為例，論述先王（治世）的方略和彰明周公、召公的政績，可是沒有一個國君願意取用我的主張。實在太難了！是人難以規勸，還是大道難以彰明呢？」

老子說：「幸運啊，你不曾遇到過治世的國君！六經，乃是先王留下的陳舊遺蹟，哪裡是先王遺蹟的本原！如今你所談論的東西，就好像是足跡；足跡是腳踩出來的，然而足跡難道就是腳嗎！白鳥雙眼互相凝視，眼珠子一動也不動，便相誘而孕；蟲，雄的在上方鳴叫，雌的在下方相應，因而誘發生子；同一種類而自身具備雌雄兩性，不待交合即可生子。本性不可改變，天命不可變更，時光不會停留，大道不會壅塞。假如真正得道，無論去到哪裡都不會受到阻遏；失道的人，無論去到哪裡都阻塞不通。」

孔子三月閉門不出，再次見到老聃說：「我終於得道了。烏鴉喜鵲在巢裡交尾孵化，魚兒借助水裡的泡沫生育，蜜蜂自化而生，生下弟弟後，哥哥就常啼哭。很長時間了，我沒有能跟萬物的自然變化相識為友！不能跟自然的變化相識為友，又怎麼能教化他人！」老子聽了後說：「好。孔丘得道！」

好。孔丘得道！

烏鴉喜鵲在巢裡交尾孵化，魚兒借助水裡的泡沫生育，蜜蜂自化而生，生下弟弟後，哥哥就常啼哭。很長時間了，我沒有能跟萬物的自然變化相識為友，又怎麼能教化他人？

7. 子謂《韶》：「盡美矣，又盡善也。」謂《武》：「盡美矣，未盡善也。」

【譯文】孔子評價《韶樂》時說：「音樂太美了，內容太好。」評價《武樂》時說：「音樂太美了，內容卻不夠完美。」

【點評】「盡善盡美」一詞後來形成著名的成語，是孔子就《韶樂》和《武樂》表達他的美學思想。他不僅重視樂曲的形式美，更注重音樂所要表達的內容，內容和形式的完美統一才是盡善盡美。樂曲美妙動聽還不夠完美，還需要有充實的內容，這樣的樂曲才是成功的作品。

8. 子曰：「里仁為美。擇不處仁，焉得知？」

【譯文】孔子說：「與有仁德的人住在一起才好。如果不選擇和有仁德的人住在一起，又怎麼能說是有智慧呢？」

【點評】孔子重視居住的環境，重視對朋友的選擇，這是儒家有關個人修養思想的重要層面。

孟子小時候，家住在墓地旁邊，孟子就和鄰居的小孩一起學大人跪拜、哭號的樣子，玩起辦喪事的遊戲。孟子的母親看到，認為不利孟子學習，就帶孟子搬到市集，靠近殺豬宰羊的地方去住。到市集，孟子又和鄰居的小孩學起商人做生意和屠宰豬羊的事。孟子的母親又皺皺眉頭再搬家。第三次，他們搬到學校附近。每月夏曆初一的時候，官員到文廟，行禮跪拜，互相禮貌相待，孟子見到都學習記住，孟母才滿意。近朱者赤，近墨者黑，與有仁德的人住在一起，耳濡目染，就會受到仁德者的影響。

9. 子曰：「我未見好仁者，惡不仁者。好仁者，無以尚之；惡不仁者，其為仁矣，不使不仁者加乎其身。有能一日用其力於仁矣乎？我未見力不足者。蓋有之矣，我未之見也。」

【譯文】孔子說：「我沒有見過喜好仁德的人，也沒有見過厭惡不仁的人。喜好仁德的人，沒有比這更好的了；厭惡不仁的人，他們做仁德的事情，是為了不讓不仁的事情發生在自己身上。有可以把一天的時間，都用來做仁德的事情的人嗎？我沒有見過是因為力氣不夠而不這樣做的人。或許有這樣的人，但是我沒有見過啊！」

【點評】孔子教導人們為仁的方法，愛好仁德，強調個人的修養，養成仁德的情操，認為只要努力就是真正的「仁」。孔子說人們沒有把全部時間用來做仁德的事情，並不是因為力氣不足，其實只要肯做，每個人都能成為有仁德的人。在當時動盪的社會中，愛好仁德的人並不多，但孔子卻認為，仁德的修養，主要還是靠個人自覺地努力，只要透過個人的努力，就完全可以達到「仁」的境界。

近朱者赤，近墨者黑

　　居住的環境和朋友的選擇，對人的影響非常大。與愛好仁德的人在一起，耳濡目染，就會受到影響；而要達到「仁」的境界，就需要靠自己的努力。

孟母三遷

　　孟子小的時候，父親早早就過世了，母親守節沒有改嫁。一開始，他們住在墓地旁邊。

　　孟子和鄰居的小孩一起學大人跪拜、哭號的樣子，玩起辦喪事的遊戲。孟母看到，就皺起眉頭：「不行！我不能讓我的孩子住在這裡了！」

　　「孟母三遷」說明人應該要接近好的人、事、物，才能學習到好的東西！也說明環境能改變一個人的愛好和習慣。

一遷　墓地附近

二遷　集市附近

　　孟母帶孟子搬到市集，靠近殺豬宰羊的地方去住。

　　到了市集，孟子又和鄰居的小孩學起商人做生意和屠宰豬羊的事。孟母又皺皺眉頭：「這個地方也不適合我的孩子居住！」於是，他們又搬家了。

三遷　學堂附近

　　這一次，他們搬到學校附近。

　　每月夏曆初一這個時候，官員到文廟，行禮跪拜，互相禮貌相待，孟子見了逐一都學習記住。孟母很滿意地點著頭說：「這才是我兒子應該住的地方啊！」

小智慧大妙處

　　出淤泥而不染，濯清漣而不妖　荷花處在汙泥中卻不因此受汙染，在這樣的汙濁環境中，還能做到獨善其身，難能可貴。在現實中要遠離「墨」，更要培養自己的良好德行，要經得住誘惑，才能保持自己高潔的品格。

10. 子曰：「人之過也，各於其黨。觀過，斯知仁矣。」

【譯文】孔子說：「人們所犯的錯誤，各種類型都有。透過觀察一個人所犯的錯誤，就可以知道他是不是有仁德。」

【點評】孔子談到認識與了解他人的方法。孔子認為，人會犯錯誤，從根本上來說，是他沒有仁德。從一個人的優點上固然可以了解人，但是從一個人的過錯上，更可以了解一個人。有仁德的人無法避免錯誤，這一點與沒有仁德的人所犯錯誤的性質相似，這說明加強道德修養的重要性。

春秋時，晉靈公昏庸無道，濫殺無辜，臣下士季對他進諫。靈公當即表示：「我知道錯了，一定要改正。」士季很高興地對他說：「人誰無過？過而能改，善莫大焉。」遺憾的是，晉靈公言而無信，殘暴依舊，最終被臣下刺殺。歷史上確有能改過而終成大業的君主。楚莊王初登基時，日夜在宮中飲酒取樂，不理朝政，後來臣下用「三年不鳴，一鳴驚人」的神鳥故事啟發他，並以死勸諫，終於使他改正錯誤，認真處理朝政，立志圖強。後來楚國終於強大起來，楚莊王也名列「春秋五霸」之一。人都有可能犯錯，但過而能改仍算得上有仁德的人。

11. 子曰：「士志於道，而恥惡衣惡食者，未足與議也。」

【譯文】孔子說：「讀書人立志追求真理，但是又因為穿的衣服不好與吃的食物惡劣，而感覺羞恥，這樣的人是不值得和他們討論道理的。」

【點評】孔子認為，在追求真理和學習的大道上，不能過於計較吃穿等瑣碎的事情。一個人斤斤計較個人的物質享受，不把精力和時間花在追求真理上，心思也不能專心用在追求知識的大道上。這樣的人，他的所由、所安都不在道上，就不會有遠大的志向。

12. 仲弓問子桑伯子，子曰：「可也，簡。」仲弓曰：「居敬而行簡，以臨其民，不亦可乎？居簡而行簡，無乃大簡乎？」子曰：「雍之言然。」

【譯文】仲弓請孔子評價子桑伯子這個人，孔子說：「這個人還不錯，精簡扼要。」仲弓說：「態度恭敬認真，辦事精簡幹練，以這種態度來為百姓辦事，不是也可以嗎？態度草率散漫，行動又很簡單隨便，這樣不是太簡略了嗎？」孔子說：「你說得很對。」

【點評】孔子主張辦事情要簡明扼要，不繁瑣，不拖拉，果斷俐落。仲弓指出，精簡幹練是對的，但是也要注意限度，如果一味追求簡單，卻馬馬虎虎，就有些不夠妥當了，很有可能使事情辦得草率不負責。孔子對此表示贊同。

觀過知仁

觀過知仁，是從一個人所犯的過錯中，更清楚地認識他，這是考察人的一種方法。

春秋時，晉靈公昏庸無道，濫殺無辜，臣下士季對他進諫。靈公當即表示：「我知道錯了，一定要改正。」士季很高興地對他說：「人誰無過？過而能改，善莫大焉。」遺憾的是，晉靈公言而無信，殘暴依舊，最後終被臣下刺殺。

「觀過知仁」蘊涵著從反面面對問題的辯證思想，說它有「一分為二」的思想也無不可。因為，每個人都難免會有過錯，但過錯的性質有所不同。有的過錯是「十惡不赦」的，有的過錯卻有種種複雜的原因，比如說動機不錯，但結果卻造成錯誤。諸如此類，都需要我們作細心地觀察、分析，找出犯錯誤的原因，從他的過錯中進一步認識他的本質，發現他的優點和長處，加以合理的利用。

楚莊王初登基時，日夜在宮中飲酒取樂，不理朝政。後來臣下用「三年不鳴，一鳴驚人」的神鳥故事啟發他，並以死勸諫，終於使他決心改正錯誤，認真處理朝政，立志圖強。

小智慧大妙處

觀過，斯知仁矣　據《後漢書·吳祐傳》記載，有一個叫孫性的人私自搜刮老百姓的錢，然後去買衣服孝敬父親，父親知道後大怒，孫性也知道自己做錯了，便拿著衣服去向吳祐自首。吳祐問明緣由後說：「因為孝敬父親而承受汙穢的名聲，這就是『觀過，斯知仁矣』！」吳祐不僅沒有處罰孫性，反而將衣服送給他，讓他去孝敬父親。

13. 子曰：「君子懷德，小人懷土；君子懷刑，小人懷惠。」

【譯文】孔子說：「君子關心的是道德，小人思戀的是鄉土；君子關心的是國家刑法制度，小人關心的是利益。」

【點評】本段提到君子和小人這兩種不同類型的人，透過對比，闡述君子應該有的本質。孔子這裡提到的小人，與現代所說的本質卑劣的小人不同。孔子說的小人是指不具有君子的品格，但並非一定是本質卑劣的人。小人沒有遠大志向，目光短淺，只知道思戀鄉土，小恩小惠，只關心自己的利益；君子則正相反，君子有高尚的道德，他們胸懷遠大，視野開闊，考慮的是國家和社會的事情。這是君子和小人間的區別點之一。

14. 子曰：「不患無位，患所以立；不患莫己知，求為可知也。」

【譯文】孔子說：「不擔心沒有官職，只擔心自己是不是有勝任這個職位的能力；不擔心沒有人了解我，只求努力提升自己成為值得別人了解的人。」

【點評】君子求其在己，這是孔子立身處世的基本態度，他認為，沒有官職並不是值得擔心的問題，人需要擔心的是自己是否有能力勝任某項職務；別人不了解自己也沒關係，只要自己不斷努力，那麼大家自然會主動了解你。他希望學生首先必須立足於自身的學問、修養、才能的培養，具備足以勝任官職的各方面素質。不要過多抱怨，而是從自身找原因，自我反省。不斷追求進步，努力提升自己，才是解決問題的最佳方式。

戰國時期的蘇秦，自幼家境貧寒，他曾到齊國拜師求學，出徒後先後遊說周顯王、秦惠文王失敗，狼狽地回到家中，但家人都不理解他，且嘲笑他。蘇秦暗自慚愧、傷感，對自己做深刻的反省，閉門不出，重新發憤學習。蘇秦每天讀書到深夜，為了防止自己打瞌睡，就以錐刺股，刻苦鑽研周朝姜太公的《陰符》。蘇秦再次出山，向燕文侯獻上六國「合縱」抗秦之策，蘇秦標新立異，用其三寸不爛之舌說服六國結為同盟。蘇秦未動一兵一卒，沒花費一分糧餉，便改變戰國的局勢，他從一個沒人理解的窮書生，變成「天下莫之能抗」的強者。自我反省於自身是否「立」了，人立起來，學問充沛了，天下誰人不識君呢？

15. 子曰：「君子喻於義，小人喻於利。」

【譯文】孔子說：「君子明白大義，小人明白利益。」

【點評】此段是從義、利的角度區分君子和小人。孔子主張君子深明大義，把義擺在利之前，先義後利，不能為了利益而忘記道義；重視道義，利益排在道義後面，以義為原則來規範自己的行為。如果不符合道義，即使是有巨大利益的事情，也不可以去做。

懷德懷刑，求其在己

君子心懷天下，把義字擺在前面，用「道」來規範自己的行為，立足於自身的學問、修養、才能的培養；小人則恰恰相反。老子在《道德經》中提出「德」的概念，他指出「德」是人們認識「道」後所採取的行為，是「道」的顯現。

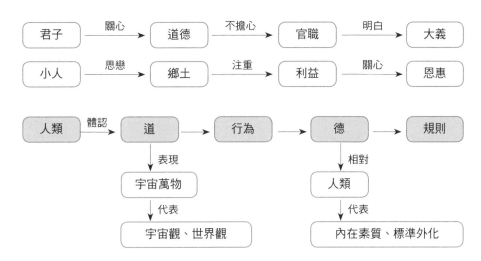

君子 ——關心→ 道德 ——不擔心→ 官職 ——明白→ 大義

小人 ——思戀→ 鄉土 ——注重→ 利益 ——關心→ 恩惠

人類 ——體認→ 道 → 行為 → 德 → 規則

道 ——表現→ 宇宙萬物 ——代表→ 宇宙觀、世界觀

德 ——相對→ 人類 ——代表→ 內在素質、標準外化

道的真意——順自然本性變化

真正得道的人，就會順應著自己的本質發展，就好像魚本來就應該生活在水裡，蜜蜂要採花釀蜜一般。

為鵲則如鵲飛在枝頭

為魚則如魚游蕩江湖

為蜂則如蜂採蜜百花間

為人則如己正求教於老子

16. 子曰：「見賢思齊焉，見不賢而內自省也。」

【譯文】孔子說：「遇見賢人，要想著向他學習，向他看齊；遇見不賢的人，要自我反省自己有沒有也犯他那樣的錯誤。」

【點評】遇見品行優良的人，要向對方學習，努力成為和對方一樣的賢人；遇到不賢的人，要自我反省自己是不是也犯同樣的錯誤。這樣看來，無論是遇到賢人還是不賢的人，對於個人修養的提升都是有利的。取別人之長補自己之短，同時又以別人的過失為鑒，不重蹈別人的覆轍，只要掌握方法，就能使自己成為賢人。因此人們不要抱怨自己身邊沒有良好的道德榜樣，按照孔子的方法，無論自己身邊有沒有品行優良的榜樣，都不妨礙人們提升自身的道德修養。這是一種理性主義的態度，在現今仍不失其精闢之見。

17. 子曰：「古者言之不出，恥躬之不逮也。」

【譯文】孔子說：「古時候的君子不輕易發表言論，他們認為說了卻做不到，是一件可恥的事情。」

【點評】孔子主張君子說話要謹慎小心，不要輕易下結論，也不要輕易許諾，說出去的話就一定要去做；如果做不到，就會失信於人，威信也就降低了。說空話，說大話，卻沒有實際行動，這種行為是孔子一貫反對的，所以孔子說，古人就不輕易說話，更不說隨心所欲的話，因為他們以不能兌現允諾而感到恥辱。他認為對於一個君子而言，一定要有說到做到，行動大於空談的本質。孔子對古時候的君子做不到的事情，不會說；做得到的事情，等事情辦好以後再說的態度，表達一種讚美之情。

孔子有個學生叫曾子，有一次，曾子的妻子要上街，兒子哭鬧著要跟去，妻子就哄他說：「你在家等我，回來給你殺豬燉肉。」孩子信以為真。妻子回來，見曾子正磨刀霍霍準備殺豬，妻子趕忙阻攔說：「你真的要殺豬給他吃？我原是哄他的。」曾子認真地說：「對小孩子怎麼能欺騙呢？我們的一言一行，對孩子都有影響，我們說話不算數，孩子以後就不會聽我們的話了。」於是他果真把豬殺了。曾子言傳身教、以身作則，為後世所傳頌。

18. 子曰：「以約失之者鮮矣。」

【譯文】孔子說：「懂得以禮來約束自己，就很少再犯錯誤。」

【點評】孔子談到自我約束和節制，在為人處世上的重要性。孔子表明一個人要懂得自我約束，時刻嚴格要求自己，這樣就能夠減少犯錯誤的機率。一個懂得自律的人，才能在品行修養方面不斷地完善自己，才能在學習與工作方面取得更大的收穫。

慎言慎行，君子之道

君子知道就是知道，不知道就是不知道，這是說話的要領；該說的說，不該說的不說，這是行為的基礎；說話要提綱挈領，這是智；做人有原則，這是仁。

言而有信

言而無信

君王 ──言而無信──→ 喪失民心 ──→ 國家滅亡

百姓 ──言而無信──→ 眾叛親離 ──→ 無人問津

誠信是為人的根本，也是做人必備的品德。人無信不立，國無信不強。只有以誠信為本，內心才能平和，道路才會四通八達，事業才能事半功倍。

君王 ──言而有信──→ 得道多助 ──→ 國家興旺

百姓 ──言而有信──→ 得到眾人信任 ──→ 門庭若市

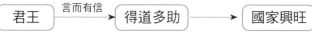

受人敬仰
金石可穿

喪失心靈
令人厭惡

言而有信的人
心靈至誠至真

言而無信的人
虛偽狂妄自私

小智慧大妙處

精誠所至，金石為開　至誠至真、至善至美是高尚的人生境界。真誠能感動天地，能得到你想要的結果，「精誠所至，金石為開」就是這個道理。誠信是為人的根本，也是做人必備的品德，無論從政、經商、求學，都離不開這個準則。

19. 子曰：「君子欲訥於言而敏於行。」

【譯文】孔子說：「君子說話要謹慎小心，不怕言語遲鈍，做事情要敏捷勤奮。」

【點評】孔子比較欣賞那些說話謹慎、做事卻非常敏捷勤奮的人，他認為這樣的人才符合君子的標準。儒家崇尚質樸無華，話說得再漂亮，沒有實際行動，那些漂亮話也只能是空話。孔子認為，行動更為重要，但是不能曲解為語言能力不重要。良好的口才，有時候是辦事能力的一種表現，孔子沒有反對一個人要有良好口才，他是反對一個人只會說卻不肯辦事。

漢高祖劉邦是「用人」方面有名的高手，在他身邊，既有能言善辯的縱橫之士，也有不善辭令的忠厚長者。漢初御史大夫周昌，口吃，性格耿直，在皇帝面前常犯顏直諫。劉邦晚年寵愛戚姬之子如意，覺得太子仁弱，想要廢太子立趙王，遭到很多大臣反對，但都沒能改變劉邦的想法。周昌認為絕對不能把太子廢了，態度十分強硬。劉邦問他原因，周昌因為口吃和激動，無法把話說清楚，結結巴巴地說：「臣口不能言，然臣期期知其不可！陛下欲廢太子，臣期期不奉詔！」後來，經過周昌、叔孫通、張良等人的努力，終於使劉邦打消了廢除太子的念頭，使漢惠帝劉盈順利地繼承了皇位。在孔子看來，一個人的辦事能力更為重要。

20. 子曰：「德不孤，必有鄰。」

【譯文】孔子說：「有道德的人不會孤獨，必然有同樣擁有道德的人陪伴。」

【點評】孔子對於人們堅定培養良好道德本質表示鼓勵。有道德的人在這個世界上，是不會感覺到孤獨的，因為一定會有和他一樣有良好道德本質的人。良好的道德品行無論在什麼時代，都是人們需要具備的基本本質。孔子這句話，無疑是在鼓勵與勸勉人們，要努力培養良好的道德本質。

21. 子曰：「吾未見剛者。」或對曰：「申棖。」子曰：「棖也欲，焉得剛？」

【譯文】孔子說：「我沒有見過剛毅不屈的人。」有人回答說：「申棖就是這樣的人。」孔子說：「申棖欲望太多，怎麼能說是剛毅呢？」

【點評】孔子認為一個人欲望過多，他就會違背《周禮》，就不能做到剛毅不屈，他認為自己的弟子申棖欲望太多，所以不能稱為剛毅。所謂「無欲則剛」，人的欲望過多，就容易被自己的欲望束縛，不僅做不到「義」，更難做到「剛」。所以，欲望過多不利於培養剛毅堅強的本質。孔子不反對人們有欲望，但如果想成為有崇高理想的君子，那就要捨棄各種欲望，專心向道。

能力比口才更重要

能力是一個人道德修養的綜合表現，孔子比較欣賞說話謹慎、辦事能力強的人。有道德的君子，總是行動多於語言。

周昌勸諫

劉邦晚年寵愛戚姬之子如意，覺得太子仁弱，想要廢太子立趙王，遭到很多大臣反對。

周昌認為絕對不能把太子廢了，態度十分強硬，對劉邦說：「陛下欲廢太子，臣期期不奉詔。」

愛民如子

現在國家剛剛穩定，百姓好不容易過著安寧的日子，我豈能為了一己之私蓋什麼宮殿，做這勞民傷財的荒唐事！

陛下，您這病並不適合居住在潮溼的舊宮殿裡啊！

唐太宗是歷史上著名的皇帝之一，在他的治理下出現人們理想國度的情景：夜不閉戶，路不拾遺，真正一派太平盛世氣象。

小智慧大妙處

有德不孤　有道德的人散發著芳香，他高尚的道德，讓人們敬仰他、尊重他，更多的人效仿他，這樣在他身邊就會有很多的有道德的人。這種美好的品德，到哪裡都會吸引更多有道德的人，所以「德不孤」。

71

22. 子張問曰：「令尹子文三仕為令尹，無喜色；三已之，無慍色。舊令尹之政，必以告新令尹。何如？」子曰：「忠矣。」曰：「仁矣乎？」曰：「未知，焉得仁？」「崔子弒齊君，陳文子有馬十乘，棄而違之，至於他邦，則曰：『猶吾大夫崔子也。』違之。之一邦，則又曰：『猶吾大夫崔子也。』違之。何如？」子曰：「清矣。」曰：「仁矣乎？」曰：「未知，焉得仁？」

【譯文】子張問孔子說：「令尹子文幾次就任令尹這個官職，沒有表現出很高興的樣子；幾次被罷免，也沒有表現出慍恨的樣子。每次被罷免，總要把自己的政事全部告訴來接任自己的新令尹。這樣的人怎麼樣呢？」孔子說：「可以說是忠臣了。」子張問：「稱得上是有仁德嗎？」孔子說：「不知道，怎麼能說是有仁德呢？」子張問：「崔子殺害他們國家的國君齊莊公。陳文子家有四十匹馬，他丟棄不要，離開齊國到另一個國家，在這個國家，他說：『這裡掌權的人和我們國家的崔子很相像啊！』離開這個國家，到另一國，又說：『這裡執政者和我們國家的崔子很相像啊！』還是離開。陳文子這個人怎麼樣呢？」孔子說：「可以說是很清白。」子張問：「算不算是有仁德呢？」孔子說：「不知道，這怎麼能說是有仁德呢？」

【點評】孔子對於「仁」的要求很高，「忠」是「仁」的一個方面，「清」則是為維護禮而獻身的殉道精神。

23. 季文子三思而後行。子聞之，曰：「再，斯可矣。」

【譯文】季文子每做一件事情，都要反覆考慮很多次才去行動。孔子聽說後，說：「思考兩次也就可以去做了。」

【點評】孔子認為遇到事情要慎重考慮，但是也要快速行動。考慮過久，易使人變得怯懦，失去快速行動的能力。

24. 宰我問曰：「仁者，雖告之曰『井有仁焉』，其從之也？」子曰：「何為其然也？君子可逝也，不可陷也；可欺也，不可罔也。」

【譯文】宰我問孔子說：「有仁德的人，當別人告訴他井裡掉進去一個仁者，他也會跟著跳進井中嗎？」孔子說：「為什麼要這樣做呢？君子可以去救人，不可以讓自己陷入井中；君子可能被欺騙，不可能被人迷惑。」

【點評】宰我因大白天睡覺而受到孔子的批評，宰我因而尖銳的問：「當一個仁者被告知井中有一個仁者，那麼井上邊的仁者是不是就要跳下井去？」孔子對此耐心解答，仁者乃君子，君子具有仁德善良的本質，要「仁」中有「智」。

三思而後行

智勇雙全

做事情要小心謹慎，而且做每件事之前要認真考慮，不要
貿然行事。懂得節制，考慮得多，就會變得猶豫不決。

當君子遇到事情時，考慮
的是兩全其美的事，既能幫助
他人，也不會讓自己受到傷害，
這才是真正的君子所為。

孔子對於「仁」的要求很高，
「忠」只是仁的一個方面，「清」
則是為維護禮而獻身的殉道精神。
希望達到「仁」，僅有「忠」和「清」
是不夠；只有「忠」就容易陷入愚
忠的泥潭，只有「清」則會有勇無
謀。

陽谷的「忠心」

楚王的大將軍司馬子反有個叫陽谷的僕
人，平時對主人忠心耿耿，為主人搬來一壇
酒解乏。

司馬子反嗜酒如命，醉倒在床上，楚恭
王派人催他出戰，陽谷卻說子反病了。恭王
親眼發現子反醉倒在床上，將子反處死。

小智慧大妙處

三思而後行　「三思而後行」並不是膽小怕事、瞻前顧後，而是成熟、負責的表現。
鮑威爾曾經說過：「在掌握 40% ~ 70% 資訊的時候就要做出你的決策。資訊過少，風
險太大，不好決策；資訊充分，你的對手已經行動，你就出局了。」三思而後行與快
速地把握時機並不矛盾，做事情要學會把握時機，同時在決策的時候還要多去思考。
這樣的人，才有希望達到成功的彼岸，才能立於不敗之地。

25. 顏淵、季路侍。子曰：「盍各言爾志？」子路曰：「願車馬、衣輕裘，與朋友共，敝之而無憾。」顏淵曰：「願無伐善，無施勞。」子路曰：「願聞子之志。」子曰：「老者安之，朋友信之，少者懷之。」

【譯文】顏淵和子路侍立在孔子旁邊。孔子說：「何不各自談談你們的志向呢？」子路說：「我希望把我的車馬、衣服、皮袍拿出來和朋友分享，即使用壞也不覺得遺憾。」顏淵說：「我希望不要誇耀自己的美德，不宣揚自己的功勞。」子路說：「我們希望聽聽老師的志向。」孔子說：「希望老年人安心，希望朋友間互相信任，希望少年人得到關懷。」

【點評】孔子讓子路和顏淵談一談各自的志向。子路希望和朋友們分享自己擁有的好東西；顏淵的回答則表現出謙虛謹慎，不自矜自誇的本質，表現出顏淵很注重個人修養。子路問孔子的志向如何，孔子的回答則表現一種心懷天下的仁者風範，希望天下人各安其所，老者安詳，朋友誠實有信，少者有人關懷。由此可見，孔子重視培養「仁」的道德情操，從各方面嚴格要求自己和學生。從本段裡可以看出，只有孔子的志向最接近「仁德」。

26. 子曰：「君子不重則不威，學則不固；主忠信；無友不如己者；過則勿憚改。」

【譯文】孔子說：「君子的舉止不莊重就沒有威嚴，態度不莊重，學習的知識學問就不牢固；要以忠信為主；不要與自己不同道的人交朋友；有過錯，就不要怕改正。」

【點評】孔子認為君子應該莊重而威嚴，這樣才能認真學習而使所學牢固。君子還要慎重交友，還要有「過則勿憚改」的正確態度。此外，君子應該靈活地面對事物的變化，還要懂得尊重自己，尊重他人。

27. 子謂仲弓曰：「犁牛之子騂且角。雖欲勿用，山川其舍諸？」

【譯文】孔子對仲弓說：「耕牛生下的牛犢長著紅色的皮毛，牛角也長得端正整齊。雖然人們不想用牠來做祭品，但是山川之神能捨棄牠嗎？」

【點評】孔子透過用牛犢打比方，說明一個道理，那就是英雄莫問出身。耕牛生的牛犢，一般不會用來當祭品，但是如果這個牛犢生有紅色皮毛，而且牛角也長得很端正，具備當祭品的資格，那麼山川之神也不會捨棄牠。這說明仁德出身並不是最重要的，重要的在於自己應有君子的道德和出色的才能。

不重不威，圓轉涉世

莊重威嚴才能具有人格的威嚴，這對道德修養的形成，有至關重要的作用。

各人的志向

志向 ─┬─ 孔子 → 老者安之，朋友信之，少者懷之。
　　　├─ 子路 → 願車馬、衣輕裘，與朋友共，敝之而無憾。
　　　└─ 顏淵 → 願無伐善，無施勞。

狂傲害人

> 無論處在什麼環境中，都要保持良好的素養，尊重他人的人，才能得到他人的尊重。辦事要分清主次，講究方法，靈活地面對事物的變化。

諸葛亮離開荊州之前，反覆叮囑關羽，要東聯孫吳，北拒曹操。

孫權派諸葛瑾替兒子向關羽的女兒求婚，以求「結兩家之好」，「並力破曹」。關羽竟說：「吾虎女安肯嫁犬子乎？」

德才兼備

「德才兼備」是對一個人才的基本要求，品學兼優是對一個人才文化素養方面的要求，不論出身如何，只要具有這兩點要求，總會被伯樂發現，得到重用，實現「仕」的理想。

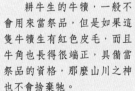

耕牛生的牛犢，一般不會用來當祭品，但是如果這隻牛犢生有紅色皮毛，而且牛角也長得很端正，具備當祭品的資格，那麼山川之神也不會捨棄牠。

修身篇

75

28.　子謂子夏曰：「汝為君子儒，無為小人儒。」

【譯文】孔子對子夏說：「你要做一個君子式的儒者，而不要做一個小人式的儒者。」

【點評】孔子要求子夏做一個君子式的儒者，而不要做小人式的儒者。「君子儒」是指那些品格高尚，具有君子風範與氣度，地位高貴，通曉禮法，具有理想人格的儒者。「小人儒」則是指那些地位低賤，不通禮儀，品格平庸，沒有遠大志向與氣度的儒者。

29.　子曰：「質勝文則野，文勝質則史。文質彬彬，然後君子。」

【譯文】孔子說：「質樸勝過文采就顯得粗野鄙陋，文采勝過質樸就顯得浮誇不實。質樸和文采配合得恰到好處，這才是君子。」

【點評】孔子言簡意賅地談了質樸與文采的關係，與君子的人格模式。質樸和文采是相輔相成的，質樸有餘而文采不足，就顯得粗鄙；質樸不足而文采有餘，又會顯得浮誇不實，給人以虛浮的感覺。質樸與文采是同樣重要的，所以一個君子既要有質樸的本質，又要有文采，兩者相得益彰，這才是君子應有的風采。一個人想要得到真正的學問，光靠書本上的知識是不行的，還要透過人生的經驗去體會做人做事的道理。

古時候伯樂擅長相馬，他向秦穆公推薦九方皋，九方皋拜見秦穆公後，就開始尋找千里馬。三個月後，九方皋向秦穆公報告找到一匹黃色的母馬，而取回來卻是一匹墨色的公馬，秦穆公很不高興，責備伯樂推薦的根本不是什麼相馬高手，連馬的顏色和公母都分不清，伯樂聽完感慨道：「沒想到九方皋相馬時，已經經歷了一番去粗取精、由表及裡的觀察過程，他注意的是千里馬應該具備的那些條件，而沒有浪費精力去注意無關緊要的細節。」實踐是檢驗真理的唯一標準，要把實踐和經驗結合起來，否則書本知識終究只是理論。

30.　子曰：「人之生也直，罔之生也幸而免。」

【譯文】孔子說：「人們生存在這個世界上，靠的是正直，不正直的人也能生存，靠的是僥倖而避免災禍。」

【點評】「直」是儒家的道德規範，孔子認為人只有活得正直，行得正，才能坦坦蕩蕩。行為不正的人也能生存，那是由於他們僥倖避免災禍，並不是說行為不正也能活得很好。在現實生活中，有些人可能透過不正當的手段斂財，這種不正當的手段沒有被別人發現，並不代表這種作法行得通，用孔子的觀點來看，這只是一時僥倖沒有被別人發現罷。即使沒有被別人發現，使用不正當的手段，也難免使人生活在提心吊膽之中。

文華不如簡樸，圓滑怎堪正直

儒家崇尚樸素，君子者，儒也。其實儒者分為君子儒和小人儒，處世方式不同，決定兩者行為的不同。

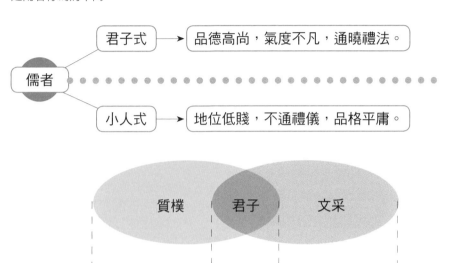

```
             君子式 ──→  品德高尚，氣度不凡，通曉禮法。
儒者  ●●●●●●●●●●●●●●●●●●●●●●●●●●●●●●●●●●●●
             小人式 ──→  地位低賤，不通禮儀，品格平庸。
```

| 質樸 | 君子 | 文采 |

君子如果質樸有餘而文采不足，就顯得粗鄙；質樸不足而文采有餘，又會顯得浮誇不實，給人以虛浮的感覺。所以質樸和文采相輔相成，同樣重要，同時具備才是君子應有的內涵。

小智慧大妙處

蘇世獨立，橫而不流 「富貴不能淫，貧賤不能移，威武不能屈」這是君子的作風。而「蘇世獨立，橫而不流」是屈原的寫照。這是屈原《橘頌》裡的一句話，他認為橘樹是天地間最美好的樹，因為它不僅外形漂亮，而且有著非常珍貴的內涵，例如它天生不可移植，只肯生長在南國，這是一種一心一意的堅貞和忠誠。再如「深固難徙，廓其無求」，這使得它能堅定自己的操守，保持公正無私的品格。這也是屈原志向的表達。

31. 曾子曰：「吾聞諸夫子，人未有自致者也，必也親喪乎。」

【譯文】曾子說：「我聽老師說過，人不可能自動地充分發揮感情，如果有，一定是在父母死亡的時候。」

【點評】這段主要說明，要以禮做事，用理智來控制感情，情受制於禮，這樣對健康是有好處的。

32. 子曰：「已矣乎！吾未見能見其過而內自訟者也。」

【譯文】孔子說：「算了吧！我還從沒有見過能夠看到自己的錯誤，而又能從內心自我反省責備自己的人。」

【點評】孔子發出感慨，認為人們對於自己的錯誤，不容易做到真正反省與自我責備。在現實生活中，人們常能夠一眼就看到別人的錯誤與缺點，而對於自己的錯誤則不會那麼容易看到。即使發現自己犯錯誤，很可能也會把錯誤推到別人身上，自覺或者不自覺地找很多理由為自己開脫。所以孔子認為能夠做到真正從內心自我反省，並且責備自己的人，是非常少的。正因為不容易做到，所以更有必要去培養這種品德。

夏朝時，一個背叛的諸侯有扈氏率兵入侵，啟率兵抵抗，結果啟被打敗了，他的部下很不服氣，要求繼續進攻，但是啟說：「不必了，我的兵比他多，地也比他大，卻被他打敗了，這一定是我的德行不如他，帶兵的方法不如他的緣故。從今天起，我一定努力改正過失才是。」從此以後，啟每天很早就起床工作，粗茶淡飯，照顧百姓，信任有才能的人，尊敬有品德的人。過了一年，有扈氏知道，不但不敢再來侵犯，反而自動投降。像啟這樣肯虛心地檢討自己，馬上改正有缺失的地方，那麼最後的成功，捨他其誰？

33. 子曰：「君子博學於文，約之以禮，亦可以弗畔矣夫。」

【譯文】孔子說：「君子廣泛地學習各種文化知識，以禮來約束要求自己，這樣就不會離經叛道。」

【點評】孔子說君子既要廣泛學習，博覽群書，學習文化知識，同時還要以禮來約束與要求自己，使自己遵守各種規範，不至於做出離經叛道的事情。也就是說孔子希望自己的學生，既要學習文化知識，同時要守規矩，不要做一個背離正道的人。

責己亦苛，錯而改之

人們常對他人的要求很高，對自己的要求很低，眼睛總是盯著他人的缺點，對自己的缺點卻不改正。

每個人身上都背著兩個包，一個裝著別人的缺點，一個裝著自己的缺點。只不過是把裝有他人缺點的包放在前面，而把裝著自己缺點的包背在後面。

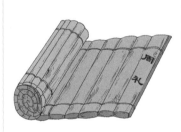

《周禮》為儒家經典，是西周時期的著名政治家、思想家、文學家、軍事家周公旦所著。講中國古代的禮樂文明，禮樂文化，不能不提《周禮》、《儀禮》和《禮記》，即通常所說的「三禮」。「三禮」是古代禮樂文化的理論形態，對禮法、禮義做最權威的記載和解釋，對後代禮制的影響最為深遠。《周禮》所涉及之內容極為豐富，大至天下九州，天文曆象；小至溝渠道路，草木蟲魚。凡邦國建制，政法文教，禮樂兵刑，賦稅度支，膳食衣飾，寢廟車馬，農商醫卜，工藝製作，各種名物、典章、制度，無所不包，堪稱為上古文化史之寶庫。

小智慧大妙處

兩種對立的思想傾向 要如何正確對待包括儒家思想在內的中國傳統文化？這個問題一直存在著兩種對立的思想傾向：一是國粹派，認為中國傳統文化一切都好，甚至對二十四孝也不加批判地完全肯定；一是西化派，把中國落後的一切根源歸之於文化傳統，主張完全拋棄中國的傳統文化而全盤西化。這兩種觀點都是錯誤的，我們對待傳統文化的科學態度和方法，應該是古為今用，批判繼承，取其精華並去其糟粕。

34. 子曰：「中庸之為德也，其至矣乎！民鮮久矣。」

【譯文】孔子說：「中庸作為一種道德，應該是最高的吧！但是人們已經很久沒有達到這種境界了。」

【點評】孔子提到中庸思想是儒家的重要思想。孔子對於中庸之道評價很高，認為是一種至高的道德，但是在現實社會中，已經很久沒有人達到這種道德境界。中庸之道講究不偏不倚，無過之也無不及，保持和諧狀態。對立的雙方互相牽制，互相補充。中庸是一種折中調和的思想，調和與均衡是事物發展過程中的一種狀態，這種狀態是相對的、暫時的。但在任何情況下都講中庸、講調和，就否定對立面的鬥爭與轉化，這是應該明確指出的。清朝名臣曾國藩位高權重，身邊趨炎附勢的人很多，他對此總是淡然處之，既不因被人奉承而喜，也不因人諂諛獻媚而惱。曾國藩深諳人情道理，倘若拒絕被人拍馬，則必是孤家寡人無人可用；倘若沉醉在逢迎之中，則會讓那些頗有見地的人才流失，因此他採用了淡然處之的方法。這種中庸的處世方式，在不違背個人根本原則的前提下，像是一道潤滑劑，把人與人之間，因稜角的摩擦所產生的矛盾，及時化解。寬廣的胸襟和大智若愚的智慧，讓人們在莫測的世事滄桑面前處變不驚，這便是中庸之妙。

35. 子曰：「德之不修，學之不講，聞義不能徙，不善不能改，是吾憂也。」

【譯文】孔子說：「不培養良好的道德本質，不講求學問，聽到符合義的事情也不去做，有過失也不去改正，這使我很擔憂啊！」

【點評】孔子談到自我修養就是日新的過程，這個過程要有進步。春秋末年，天下大亂，孔子慨歎世人不能自見其過而自責，對此，他萬分憂慮。他指出人們既不知道培養自己良好的品德，也不講求學問，聽到符合道義的事情也不去做，有過錯也不知道改正，這樣的現狀實在令人擔憂。在他看來，道德修養、讀書學習和知錯即改間，有內在聯繫，因為進行道德修養和學習各種知識，最重要的就是能夠及時改正自己的過失或不善，只有這樣，修養才可以完善，知識才可以豐富。

36. 子之燕居，申申如也，夭夭如也。

【譯文】孔子在家閒居的時候，伸展自如，舒適自在。

【點評】這一段描寫孔子閒居在家的樣貌，伸展自如，非常閒適自在。

德之中庸，淡然折中

中庸思想是儒家最重要的思想，它貫穿儒家思想的始終。

中庸之道

即君子之道，是傳統儒家修行的法寶。它是由孔子提倡、子思闡發，提升人的基本道德、精神修養以達到天人合一、太平和合、神聖境界的一整套理論與方法。

表現方面

天性和人性合一

天性是至善、至誠、至仁、至真的，人性也應該一樣。只有使人性達到至善、至誠、至仁、至真的天性，才能稱得上真正的天人合一，才能達到中庸之道。

理性和情感合一

中庸之道的天人合一，還表現在理性與情感的合一。人們的喜怒哀樂是人的自然屬性，是情感的表現，為了追求與天道、天性合一的人性，因而需要對情感加以約束和限制，只有「致中和」才能天人合一。

鬼神與聖人合一

中庸之道的天人合一，還包括了鬼神與聖人合一。中庸之道的天人合一中的「天」包括鬼神，「人」包括聖人。鬼神是天地和祖先的總稱，所以古人的「天」也包含了死人（祖先）的成分。「天」字本身就是大人站在天下，頭頂藍天。

外內合一

合外內之道，即外內合一，外內合天誠。所以中庸之道的天人合一，又合一於誠。這種外內合一又可以視為品德觀念與品德行為的合一，或者說成己與成物的合一，或者說是知與行的合一。

主要原則

主要原則

慎獨自修

要求人們在自我修養的過程中，學會教育、監督、約束自己。

忠恕寬容

這一原則要求人們將心比心、互相諒解、互相關心、互不損害、忠恕寬容、體仁而行、並行而不相悖。

至誠盡性

是施行中庸之道的重要原則。

中庸之道的主題思想，是教育人們自覺地進行自我修養、自我監督、自我教育、自我完善，把自己培養成為具有理想人格，達到至善、至仁、至誠、至道、至德、至聖、合外內之道的理想人物，共創「致中和天地位焉萬物育焉」的「太平和合」境界。

處變不驚，中庸之道

1. 不因被奉承而喜。

2. 不因被諂諛獻媚而惱。

3. 似潤滑劑，化解矛盾。

4. 不偏不倚，保持和諧。

5. 是一種大智若愚的智慧。

37. 子曰：「飯疏食，飲水，曲肱而枕之，樂亦在其中矣。不義而富且貴，於我如浮雲。」

【譯文】孔子說：「吃粗糙食物，喝白開水，彎曲自己手臂當枕頭，享受其中樂趣。透過不正當的手段所獲取的富貴，對於我來說就好比是天上的浮雲。」

【點評】孔子對人生快樂的理解，在此申明自己堅持以仁義為本。孔子極力提倡「安貧樂道」，指出即使物質生活簡陋，也不會影響自己的志向，在最簡樸的生活中，同樣可以體會到人生的樂趣。同時他還提出，不符合道的富貴，他堅決不會接受，就像是天上的浮雲一般。

38. 葉公問孔子於子路，子路不對。子曰：「汝奚不曰：其為人也，發憤忘食，樂以忘憂，不知老之將至云爾。」

【譯文】葉公問子路孔子是什麼樣的人，子路沒有回答。孔子說：「你為什麼不說：他這個人，發憤用功到忘記吃飯的程度，快樂時能把一切憂愁都忘掉，不知道自己快變成老人，如此而已。」

【點評】從孔子的描述中，我們可以看到一個積極、樂觀進取、具有偉大人格和人生境界的聖人形象，不為身旁的小事而煩惱。

師曠是我國古代的音樂家，琴藝高超。一天，師曠正為晉平公演奏，聽到晉平公歎氣說：「有很多東西還不知道，可我現在已七十多歲，想再學也太遲吧！」師曠笑著答道：「那您就趕緊點蠟燭啊！」晉平公不高興地說：「這話是什麼意思？學習與點蠟燭有什麼關係？」師曠解釋道：「我怎麼敢戲弄您呢？只是我聽說，年少時學習，就像走在朝陽下；壯年時學習，猶如在正午的陽光下行走；老年時學習，那便是在夜間點起蠟燭小心前行。燭光雖然微弱，比不上陽光，但總比摸黑強吧。」晉平公聽完，點頭稱是。正所謂「活到老，學到老」。

39. 子曰：「聖人吾不得而見之矣！得見君子者，斯可矣。」子曰：「善人吾不得而見之矣！得見有恆者，斯可矣。亡而為有，虛而為盈，約而為泰，難乎有恆矣。」

【譯文】孔子說：「聖人我是看不到，能看到君子，也就不錯了。」孔子說：「善人我沒有見到，能夠見到有恆心毅力保持良好品行的人，這樣也就不錯了。沒有假裝有，空虛假裝充實，窮困假裝富足，這樣的人很難有恆心與毅力。」

【點評】孔子表達一種傷時的感歎，對於春秋末期社會「禮崩樂壞」的狀況，孔子似乎感到一種絕望，認為當時人心不古，在這樣的情況下，能看到「君子」、「有恆者」，也就心滿意足了。

安貧樂道，悠然自得

對生活要保持樂觀的心態，不論處在什麼環境中，都應該淡然，「不以物喜，不以己悲」，這才是真正的智者。

不義而富且貴，於我如浮雲

做人做事都要符合「道」，不符合「道」而得來的，不論是什麼，都如天上的浮雲一樣，如過眼雲煙般。

道內之人　　　　道外之人

道

樂而忘憂，不知老之將至

師曠琴藝高超，彈琴時常會引來一群仙鶴，伴著琴聲，一邊鳴叫，一邊展翅起舞。

師曠告訴晉平公，老年學習猶如夜間點起蠟燭，要小心前行，燭光雖弱，比不上陽光，但總比摸黑強吧！

小智慧大妙處

儒家思想的內核　儒家思想是中國傳統文化的內核，也是維護封建君主專制統治的理論基礎。儒家思想、君主專政制度，構成中國古代政治史的兩大主體內容。

40. 子釣而不綱，弋不射宿。

【譯文】孔子用只有一個魚鉤的釣竿釣魚，而不用網捕魚；射鳥只射飛鳥，從不射在巢中休息的鳥。

【點評】孔子在釣魚與射鳥時的作法，表現他一貫的仁德主張。人們為了解決自己的生存問題，有時不得不捕殺其他動物，其實，只用有一個魚鉤的釣竿釣魚與用網捕魚，和只用箭射飛行中的鳥與射巢中之鳥，實質上並無區別，但也需要掌握一定限度，濫捕濫殺與過度捕殺的行為都不可取。

41. 子在川上，曰：「逝者如斯夫，不舍晝夜。」

【譯文】孔子站在河邊說：「消逝的時光，就像這奔騰不息的河水一樣啊！不分晝夜地流逝。」

【點評】孔子面對奔湧不息的大河，感歎時光如水，永不停歇地消逝。

晉代的祖逖是個胸懷坦蕩、具有遠大抱負的人，可他小時候卻是個不愛讀書的淘氣孩子。進入青年時代，他發現自己知識的貧乏，於是就發憤讀起書來。接觸過他的人都說，祖逖是個能輔佐帝王治理國家的人才。後來，祖逖和幼時的好友劉琨一同擔任司州主簿，他與劉琨感情深厚，常同床而臥，同被而眠。一次，半夜裡祖逖在睡夢中聽到公雞的鳴叫聲，他一腳把劉琨踢醒說：「我們乾脆以後聽見雞叫就起床練劍如何？」劉琨欣然同意，於是他們每天聽到雞叫後，就起床練劍，春去冬來，寒來暑往，從不間斷。經過長期的刻苦學習和訓練，他們終於成為能文能武的全才，既能寫得一手好文章，又能帶兵打勝仗。祖逖被封為鎮西將軍，實現他報效國家的願望；劉琨做征北中郎將，兼管并、冀、幽三州的軍事，也充分發揮他的文才武略。

42. 顏淵喟然歎曰：「仰之彌高，鑽之彌堅。瞻之在前，忽焉在後。夫子循循然善誘人，博我以文，約我以禮。欲罷不能，既竭吾才，如有所立卓爾。雖欲從之，末由也已。」

【譯文】顏淵感歎說：「抬頭仰望，愈覺得高大。努力鑽研，愈覺得深不可測。看起來好像在前面，忽然又像是在後面。老師善於循序漸進地引導我，用各種文化知識來充實我，使用禮儀規範來約束我。想要停止學習都不能夠，我竭盡全力去學習，好像看到前面立著一個高大超群的東西。雖然我想追上前去，但卻沒有前進的道路啊！」

【點評】顏淵的這一段話，表達對老師孔子的敬仰，認為孔子的學識與品德都遠遠超出眾人，自己雖然想向老師學習，卻很難達到老師的那種境界。他還談到孔子對學生的教育方法，即「循循善誘」，也成為日後為人師表遵循的原則。

逝者如斯，不舍晝夜

教育弟子要像養育深閨的女子一樣，各個方面都要照顧周全，更重要的是以身作則，循循善誘地教導。

仰之彌高，鑽之彌堅。雖欲從之，末由也已。

孔子是偉大的思想家、教育家，弟子認為他的學識和品德，都遠遠的超出眾人，品學兼優，讓人望塵莫及。

聞雞起舞

小智慧大妙處

蒼龍日暮還行雨，老樹春深更著花　人世沉浮如電光石火，盛衰起伏，變幻難測。如果你有天賦，勤奮則使你如虎添翼；如果你沒有天賦，勤奮將使你贏得一切。明末顧炎武有詩云：「蒼龍日暮還行雨，老樹春深更著花。」他認為「有一日未死之身，則有一日未聞之道」。王夫之於垂暮之年，疾病臥床，仍然克服各種無法想像的困難，勤奮著書。偉大的成功和辛勤的勞動成正比，而增厚美德以容載萬物，應成為我們崇高不變的追求，自強不息是一切成功的源泉！

43.　子曰：「文，莫吾猶人也。躬行君子，則吾未之有得。」

【譯文】孔子說：「就文化知識來說，我大概和別人差不多。但是，在身體力行成為一個君子方面，我做得還遠遠不夠。」

【點評】孔子認為在學習方面，自己做得不比別人差，但是在身體力行做一個君子方面，還遠遠不夠。由此可見，孔子對於道德本質的要求非常高，這段話也是一種自我勉勵。他從事教育，既為學生傳授書本知識，又注重培養學生的實際能力，並希望自己和學生們盡可能地從這個方面再作努力。

44.　子曰：「若聖與仁，則吾豈敢？抑為之不厭，誨人不倦，則可謂云爾已矣。」公西華曰：「正唯弟子不能學也。」

【譯文】孔子說：「如果說到聖人和仁者，那我怎麼當得起呢？也不過是朝著成聖與成仁這個方向努力，而不覺得厭倦，教誨別人不覺得疲倦，則可以這樣說。」公西華說：「這一點正是弟子們學不來的。」

【點評】孔子提到聖和仁，自己還沒有達到這個境界，只不過在朝著這個方向努力的時候，不感覺到厭倦；在教誨學生的時候，不感覺疲倦。孔子這番話是由衷之言，他指出要做好自己的事情，重在行動，孜孜不倦地朝著聖和仁的方向努力。所以學而不厭，為之不厭，是相互關聯、基本一致。

45.　子欲居九夷。或曰：「陋，如之何？」子曰：「君子居之，何陋之有？」

【譯文】孔子想要到夷人地方去居住。有人說：「那裡條件簡陋，去那裡怎麼行？」孔子說：「有君子去那裡居住，怎麼會粗陋呢？」

【點評】孔子認為一個人有優良的仁德修養，就不怕外部環境的艱苦，強調修養過程中，人的主動作用。

　　唐朝著名的詩人劉禹錫，因革新得罪當朝權貴，被貶為安徽省和州的通判。按規定，他應住衙門裡，可是和州的策知縣是個趨炎附勢的小人，他見劉禹錫被貶而來，便多方刁難。策知縣先叫劉禹錫在城南面江而居，劉禹錫不但不埋怨，反而高興地撰寫一幅對聯貼在房門：「面對大江觀白帆，身在和州爭思辨。」他的這一舉動氣壞策知縣，他又令衙門的書丞，將劉禹錫的房子由城南門調至城北門，住房由三間縮小到一間半，而這一間半位於得勝河邊，附近有一排排的楊柳。劉禹錫見到此景，又做一聯：「楊柳青青江水平，人在歷陽心在京。」策知縣得知後肺都要氣炸了，又和書丞商量，為劉禹錫在城中尋一間小屋。僅半年，連搬三次家，劉禹錫想此官欺人太甚，便憤然提筆寫下《陋室銘》，請人刻在石上，立在門前，結果氣得策知縣一籌莫展，啞口無言。

孔子的學習思想

勤於學習，廣於見聞 孔子提倡「學而知之」，主張學無「常師」，「三人行，必有我師」，「敏而好學，不恥下問」。

學而時習，溫故知新 言學能時習舊聞，而每有新得。學習本身是不斷實踐的過程，要反覆地學習實踐，才能牢固地掌握所學的知識。

學思並重，以學為重 孔子認為學習不能脫離思考，不思考就不能將學來的知識消化吸收；如果只思考而不學習，會流於空想，那也有害的。這是孔子學思並重的思想。

學以致用，言行相符 孔子教授學生學以致用，使其各有專長，能從事政治活動。他培養學生是為了推行其政治抱負，即所謂「學而優則仕」，訓練學生能夠出仕為宦，所以他十分注意學用結合、言行相符。

儒家思想

孔子

「仁」是孔子思想的核心。「仁者，愛人」，「己所不欲，勿施於人」，主張以愛人之心調節與和諧社會的人際關係。

孟子

發展孔子學說，主張施行仁政，提出「民貴君輕」思想，「政在得民」，反對苛政，反對統治者「暴民、虐民」。

道家思想

老子

表現樸素的辯證主義思想，老子認為世界萬物和人類社會總在不停地運動著，有無、難易、高低、貴賤、剛柔是相互依存、不斷變化的，政治上主張「無為」，反對嚴刑峻法。

莊子

接受並發展了老子的思想，主張順從天道，而摒棄「人為」，摒棄人性中那些「偽」的雜質。

劉禹錫生活在唐代中後期，晚年任太子賓客加檢校禮部尚書，死後被追贈為戶部尚書。其詩題材廣闊，風格上汲取巴蜀民歌含蓄婉轉、樸素優美的特色，清新自然，健康活潑，充滿生活情趣。其諷刺詩常以寓言託物手法，抨擊鎮壓永貞革新的權貴，涉及較廣的社會現象。晚年所作，風格漸趨含蓄，諷刺而不露痕跡。《陋室銘》並非是自命清高、孤芳自賞之作，而是憤世嫉俗之作，所謂清高是「不問政治，與世無爭，安貧樂道，潔身自好」，劉禹錫寫《陋室銘》本身就是與惡勢力進行不屈的抗爭。為官而不計較居室的大小、陋與不陋，恰是他為政清廉的真實寫照。

46. 子曰：「恭而無禮則勞，慎而無禮則葸，勇而無禮則亂，直而無禮則絞。君子篤於親，則民興於仁，故舊不遺，則民不偷。」

【譯文】孔子說：「恭敬但是不知禮就會勞神傷身，謹慎但是不知禮就會拘謹畏怯，勇敢但是不知禮就會闖亂子，直爽但是不知禮就會刻薄尖銳。君子對待自己的親屬真誠寬厚，那麼老百姓就會興起仁厚的風氣。君子不遺棄自己的老朋友，那麼老百姓也就不會冷漠無情。」

【點評】孔子指出凡事都要講究限度，「恭」、「慎」、「勇」、「直」等德行不是孤立存在的，必須以「禮」作指導，只有在「禮」的指導下，這些德行的實施才能符合中庸的準則，如果超出這個範圍，很多事情就要走向反面，就會出現「勞」、「葸」、「亂」、「絞」，就不可能達到修身養性的目的。孔子還提到君子的模範作用，以自己的實際行動來影響社會風氣，和百姓的行為舉止。

47. 曾子有疾，孟敬子問之。曾子言曰：「鳥之將死，其鳴也哀；人之將死，其言也善。君子所貴乎道者三：動容貌，斯遠暴慢矣；正顏色，斯近信矣；出辭氣，斯遠鄙倍矣。籩豆之事，則有司存。」

【譯文】曾子生病，孟敬子去探望他。曾子對他說：「鳥快要死的時候，鳴叫的聲音很悲哀；人快要死的時候，他說的話都是善意的好話。君子應該重視的道有三條：使自己的樣貌嚴肅穩重，這樣可以避開粗暴與輕慢；使自己神色端莊認真，這樣容易獲得別人的信任；說話的言辭與語氣要謹慎，這樣可以避免粗鄙無禮。祭祀和各種禮節儀式的細節，則有專門主管這些事務的官吏負責。」

【點評】曾子用鳥將死的哀鳴來比喻人將死言之善，既表白他自己對孟敬子沒有惡意，同時也告訴孟敬子，作為君子應該注重的三方面，即禮義之始在於正容體、齊顏色、順辭令。這些對於為人處世，具有積極借鑒意義。

48. 曾子曰：「可以託六尺之孤，可以寄百里之命，臨大節而不可奪也。君子人與？君子人也。」

【譯文】曾子說：「可以把年幼的國君託付給他，可以把國家政權寄交給他，在危急存亡之時，能保持其大節而不動搖。這樣的人是君子嗎？是君子啊！」

【點評】曾子說能夠使君主放心託孤的人，能夠使國君放心把國家政權交給他的人，遇到生死存亡的關鍵時刻，能夠保持氣節不動搖的人，才是君子，也是儒家所推崇的忠臣。孔子培養的就是有道德、有知識、有才能的人。

中庸

修身篇

做事要講究限度

為人處事講求一個尺度、限度，不夠或過度都不符合孔子「中庸」的思想。

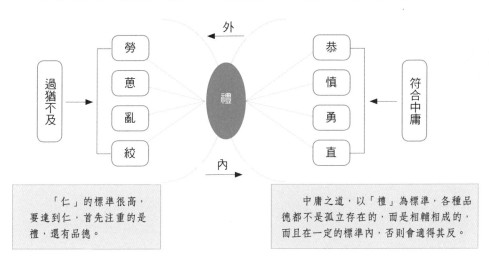

「仁」的標準很高，要達到仁，首先注重的是禮，還有品德。

中庸之道，以「禮」為標準，各種品德都不是孤立存在的，而是相輔相成的，而且在一定的標準內，否則會適得其反。

君子如何安身立命？

孔子對於君子的要求很高，凡事要符合「禮」，做到不偏不倚，時刻注意修身，提升自身的道德修養。

禮義的肇始，是在於使舉動端正，使態度端正，使言談恭順。舉動端正，態度端正，言談恭順，然後禮義才算齊備。所謂「足容重」是指腳步重，不要輕舉妄動；「手容恭」不是指慢吞吞的工作，而是指無事可做時，手要端莊握住，不要亂動；「目容端」是指目不斜視，觀察事物時要專注；「口容止」是要求在說話、飲食以外的時間，嘴不要亂動；「聲容靜」是指振作精神，不要發出打飽嗝或吐唾液的聲音；「頭容直」是要求昂首挺胸，不要東倚西靠；「氣容肅」是指呼吸均勻，不出粗聲怪音；「立容德」是指不倚不靠，保持中立，表現出道德風範；「色容莊」是指氣色莊重，面無倦意。

49. 曾子曰：「士不可以不弘毅，任重而道遠。仁以為己任，不亦重乎？死而後已，不亦遠乎？」

【譯文】曾子說：「士子們不可以不具有宏大堅毅的本質，因為他的任務重大而路途遙遠。把實現仁作為自己的任務，這難道不是重任嗎？到死才停下來，這不是路途遙遠嗎？」

【點評】曾子這一段話，對於有遠大志向的人們，是一種鼓勵與鞭策。偉大人格的形成需要長期的修養培養，不能憑一時的勇氣，同時要有遠大的志向、開闊的心胸，要堅毅果敢，因為任務重大，路途遙遠。這與我們常說的「前途是光明的，道路是曲折的」具有相通之處。這樣艱巨的任務，直到死那一刻才能解脫，所以要有心理準備，要有面對重任與遠途的勇氣與毅力。

50. 子曰：「如有周公之才之美，使驕且吝，其餘不足觀也已。」

【譯文】孔子說：「即使是有像周公那樣的美好才能，如果驕傲自矜又吝嗇小氣，那麼他其他方面的才能，也就不值得看了。」

【點評】孔子對周公十分仰慕，孔子尊奉的《周禮》，傳說正是由周公制定。孔子說，即使有像周公那樣美好豐富的才華，如果犯驕傲自大又小氣的毛病時，那麼其他方面也就不值得看了。

唐代大書法家柳公權，年紀很小就能作詩寫文章，字也寫得非常好，得到大家的誇獎，於是他變得驕傲起來。一天，他和幾個朋友在樹下練習書法，這時來一個賣豆腐的老人，柳公權得意地拿著自己寫的字問：「老爺爺，您看我寫的字好不好？」老人說：「這字寫得就像我的豆腐一樣，軟塌塌的，沒有筋骨。」柳公權很不服氣，要老人寫個字看看，老人說：「我寫不好，可有人用腳都比你用手寫得好，不信你明天進城去看看。」第二天，柳公權來到城裡，一進城門就見北街的大槐樹下圍了許多人，只見一個沒有雙臂的黑瘦老人坐在地上，光著雙腳，用左腳壓住鋪在地上的紙，右腳夾著筆寫對聯，寫得骨力遒勁、筆法渾厚，柳公權看了既慚愧又敬佩，從此發奮努力，苦練書法，終於成為一代大書法家。

51. 子曰：「狂而不直，侗而不願，悾悾而不信，吾不知之矣。」

【譯文】孔子說：「狂妄而不正直，無知又不謹慎，樣子誠懇卻不守信用，我不知道人怎麼可以這個樣子。」

【點評】孔子對那些品德不佳的人提出批評，「狂而不直，侗而不願，悾悾而不信」都不是好的道德本質，孔子對此十分反感。這是因為這幾種本質不符合中庸的基本原則，也不符合儒家一貫倡導的「溫、良、恭、儉、讓」和「仁、義、禮、智、信」的要求，所以孔子說：「我真不知道有人會這樣。」

士弘毅，任重而道遠

偉大人格的奠基石──毅力

偉大人格的修練需要一定的時間，不能三天打魚兩天曬網，而是需要毅力。

柳公權（西元 778～865 年），字誠懸，唐代著名書法家，京兆華原（今陝西銅川市耀州區）人，官至太子少師，世稱「柳少師」。柳公權書法以楷書著稱，與顏真卿齊名，人稱「顏柳」。他的書法初學王羲之，後來遍觀唐代名家書法，認為顏真卿、歐陽詢的字最好，便吸取了顏、歐陽之長，在晉人勁媚和顏書雍容雄渾之間，形成自己的柳體，以骨力勁健見長，後世有「顏筋柳骨」的美譽。他一生作品很多，主要有《大唐回元觀鐘樓銘》、《金剛經刻石》、《玄祕塔碑》、《馮宿碑》、《神策軍碑》，另有墨蹟《蒙詔帖》、《王獻之送梨帖跋》。

知錯能改，方成大器

柳公權小時候字寫得很好，人們常誇他。一次他讓賣豆腐的老人看他寫的字，但是老人卻說：「你的字還沒有人家用腳寫得好。」

柳公權看到那個沒有手的黑瘦老人，用腳寫出來的字骨力遒勁，結構嚴謹，非常慚愧，從此苦練書法，成為一代大書法家。

德才兼備

謙遜大方 ── 君王 → 能管理好整個國家，百姓安居樂業。

謙遜大方 ── 百姓 → 受人敬仰，造福一方。

驕傲吝嗇 ── 君王 → 社會風氣不好，沒有競爭力，最終滅亡。

驕傲吝嗇 ── 百姓 → 遭人唾棄。

52. 子絕四：毋意，毋必，毋固，毋我。

【譯文】孔子杜絕四種行為，即不要主觀猜疑，不要有必須要實現的期望，不要固執己見，不要自私。

【點評】孔子的「絕四」，講的還是個人修養的問題，提出個人在認識、判斷客觀事物的四個原則，這是對自我的超越。「絕四」是孔子自知的表現，這涉及仁德理智和價值觀念。人只有做到這幾點才可以增加智慧、修練高尚的道德人格。毫無疑問，這對於提升自己的道德修養、培養良好的道德本質，具有積極的促進作用。

53. 子曰：「出則事公卿，入則事父兄，喪事不敢不勉，不為酒困，何有於我哉？」

【譯文】孔子說：「在外面侍奉公卿，回到家中侍奉父親和兄長，遇到喪事不敢不盡心竭力，不會因為飲酒而誤事，這些對於我來說有什麼困難呢？」

【點評】儒家講求忠孝，在外面侍奉公卿是盡忠的表現，回到家中侍奉父親與兄長是孝悌的表現，遇到喪事盡心竭力，以及不因為酒誤事，這些本質都是儒家宣揚的君子品行。孔子認為在這些方面，自己都能夠做到。孔子提倡道德，不是只針對別人，首先從自身做起，以自己的實際行動，去實踐自己所提倡的道德。

54. 子曰：「法語之言，能無從乎？改之為貴。巽與之言，能無說乎？繹之為貴。說而不繹，從而不改，吾末如之何也已矣。」

【譯文】孔子說：「符合禮法的正經話，誰能不聽從呢？能改正過錯才是最可貴的。恭順悅耳的話，誰聽完不開心呢？分析辨別以後才是可貴的。開心但是不加以分析，順從但是不去改正錯誤，我不知道該拿這樣的人怎麼辦？」

【點評】孔子認為對待批評要能聽得進去，對待表揚要能自省，這才是正確的態度；當別人用好話規勸他，指出錯誤時，他的態度很好；對於別人規勸他的話，也都表示接受，就是沒有實際行動，以後同樣的錯誤照樣一犯再犯，這種態度實在不可取。孔子指出接受別人的規勸，就一定要拿出行動來改正錯誤。

西元前 207 年，劉邦率大軍到咸陽後，看到宮中的稀世珍寶和美麗宮女，便有點飄飄然了。劉邦的部下樊噲發現，問劉邦想要天下還是只想做個富家翁，劉邦說當然是天下，樊噲說秦宮裡的珍寶和美色，都是招致秦朝滅亡的原因，勸劉邦不要貪戀。張良也說：「秦王無道，才滅亡。俗語說：『忠言逆耳利於行，良藥苦口利於病。』望您聽從樊噲的勸告。」劉邦終於醒悟，馬上下令將府庫封起來，關掉宮門，隨即率軍返回霸上。

忠言逆耳利於行，良藥苦口利於病

孔子的「絕四」

在對待錯誤的問題上，要錯而改之。在培養良好品德方面，要「絕四」，並用實際行動來實踐。

毋我 不要自以為是

毋意 做事不能主觀臆斷，要以事實為依據

毋固 不能拘泥、固執

毋必 做事不能絕對肯定

孔子堅決反對的行為：做事隨心所欲而非理性；各種標準的絕對化；沒有理性的固執；把個人利益和社會利益對立。

有則改之，無則加勉

符合禮法的話 — 不聽從 → 被批評 → 知錯必改 / 順從但不去改正

既要逆耳忠言，知錯必改，也要對讚美的話加以分析，不可盲目樂觀，秉著「有則改之，無則加勉」的態度對待問題。

恭順悅耳的話 — 聽到 → 開心 → 分辨，不盲目樂觀，可貴。 / 不分析，只顧順耳、開心。

賢臣勸諫

西元前 207 年，劉邦率大軍到咸陽後，進入秦宮探看，各色珠寶不計其數，許多美麗的宮人向他跪拜，漸漸地有點飄飄然了。

張良勸劉邦說：「忠言逆耳利於行，良藥苦口利於病，希望您聽從樊噲的勸告。」劉邦聽完終於醒悟，馬上下令將府庫封起來，關掉宮門，隨即率軍返回霸上。

55. 子曰：「吾未見好德如好色者也。」

【譯文】孔子說：「我還沒有見過愛好德行像愛好美色一樣的人。」

【點評】孔子感歎，好色的人多，愛好美德的人卻不足。原意是說「好德」之難，難在自覺和有恆，這也是對當時社會現狀，做出一種不滿而又無奈的感歎。

56. 子曰：「譬如為山，未成一簣，止，吾止也；譬如平地，雖覆一簣，進，吾往也。」

【譯文】孔子說：「就好比用土堆山，只差一筐土就成功了，這時候停了下來，是我自己止步不前啊；就好比在平地上堆土成山，雖然只倒下一筐土，這時候繼續前進，那是我自己在不斷前進啊！」

【點評】孔子用以土堆山的例子，說明功虧一簣和持之以恆的道理。他鼓勵學生無論做什麼事情，都要有一股鍥而不捨的毅力，如果止步不前，即使將要完成的事情也會功虧一簣；如果努力不懈地去做，看似艱巨的任務最終也能完成。這對於立志有所作為的人來說，是十分重要的，也是對人的道德本質的塑造。

古時候有兩座大山，一座叫太行山，一座叫王屋山，那裡的北山住著一位老人叫愚公，快九十歲了，他每次出門都被這兩座大山阻隔，要繞很大的圈子才能到南方去，於是愚公決心搬掉這兩座山。第二天一大早，他就帶兒孫們開始挖山，雖然一家人不多，但是他們還是堅持挖。有個叫智叟的老頭知道後，嘲笑他不自量力，愚公回答說：「你這個人太頑固了，簡直無法開導。即使我死，還有我的兒子在這裡，我兒子死了還有孫子，子子孫孫無窮盡，而山卻不會再增高，為什麼挖不平呢？」不論做什麼事情，只要努力不懈地朝著一個方向努力，就一定會成功。

57. 席不正，不坐。

【譯文】坐席放得不端正，不坐。

【點評】此段說明孔子在日常生活中，保持正大的氣象，恪守禮儀。

小智慧大妙處

《荀子‧勸學》　《勸學》是荀子著名的一篇文章，在教育方面，他認為人接受教育，努力學習是非常必要的，這樣才能「青出於藍而勝於藍」，使學生超過老師，後人勝過前人。在哲學思想方面，荀子認為自然發展有其客觀的規律；反對天命，不迷信鬼神，認為人定勝天；還主張因地、因時制宜，充分發揮人的才能，促使萬物發展。在《勸學》中，荀子還用鏤刻金石，來說明學習一定要持之以恆的道理。學習知識是一個由少到多、日積月累的過程，正所謂「不積跬步，無以至千里；不積小流，無以成江海」。所以，人們學習時一定要努力不懈，唯有這樣才會取得成功。

鍥而不捨，金石可鏤

鍥而不捨，是一種可貴的精神，是一種寶貴的資源；鍥而不捨，也是取得成功的良藥，同時也是實現理想目標的前提。

愚公移山，志在必得

真正有智慧的人看起來愚笨，實際上是大智若愚。愚公始終相信自己能移走王屋、太行，憑的是堅定的信念和矢志不渝的精神。

我和你們用盡全力鏟平險峻的大山，使它一直通到豫州南部，到達漢水南岸，好嗎？

你真是太不聰明了，憑你這麼大的歲數和剩下的力氣，連山上的一根草木都動不了，又能把泥土和石頭怎麼樣呢？

有兩座大山擋住愚公家進出的道路，愚公決定將山移走，一個聰明的老頭笑他不自量力。

子子孫孫沒有窮盡的，可是山不會增高加大，何愁挖不平呢？

愚公堅定的信念，使神仙都被感動，於是幫他移走兩座大山，使愚公家人出入更方便。

95

58. 子曰：「三軍可奪帥也，匹夫不可奪志也。」

【譯文】孔子說：「一國的軍隊，可以強行使它喪失主帥；一個男子漢，卻不可以強迫奪去他的志向。」

【點評】一個人的理想、志向和意志都極可貴，人格的崇高和意志的堅強，都是做人的最高尊嚴，不容侵犯，它反映孔子對「志」的高度重視。對於一個人來說，他有自己的獨立人格和志向，他應維護自己的尊嚴，不受威脅利誘，始終保持自己的「志向」，這就是中國人「人格」觀念的形成及確定。

戰國時魯相公儀休的門客送給他一些魚，公儀休不接受，他的門客說：「聽說你的嗜好是吃魚，現在送魚給你，為什麼又不接受呢？」公儀休說：「正因為我喜歡吃魚，才不接受你的魚，現在我身為魯相，俸祿可以滿足我吃魚的需要，如果因為接受來歷不正的魚而被罷官，誰還能給我魚呢？就因為這個道理，我才不能接受你送的魚。」每個人都有自己的志向，所謂「江山易改，本性難移」，要改變一個人的志向很困難。作為一個管理者，會面臨各種誘惑，而且職位愈高，遭遇的誘惑就愈大，也愈頻繁，而面對誘惑能坦然地拒絕，能堅守自己的志向更是不易。

59. 子曰：「歲寒，然後知松柏之後凋也。」

【譯文】孔子說：「天氣寒冷的時候，才知道松柏是最後凋落的。」

【點評】孔子的這一句話，意境深遠，很多文人志士以此自勉，要學習松柏耐得住風霜的氣節，其意是透過自然界令人感動的現象，形象深刻地解釋了人世間的一種哲理。孔子認為，人要有精神，身為有遠大志向的君子，他要像松柏那樣，能夠經受得住各種惡劣環境的考驗。

60. 子張問善人之道。子曰：「不踐跡，亦不入於室。」

【譯文】子張問做善人的方法。孔子說：「如果不沿著前人的腳印走，其學問和修養就不到家。」

【點評】孔子的學問和道德修養，是在繼承優良傳統的基礎上取得，他深信要跟著聖人的腳步走。

小智慧大妙用

氣節　史官的氣節，應該是極品，殺頭可以，但讓其編造歷史是絕對不行的。文人的氣節，應該是上品，許多文人在強大的壓力面前不屈服，不低頭。軍人的氣節，可歌可泣，寧可死在戰場上，也絕不當逃兵，絕不當俘虜。國家利益高於一切，人民利益重於泰山。武士的氣節，可敬可佩，寧可戰死，絕不認輸。清官的氣節，可歌可泣，高官厚祿不動心，強權霸術不低頭，秉公辦案，依法做事。氣節就是一個人的骨氣，人無骨氣，就不能堅持真理，將失去信念，最終將成為他人的工具和棋子。

不想當元帥的士兵，不是好士兵

每個人都有自己的志向，這是極可貴，不容侵犯的。學習也是一樣，要有遠大的志向，才能成功。

松柏為百木之長，耐貧瘠，傲霜雪，四季常青而不凋零。荀子說：「歲不寒，無以知松柏。」松柏，乃堅強、堅貞、堅韌之性；經歲寒而愈堅，乃君子之性也。

大雪壓青松，青松挺且直。要知松高潔，待到雪化時。

堅守志向更是不易

每個人都有自己的志向，所謂「江山易改，本性難移」，要改變一個人的志向很困難。身為一個管理者，會面臨各種誘惑，而且職位愈高，遭遇的誘惑就愈大，也愈頻繁，而面對誘惑能坦然地拒絕，能堅守自己的志向更是不易。

道德傳承的「足跡」

不踐跡，亦不入於室

前人腳印

後人腳印

後人要借鑒前人的經驗，踏著前人的足跡，繼續學習，否則「亦不入於室」。

61. 食不語，寢不言。

【譯文】吃飯的時候不說話，睡覺的時候不言語。

【點評】在吃飯的時候不要交談，睡覺的時候也不要說話，這既是禮儀規範的要求，同時又是符合養生之道的作法。

62. 子曰：「仁遠乎哉？我欲仁，斯仁至矣。」

【譯文】孔子說：「仁很遠嗎？只要我想要仁，仁就來了。」

【點評】「仁」是人的本性，因此「仁」離我們並不遠，只要我們真正想去做，不必依靠外界的力量就能達到「仁」。「仁」其實就在我們身邊，關鍵在人們是不是真正地想要「求仁得仁」。孔子堅信，只要願意以「仁」的標準要求自己，持之以恆地按照「仁」的規範來行動，那麼就能達到「仁」的境界。在此孔子強調，人要進行道德修養的主觀能動性，有著重要的意義。

63. 子貢問：「師與商也孰賢？」子曰：「師也過，商也不及。」曰：「然則師愈與？」子曰：「過猶不及。」

【譯文】子貢問孔子：「子張和子夏二人誰更好一些呢？」孔子回答說：「子張過分，子夏不足。」子貢說：「那麼是子張好一些嗎？」孔子說：「過分和不足是一樣的。」

【點評】「過猶不及」表現儒家思想的一個重要原則，就是「中庸之道」。《中庸》說：「道之不行也，我知之矣。知者過之，愚者不及也。道之不明也，我知之矣。賢者過之，不肖者不及也。」、「執其兩端，用其中於民，其斯以為舜乎？」這是說，舜於兩端取其中，既非過，也非不及，以中道教化百姓，所以為大聖。這就是孔子對「過猶不及」的具體解釋。既然子張做得過分，子夏做得不足，所以孔子對此評價就是：「過猶不及。」

蜀漢建立之後，忽然有一天，益州飛報：「蠻王孟獲起兵十萬，侵略邊境，建寧太守也聯合孟獲造反。」諸葛亮聞報後，出大軍南下，第一次用計擒住孟獲後，立即釋放，如此七次。眾將不解，問道：「孟獲是南蠻的首領，把他擒住南方便安定下來，丞相為什麼要放他？」諸葛亮說：「只有以德服人，才能真的讓人心服，以力服人必將有後患。」第七次，孔明用火攻將烏戈國的藤甲兵燒死於一山谷中，孟獲第七次被擒，孔明故意要再放他。孟獲連忙跪下發誓：「以後絕不再謀反。」正因為諸葛亮懂得「過猶不及」的道理，所以七擒七縱，使孟獲心悅誠服。

熟能生巧，過猶不及

做事情要會把握火候，火大就會燒焦，而火不夠則不能夠成熟。俗話說「一回生，二回熟」，多實踐就會熟能生巧。

熟能生巧，業精於勤

《賣油翁》這個故事向人們揭示了「熟能生巧」的道理。古代有個叫陳堯咨的人，擅長射箭，以此自矜。而賣油翁只略表讚許，他把一個油葫蘆放在地上，用一個銅錢蓋在葫蘆口上，將油通過錢孔灌入葫蘆中，錢孔卻不曾濺上一滴油，真可謂妙哉。陳堯咨的超人本領和賣油翁的絕技，是天生就有的嗎？非也。賣油翁曰「我亦無他，唯手熟爾」。本領不是天生就有的，它需要經過勤奮的勞動才能獲得，此所謂「業精於勤」。年輕人精力充沛，只要肯下工夫，鑽研一門學問，經過長期的努力，一定會熟練掌握它的奧祕，應用自如。

七擒七縱

孟獲被諸葛亮用計擒住，心裡認為諸葛亮是僥倖捉到自己，如果準備充分就不會被捉住，諸葛亮為了讓他心服口服，就把他放了。

諸葛亮連續七次擒住孟獲，每次都把他放了，在最後一次，諸葛亮正要下令放了孟獲，孟獲向諸葛亮跪下，表示佩服諸葛亮的才能，願意投奔諸葛亮，為其效力。

64. 子曰：「回也其庶乎，屢空。賜不受命，而貨殖焉，億則屢中。」

【譯文】孔子說：「顏回的學問道德接近完善吧，可是他常貧困。端木賜不聽命運的安排，去做買賣，猜測行情，常猜中。」

【點評】孔子對顏回學問、道德接近完善，卻在生活上常貧困深感遺憾，同時，他對子貢不聽命運的安排，去經商致富感到不滿。這在孔子看來，很不公正，這表現出孔子安貧樂道的思想，和對讀書人經商致富的深刻思考。

65. 子曰：「知者不惑，仁者不憂，勇者不懼。」

【譯文】孔子說：「有智慧的人不會迷惑，有仁德的人不會憂慮，有勇氣的人不會感到畏懼。」

【點評】智、仁、勇是儒家推崇的本質。有智慧的聰明人不容易被別人欺騙，遇到事情也不會迷惑茫然，不知道該怎麼辦才好；有仁德的人，不會總是感到憂慮；勇敢的人不會怯懦畏懼。這三種本質，是一個真正君子所具有的特性。

三國時期，曹操兵分八路進攻樊城，為保城中百姓，劉備只得棄城出走，曹操率大軍緊追其後。趙子龍單騎救出幼主阿斗，衝出曹兵重圍。張飛接應趙雲，帶二十餘騎，來到長阪橋。張飛看到曹軍成千上萬的兵馬殺過來，他心生一計，命所有士兵到橋東的樹林內砍下樹枝，拴在馬尾巴上，然後策馬在樹林內往來馳騁，衝起塵土，使人以為有重兵埋伏。曹操心疑，親自來陣前查看，張飛心急，大聲喝道：「我乃燕人張翼德，誰敢來與我決一死戰！」聲音猶如巨雷一般，嚇得曹兵兩腿發抖。曹操見張飛如此氣概，自己已是心虛，準備撤軍；曹軍大將夏侯杰嚇得肝膽俱裂，倒地而死。一時間，棄槍落盔者不計其數，馬似山崩，自相踐踏。張飛見曹操一擁而退，不敢追趕，解去馬尾樹枝，回營交令去了。

66. 子曰：「論篤是與，君子者乎？色莊者乎？」

【譯文】孔子說：「聽到人議論篤實誠懇就表示贊許，這種人是真君子呢？還是僅是偽裝莊重的人呢？」

【點評】孔子希望他的學生們不但要說話篤實誠懇，而且要言行一致。孔子在觀察別人的時候，不僅要看他說話時誠懇的態度，而且要看他的行動，言行一致才是真君子。

小智慧大妙處

偽君子 偽君子就是那種表面上得體大方，正派高尚，處處退讓，能忍受別人所不能忍而保持風度，實際上虛偽、卑鄙無恥、不擇手段的人。小說家金庸塑造的「偽君子岳不群」形象，早已深入民心。岳不群有「君子劍」的美號，他的言行舉止，無不得體大方，處處退讓，教人佩服，誰知外表這樣完美的人，才是最好惡貪婪的人。

知者不惑，仁者不憂，勇者不懼

智、仁、勇是儒家推崇的本質，而擁有這三種本質的人，才稱得上是君子。

復聖：顏回

顏回（西元前 521～前 481 年），字子淵，春秋時期魯國人，他十四歲即拜孔子為師，此後終生師事之。在孔門諸弟子中，孔子對他稱讚最多，不僅讚其好學，而且還以「仁人」相許。歷代文人學士對他也無不推尊有加，宋明儒者更好「尋孔、顏樂處」。自漢代起，顏回被列為七十二賢之首，有時祭孔時獨以顏回配享，此後歷代統治者不斷追加諡號：唐太宗尊之為「先師」，唐玄宗尊之為「兗公」，宋真宗加封為「兗國公」，元文宗又尊為「兗國復聖公」。明嘉靖九年改稱「復聖」，山東曲阜還建有「復聖廟」。

勇者不懼

張飛令士兵砍下樹枝，拴在馬尾巴上，然後策馬在樹林內往來馳騁，衝起塵土，使人以為有重兵埋伏。

曹操見張飛如此氣概，已是心虛，準備撤軍；曹軍大將夏侯杰嚇得肝膽俱裂，倒地而死。一時間，棄槍落盔者不計其數。

真君子

水奔流不息，是哺育一切生靈的乳汁，它好像有德行。水沒有一定的形狀，或方或長，流必向下，和順溫柔，它好像有情義。水穿山岩，鑿石壁，從無懼色，它好像有志向。萬物入水，必能蕩滌汙垢，它好像善施教化。由此看來，水是真君子啊！

67. 顏淵問仁。子曰：「克己復禮為仁。一日克己復禮，天下歸仁焉。為仁由己，而由人乎哉？」顏淵曰：「請問其目。」子曰：「非禮勿視，非禮勿聽，非禮勿言，非禮勿動。」顏淵曰：「回雖不敏，請事斯語矣。」

【譯文】顏淵問怎樣做才是仁。孔子說：「克制自己，一切都照著禮的要求去做，這就是仁。一旦這樣做，天下的一切就都歸於仁。實行仁德，完全在於自己，難道還在於別人嗎？」顏淵說：「請問實行仁的具體途徑。」孔子說：「不合乎禮的不要看，不合乎禮的不要聽，不合乎禮的不要說，不合乎禮的不要做。」顏淵說：「我雖然愚笨，也要照您的這些話去做。」

【點評】這段話是孔子的著名言論，「克己復禮為仁」，是《論語》的核心內容。孔子以禮來規定仁，依禮而行就是仁的根本要求，所以，禮以仁為基礎，以仁來維護；仁是內在的，禮是外在的，二者緊密結合。這裡實際上包括兩個方面的內容，一是克己，二是復禮。克己復禮就是透過人們的道德修養，自覺地遵守禮的規定。

68. 司馬牛問仁。子曰：「仁者，其言也訒。」曰：「其言也訒，斯謂之仁已乎？」子曰：「為之難，言之得無訒乎？」

【譯文】司馬牛問怎樣做才是仁。孔子說：「仁人說話很慎重。」司馬牛說：「這就叫做仁嗎？」孔子說：「做起來很困難，說起來能不慎重嗎？」

【點評】孔子因材施教，因為司馬牛多言而躁，所以孔子告訴他說話要慎重，強調言行一致。「其言也訒」是孔子對於那些希望成為仁人的人，所提出的要求之一。「仁者」，其言行必須慎重，行動必須認真，一言一行都要符合《周禮》。所以，這裡的「訒」是為「仁」服務的，為了「仁」，就必須「訒」。

69. 司馬牛問君子。子曰：「君子不憂不懼。」曰：「不憂不懼，斯謂之君子已乎？」子曰：「內省不疚，夫何憂何懼？」

【譯文】司馬牛問怎樣做一個君子。孔子說：「君子不憂愁，不恐懼。」司馬牛說：「不憂愁，不恐懼，這樣就可以叫做君子了嗎？」孔子說：「自己問心無愧，那還有什麼憂愁和恐懼呢？」

【點評】據說司馬牛是宋國大夫桓魋的弟弟。桓魋在宋國犯上作亂，遭到宋國當權者的打擊，全家被迫出逃。司馬牛逃到魯國，拜孔子為師，並聲稱桓魋不是他的哥哥，所以孔子回答司馬牛怎樣做才是君子的問題，引導他加強修養，使自己心胸開朗、坦然無畏。

君子不憂不懼

　　君子做事光明磊落，處處以「禮」來規範自己的行為，具有高尚的道德情操，且心胸寬廣，懂得處世原則，不會憂愁恐懼。

老師，想要成為君子，我該怎麼做呢？

一個君子不應該有憂愁和恐懼。

君子都是心胸寬廣的，那樣就不會有憂愁和恐懼了。

難道不憂愁、不恐懼就可以是君子嗎？

70. 司馬牛憂曰：「人皆有兄弟，我獨亡。」子夏曰：「商聞之矣：『死生有命，富貴在天。』君子敬而無失，與人恭而有禮，四海之內，皆兄弟也。君子何患乎無兄弟也？」

【譯文】司馬牛憂愁地說：「別人都有兄弟，唯獨我沒有。」子夏說：「我聽說過：『死生有命，富貴在天。』君子只要對待所做的事情嚴肅認真，不出差錯，對人恭敬而合乎於禮的規定，那麼，天下人就都是自己的兄弟了。君子何愁沒有兄弟呢？」

【點評】如上章所說，司馬牛不承認桓魋是他的哥哥，這與儒家一貫倡導的「悌」的觀念是相違背的。但由於他的哥哥犯上作亂，因而孔子沒有責備他，反而勸他不要憂愁，不要恐懼，只要問心無愧就做到「仁」。這一段，子夏同樣勸慰司馬牛，說只要自己的言行合乎「禮」，那就會贏得天下人的稱讚，就不必發愁自己沒有兄弟，「四海之內皆兄弟也」。

71. 棘子成曰：「君子質而已矣，何以文為？」子貢曰：「惜乎，夫子之說君子也！駟不及舌。文猶質也，質猶文也。虎豹之鞹，猶犬羊之鞹。」

【譯文】棘子成說：「君子只要具有好的本質就行了，要那些表面的儀式做什麼呢？」子貢說：「真遺憾，夫子您這樣談論君子！一言既出，駟馬難追。本質就像文采，文采就像本質，都是同等重要的。拔掉毛的虎皮、豹皮，就如同去掉毛的犬皮、羊皮一樣。」

【點評】這裡講述表裡一致的問題。棘子成認為身為君子，只要有好的本質就可以了，不需外表的文采。但子貢反對這種說法，他認為良好的本質，應該有適當的表現形式，要「文質兼備」，否則，本質再好也無法顯現出來。

72. 子張問崇德、辨惑。子曰：「主忠信，徙義，崇德也。愛之欲其生，惡之欲其死；既欲其生，又欲其死，是惑也。『誠不以富，亦祇以異。』」

【譯文】子張問怎樣提升道德修養水準，和辨別是非迷惑的能力。孔子說：「以忠信為主，使自己的思想合乎義，這就是提升道德修養水準。愛一個人，就希望他活下去，厭惡起來就恨不得他立刻死去，既要他活，又要他死，這就是迷惑。正如《詩經》所說的：『即使不是嫌貧愛富，也是喜新厭舊。』」

【點評】孔子談的主要是個人的道德修養問題，他希望人們按照「忠信」、「仁義」的原則去辦事，否則，感情用事就會陷於迷惑之中。

表裡如一，真君子

君子言行一致，做事對得起自己的良心，這樣離「仁」就不遠了。

《朱子全書·論語》載：「行之以忠者，是事事要著實，故某集注云：『以忠，則表裡如一。』」

「金玉其外，敗絮其中」比喻外表漂亮，內裡破敗，虛有華美的外表，實質卻一團糟。此成語用來表達貶義，現在常用來形容某些華而不實、外表光鮮美麗而無修養內涵的人。

楚漢之爭

項羽為了安定後方，親自率軍東征，臨走之前再地叮囑曹咎不要輕易出戰，只要阻止劉邦東進就行了。

曹咎不聽從項羽的勸告，忍受不了劉邦的叫罵，盲目出兵，結果楚軍幾乎全部戰死，曹咎在汜水河上自殺身亡。

73. 孔子曰：「君子有三畏：畏天命，畏大人，畏聖人之言。小人不知天命而不畏也，狎大人，侮聖人之言。」

【譯文】孔子說：「君子有三件敬畏的事情：敬畏天命，敬畏地位高貴的人，敬畏聖人的話。小人不懂得天命，因而也不敬畏，不尊重地位高貴的人，輕侮聖人的言論。」

【點評】孔子認為，一個人要有敬畏之心，才能成為言行高尚的君子。

74. 子張問：「士何如，斯可謂之達矣？」子曰：「何哉，爾所謂達者？」子張對曰：「在邦必聞，在家必聞。」子曰：「是聞也，非達也。夫達也者，質直而好義，察言而觀色，慮以下人。在邦必達，在家必達。夫聞也者，色取仁而行違，居之不疑。在邦必聞，在家必聞。」

【譯文】子張問：「士怎樣才可以叫做通達？」孔子說：「你說的通達是什麼意思？」子張答道：「在國君的朝廷裡必定有名望，在大夫的封地裡也必定有名聲。」孔子說：「這只是虛假的名聲，不是通達。所謂達，那是要本質正直，遵從禮義，善於揣摩別人的話語，觀察別人的臉色，經常想著謙恭待人。這樣的人，就可以在國君的朝廷和大夫的封地裡通達。至於有虛假名聲的人，只是外表上裝出仁的樣子，而行動上卻正是違背仁，自己還以仁人自居不慚愧。但他無論在國君的朝廷裡和大夫的封地裡，都必定會有名聲。」

【點評】孔子提出兩個相互對立的名詞，即「聞」與「達」。「聞」是虛假的名聲，並不是顯達；而「達」則要求士大夫必須從內心深處具備仁、義、禮的德性，注重自身的道德修養，而不僅是追求虛名。

75. 樊遲從遊於舞雩之下，曰：「敢問崇德、修慝、辨惑。」子曰：「善哉問！先事後得，非崇德與？攻其惡，無攻人之惡，非修慝與？一朝之忿，忘其身，以及其親，非惑與？」

【譯文】樊遲陪著孔子在舞雩台下散步，說：「請問怎樣提升品德修養？怎樣改正自己的邪念？怎樣辨別迷惑？」孔子說：「問得好！先努力致力於事，然後才有所收穫，不就是提升品德嗎？反省自己的缺點，而不去攻擊別人的缺點，不就是除去自己的邪念了嗎？由於一時的氣憤，就忘記自身安危，以至於牽連自己的親人，這不就是迷惑嗎？」

【點評】孔子認為要提升道德修養水準，首先要踏實做事，不要過度考慮物質利益；然後嚴格要求自己，不要過度指責別人。

達則兼濟天下

一個人要有敬畏之心，才能成為言行高尚的人，只有內心具備仁、義、禮的德行，才能成為真正的君子。

子張之儒

顓孫師（西元前 503 ～ ? 年），字子張，孔門弟子之一。春秋末陳國陽城（今河南登封）人。出身微賤，且犯過罪行，經孔子教育成為「顯士」。雖學干祿，未嘗從政，以教授終。是「子張之儒」的創始人。子張之儒列儒家八派之首。

先賢樊子

樊遲是孔子七十二賢弟子內的重要人物，繼承孔子與辦私學，在儒家學派廣受推崇的各個朝代，享有較高禮遇，唐贈「樊伯」，宋封「益都侯」，明稱「先賢樊子」。其重農思想在歷史上具有進步意義。

晁錯削藩

晁錯為御史大夫，建議削藩，並將矛頭對準最富有的吳國，最終導致了「七國之亂」的爆發。

景帝聽信讒言，以為殺死晁錯就能安定天下，便將晁錯腰斬。晁錯死後，七國叛亂更加厲害。

小智慧大妙處

大小蛇過街 有大小兩條蛇過街，大蛇想大搖大擺過去，而小蛇卻不敢，於是小蛇告訴大蛇，這樣過街牠們會被人打死。大蛇一時也不知怎麼辦，小蛇說有一個辦法，不但不會被人打死，還會有人替牠們修龍王廟。大蛇問牠什麼辦法，小蛇說：「你仍然昂起頭來大搖大擺過去，但讓我站在你頭上一起過去。這樣一來，我們不但不會被打死，人們看了覺得稀奇，一定認為龍王出來了，而擺起香案拜我們，還會為我們蓋一座龍王廟。」結果照這個辦法過街，當地人看後，果然蓋了一座龍王廟。

76. 子曰：「不得中行而與之，必也狂狷乎！狂者進取，狷者有所不為也。」

【譯文】孔子說：「我找不到奉行中庸之道的人和他交往，只能與狂者、狷者相交往了。狂者敢做敢為，狷者對有些事是不肯做的。」

【點評】「狂」與「狷」是兩種對立的本質，一是流於冒進、進取、敢作敢為；一是流於退縮、不敢作為。孔子認為，中行就是不偏於狂，也不偏於狷。人的氣質、作風、德行都不偏於任何一個方面，對立的雙方應互相牽制，互相補充，這樣才合乎中庸的思想。

77. 子曰：「南人有言曰：『人而無恆，不可以作巫醫。』善夫！」「不恆其德，或承之羞。」子曰：「不占而已矣。」

【譯文】孔子說：「南方人有句話說：『人如果做事沒有恆心，就不能當巫醫。』這句話說得真好啊！」「人不能長久地保存自己的德行，免不了要遭受恥辱。」孔子說：「這句話是說沒有恆心的人，不需要去占卦。」

【點評】孔子講述兩層意思：一是人必須有恆心，這樣才能成就事業；二是人必須恆久保持德行，否則就可能遭受恥辱。這說明恆心在學習、做事、與人交往和自我修養方面的重要性，這是他對自己的要求，也是對學生們的告誡。

唐代大詩人李白，幼年時便讀經史子集之類的書籍，那些書都十分深奧，他一時讀不懂，便覺得枯燥無味，於是他丟下書，逃學出去玩。他看見一位老奶奶坐在磨刀石旁的矮凳上，手裡拿著一根粗大的鐵棒子，在磨刀石上一下一下地磨著，神情專注，李白好奇地問：「老奶奶，您這是在做什麼啊？」「磨針。」老奶奶頭也沒抬，簡單地回答李白。「什麼？」李白有些意想不到，他脫口又問道：「這麼粗大的鐵棒能磨成針嗎？」這時候，老奶奶才抬起頭來，望望小李白說：「是的，鐵棒子又粗又大，要把它磨成針很困難。可是我每天不停地磨啊磨，總有一天，我會把它磨成針的。孩子，只要功夫下得深，鐵棒也能磨成針啊！」做事情只要有恆心，每天持續的做下去，任何事最終都能成功。

78. 子曰：「君子泰而不驕，小人驕而不泰。」

【譯文】孔子說：「君子安靜坦然而不傲慢無禮，小人傲慢無禮而不安靜坦然。」

【點評】這是由於君子和小人內在的心靈、思想、修養不同，誠於忠，形於外，自然他們表現於外的風格也不相同。

鐵杵成針，水滴石穿

「只要功夫深，鐵杵磨成針」，這句話是說，有恆心才能成就一番事業。不論做任何事，都要持之以恆，終會得到好的結果。

做事要有恆心

> 鐵杵這麼粗大怎麼能磨成針呢？

> 只要肯下功夫，天天持續，鐵杵就會磨成針的。

奉行中庸之道

「狂」字本義指狗發瘋，出自《說文》的「狂，犬也」，引申為「人的精神失常」、「瘋癲」，如《詩·齊風·東方未明》裡「狂夫瞿瞿」。「狷」本義為拘謹無為，引申為「孤潔」，與「狂」相對，如《論語·子路》裡「狂者進取，狷者有所不為也。」

| 狂 | 中行 | 狷 |

中行就是不偏於狂，也不偏於狷。人的氣質、作風、德行都不偏於任何一個方面，對立的雙方應互相牽制、互相補充，這樣才合乎中庸的思想。

小智慧大妙處

繩鋸木斷，水滴石穿
一個人做事情只要有恆心和毅力，並能努力不懈，就一定會成功。前行不要心急，不要用心不專，不要半途而廢，只要持之以恆，就能達到理想的彼岸。

109

79. 子曰：「君子易事而難說也。說之不以道，不說也；及其使人也，器之。小人難事而易說也。說之雖不以道，說也；及其使人也，求備焉。」

【譯文】孔子說：「為君子辦事很容易，但很難取得他的歡喜。不按正道去討他的喜歡，他是不會喜歡的；當他用人的時候，總是量才而用。為小人辦事很難，但要取得他的歡喜則是很容易的。不按正道去討他的喜歡，也會得到他的喜歡；但等到他使用人的時候，卻是求全責備。」

【點評】孔子提出君子與小人間的另一個區別，這一點也是十分重要的。作為君子，他並不對人百般挑剔，而且也不輕易表明自己的喜好，但在選用人才的時候，常能夠量才而用，不會求全責備；但小人就不同。在現實社會中，君子並不多見，而此類小人則屢見不鮮。

80. 子貢問曰：「鄉人皆好之，何如？」子曰：「未可也。」「鄉人皆惡之，何如？」子曰：「未可也。不如鄉人之善者好之，其不善者惡之。」

【譯文】子貢問孔子說：「全鄉人都喜歡、讚揚他，這個人怎麼樣？」孔子說：「這還不能肯定。」子貢又問孔子說：「全鄉人都厭惡、憎恨他，這個人怎麼樣？」孔子說：「這也是不能肯定的。最好的人是全鄉的好人都喜歡他，全鄉的壞人都厭惡他。」

【點評】孔子認為，不以眾人的好惡為依據，而應以善惡為標準；聽取眾人的意見雖應該，但絕不是判斷的唯一依據，還要觀察這個人被毀或被譽的原因。

春秋戰國時期著名的思想家子思，有一次，向衛國的國君推薦苟變，說苟變「是一位可以率領五百輛戰車出征的奇才」。衛君說，但是他在當收稅官的時候，利用工作之便吃了別人兩個雞蛋，所以沒重用他。子思便開導衛君說：「聖主選用人才，就像木匠選用木材一樣，用他的長處，不用他的短處。幾摟粗的良材大木，也會有幾尺腐朽的地方，但好木工就不會拋棄它。現在君王您正處在戰爭的時代，選拔得力將士，怎能因兩個雞蛋的小過，就把能保衛國家的將才棄而不用呢！」衛君拜謝說：「謹受教導！」

81. 子曰：「剛、毅、木、訥，近仁。」

【譯文】孔子說：「剛強、果敢、樸實、謹慎，這四種品德接近仁。」

【點評】孔子把「仁」和人的樸素氣質歸為一類，首先必須是剛毅果斷；其次是言行謹慎，這樣就接近仁的最高境界。

公道自在人心，仁者剛毅果斷

評判一個人是否是好人，不是看眾人的喜惡，而是以善惡為標準，還要考察他這麼做的原因。作為仁者，還應該具有四種品德，即剛、毅、木、訥。

子思

名孔伋，字子思，孔子嫡孫。生於東周敬王三十七年（西元前 483 年），卒於周威烈王二十四年（西元前 402 年），終年八十二歲。春秋戰國時期著名的思想家。

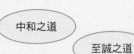

中和之道

至誠之道

合外內之道

思想概述

子思勸衛君

苟變是一位可以率領五百輛戰車出征的奇才……

這個人是一個將才，但是他在當收稅官的時候，利用工作之便吃了別人兩個雞蛋，所以就沒有重用他。

取可用之處

聖主選用人才，就像木匠選用木材一樣，用他的長處，不用他的短處。幾摟粗的良材大木，也會有幾尺腐朽的地方，但好木工是不會拋棄它的。

82. 憲問恥。子曰：「邦有道，穀；邦無道，穀，恥也。」「克、伐、怨、欲不行焉，可以為仁矣？」子曰：「可以為難矣，仁則吾不知也。」

【譯文】原憲問孔子什麼是可恥。孔子說：「國家有道，做官拿俸祿；國家無道，還做官拿俸祿，這就是可恥。」原憲又問：「好勝、自誇、怨恨、貪欲都沒有的人，可以算做到仁吧？」孔子說：「這可以說是很難得的，但至於是不是做到仁，那我就不知道了。」

【點評】孔子在這裡認為，做官的人應該竭盡全力為國效忠，無論國家有道還是無道，都照樣拿俸祿的人，就是無恥。在本段中，孔子又談到「仁」的問題，他認為摒除了好勝、自誇、怨恨、貪欲的人難能可貴，但究竟合不合「仁」，他說就不得而知。顯然，「仁」是最高的道德標準。

83. 子曰：「士而懷居，不足以為士矣。」

【譯文】孔子說：「士如果留戀家庭的安逸生活，就不配做士了。」

【點評】孔子心目中所稱讚的「士」，具有很高的本質要求：如果貪戀家室的安逸，就失去士的責任。

古時候，洪水氾濫，為了讓人們能過著安定的生活，舜帝派大禹去整治洪水。大禹一去十三年，三過家門而不入。第一次是在四年後的一個早晨，大禹走近家門，聽見母親的罵聲和兒子的哭聲，大禹想進去勸解，又怕更惹惱了母親，嘮叨起來沒完，耽擱了治水的時辰，於是就悄悄地走開。治水六七年後，大禹第二次經過家門，那天中午，大禹剛登上家門口的小丘，就看見家裡煙囪冒出的嫋嫋炊煙，又聽見母親與兒子的笑聲，大禹放心了，為了治水大業，他還是繞過家門，趕緊向工地奔去。又過了三、四年，一天傍晚，大禹因治水來到家的附近，突然天下起了滂沱大雨，大禹來到自己家的屋簷下避雨，只聽見屋裡母親在對自己的兒子說：「你爹爹治平了洪水就回家。」大禹聽後非常感動，更堅定治水的決心，立刻又轉身上路了。大禹「三過家門而不入」正是因為身上擔負著責任，沒有貪戀家的安逸，是真正的「士」。

84. 子曰：「邦有道，危言危行；邦無道，危行言孫。」

【譯文】孔子說：「國家有道，要正言正行；國家無道，還要正直，但說話要隨和謹慎。」

【點評】孔子指當國家有道時，可以直述其言；但國家無道時，就要注意說話的方式方法，才可以避免禍端，這是一種為政之道。當然，現今堅持這樣的作法也不乏其人，特別是一些為官者，更是精於此道，這是應該給予批評的。

居安思危，士懷天下

　　做任何事都要認清形勢，無論現在處在怎樣的位置上，都要將眼光放長遠些。有時要站在不同的角度來看待同一事物，才會發覺自己處的位置險阻重重，讓人心驚不已。

國有道
　　國家有道，每個人安居樂業，不用危言聳聽，可以直述其言。

邦無道
　　國家無道，一片荒涼，每個人噤若寒蟬，每個人自危，說話謹慎，怕惹禍上身。

士懷天下

士心中裝著國家，先天下之憂而憂，後天下之樂而樂。他摒除了好勝、自誇、怨恨、貪念，成就了「仁」。

大禹「三過家門而不入」，他身上擔負著保衛國家的責任，沒有貪戀家的安逸，做到真正的「士」。

小智慧大妙處

歷史上的仁人志士　漢代人卜式是河南人，以種田、畜牧為生，靠自己的勤勞與聰明才智致富，富甲一方。皇帝閱讀全國富人資助貧民的名冊，看到卜式的名字說：「這就是從前要捐獻自己一半家財，資助邊防的那個人。」於是皇帝就賞賜卜式一筆錢財，卜式又將這些錢全交給朝廷。當時富豪們都爭相隱瞞藏匿財產，只有卜式多次捐獻錢財給國家，鑒於卜式的善舉具有示範性，皇帝下令表彰卜式，將他樹立為愛國、愛民的典型，廣為宣傳，教育民眾。

85. 子曰：「見善如不及，見不善如探湯。吾見其人矣，吾聞其語矣。隱居以求其志，行義以達其道。吾聞其語矣，未見其人也。」

【譯文】孔子說：「看到善良的行為，就擔心達不到；看到不善良的行動，就好像把手伸到開水中一樣趕快避開。我見到過這樣的人，也聽到過這樣的話。以隱居避世來保全自己的志向，依照義而貫徹自己的主張。我聽到過這種話，卻沒有見到過這樣的人。」

【點評】一個人進行自我修身、遷善改過，同時應該保持高度的自覺性和行動力。

86. 子路問成人。子曰：「若臧武仲之知，公綽之不欲，卞莊子之勇，冉求之藝，文之以禮樂，亦可以為成人矣。」曰：「今之成人者何必然？見利思義，見危授命，久要不忘平生之言，亦可以為成人矣。」

【譯文】子路問怎樣做才是一個完美的人。孔子說：「如果具有臧武仲的智慧，孟公綽的克制，卞莊子的勇敢，冉求的多才多藝，再用禮樂加以修飾，也就可以算是一個完人了。」孔子又說：「現在的完人何必一定要這樣呢？見到財利想到義的要求，遇到危險能獻出生命，長久處於窮困還不忘平日的諾言，這樣也可以成為一位完美的人。」

【點評】孔子認為，具備完善人格的人，應該具備智慧、克制、勇敢、多才多藝和禮樂修飾的本質。談到這裡，孔子還認為，有完善人格的人，應在見利見危和久居貧困時，能夠思義、授命、不忘平生之言，這樣做就合乎義了。尤其是本段提出「見利思義」的主張，即遇到有利可圖的事情，還是要考慮是否符合義，不義則不為，這句話對後世產生極大的影響。

87. 子曰：「其言之不怍，則為之也難。」

【譯文】孔子說：「說話如果大言不慚，那麼實現這些話就很困難。」

【點評】孔子認為自知之明非常重要，好的品德表現於行動，說謊話應該要感到難堪、羞愧。

人貴有自知之明

好的品德在於行動，只説不做會讓人認為是説大話。有自知之明，就能保持高度的自覺性，每日反省自己，以求得到更高的修養。

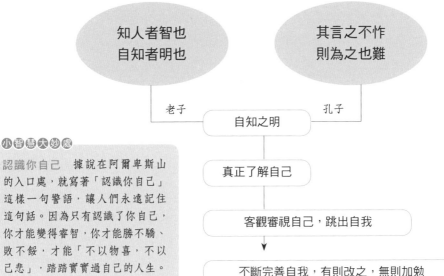

知人者智也
自知者明也
——老子

其言之不怍
則為之也難
——孔子

自知之明

真正了解自己

客觀審視自己，跳出自我

不斷完善自我，有則改之，無則加勉

小智慧大妙處

認識你自己 據說在阿爾卑斯山的入口處，就寫著「認識你自己」這樣一句警語，讓人們永遠記住這句話。因為只有認識了你自己，你才能變得睿智，你才能勝不驕、敗不餒，才能「不以物喜，不以己悲」，踏踏實實過自己的人生。

自知與無知

自知

丈夫看見妻子燒火做飯的樣子，不禁詩興大發，就做一首詩：「吹火朱脣動，添薪玉腕斜。遙看煙裡面，大似霧中花。」

無知

鄰居婦人很是羨慕，也非要纏著丈夫為她作詩，丈夫只好仿作一首：「吹火青脣動，添薪黑腕斜。遙看煙裡面，恰似鳩盤茶。」

88. 子曰：「君子上達，小人下達。」

【譯文】孔子說：「君子考慮和實行的，是高尚的事；小人考慮和實行的，是下流的事。」

【點評】孔子已經多次提到君子和小人的區別，這裡從根本上說出他們的不同。對於「上達」、「下達」的解釋有兩種觀點，一是上達於道，下達於器，即農工商各業；二是上達長進向上，曰進乎高明，下達是沉淪向下，曰究乎汙下。

張廷玉是清朝雍正年間的大學士，兼任軍機大臣，可見他在雍正朝備受重用，但張廷玉平日生活儉樸，無不良嗜好，一生遵循其父「讀不盡架上古書，卻要時時努力」的教誨，每日手持典籍，細心閱讀。張廷玉深知伴君如伴虎的道理，因此處處小心謹慎，從來不多說一句話。少說多做，既是他為官之道，也是他立身之術。其子張若靄不倚仗父親的權勢，經層層考試脫穎而出，被皇上定為探花，張廷玉知道後請求皇上改為二甲，張廷玉說：「天下人才眾多，三年一次大考，各個都盼鼎甲。臣本人現居高位，而臣子又登一甲的第三名，占天下寒士之先，於心實有不安，請列為二甲，已為榮幸。皇上至公，但臣家已備受恩榮，求皇上憐臣一片真心，願讓出一甲之榮，給予天下寒士。」不久，在張榜同時，雍正帝還為此事頒旨，表彰張廷玉代子謙讓的美德，讓天下讀書人共知之。

89. 子曰：「君子恥其言而過其行。」

【譯文】孔子說：「君子認為說得多而做得少是可恥的。」

【點評】這句話極為精練，但含義深刻。孔子希望人們少說多做，而不要只說不做或多說少做。在社會上，總有一些誇誇其談的人，他們口若懸河，滔滔不絕，說盡謊話和虛浮的言語，但到頭來，一件正事也未做，給他人造成極大的不良影響。對照孔子所說的這句話，有這些習慣的人，應該有所警醒。

90. 子曰：「君子道者三，我無能焉：仁者不憂，知者不惑，勇者不懼。」子貢曰：「夫子自道也。」

【譯文】孔子說：「君子之道有三個方面，我都未能做到：仁德的人不憂愁，聰明的人不迷惑，勇敢的人不畏懼。」子貢說：「這正是老師的自我表述啊！」

【點評】作為君子，孔子認為必須具備的品格有許多，這裡他指出其中的三個方面：仁、智、勇。在《子罕》篇當中，孔子也講到以上這三個方面，這也是中華文化中的核心思想之一。

大智若愚，大勇若怯

真正的君子都是言出必行、深藏不露，只會把自己認為對的事情，用行動來表示，考慮的都是大事。

儒是道

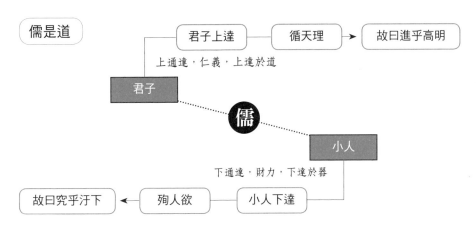

君子上達 ── 循天理 → 故曰進乎高明

上通達，仁義，上達於道

君子

儒

小人

下通達，財力，下達於器

故曰究乎汙下 ← 殉人欲 ← 小人下達

儒是道，達是儒的一個表現形式。這個內容也是包羅萬象，解決問題的方式有很多種，不同的方式就決定其是君子達還是小人達。君子達肯定是上佳，是高尚的達；小人達肯定是其次，位於下方，是卑劣的達。

張廷玉的謙讓

張廷玉的兒子張若靄，不倚仗父親的權勢，在考試中脫穎而出，被定為探花，張廷玉知道後請求皇上改為二甲，把一甲讓出來給天下寒士。

91. 子貢方人。子曰：「賜也賢乎哉？夫我則不暇。」

【譯文】子貢評論別人的短處。孔子說：「賜啊，你真的就那麼賢良嗎？我可沒有閒工夫去評論別人。」

【點評】孔子講治學，強調要加強自身修養，從自身做起，不要先心馳於外，議論別人。

92. 子曰：「驥不稱其力，稱其德也。」

【譯文】孔子說：「千里馬值得稱讚的不是牠的氣力，而是稱讚牠的品德。」

【點評】孔子在這裡用千里馬來比喻，說明人的德比才更重要。衡量人才的標準首先是德，在德的基礎上要有才。

93. 子路問君子。子曰：「修己以敬。」曰：「如斯而已乎？」曰：「修己以安人。」曰：「如斯而已乎？」曰：「修己以安百姓。修己以安百姓，堯舜其猶病諸！」

【譯文】子路問什麼叫君子。孔子說：「提升自己的修養，保持嚴肅恭敬的態度。」子路說：「這樣就足夠嗎？」孔子說：「提升自己的修養，使周圍的人們安樂。」子路說：「這樣就足夠嗎？」孔子說：「提升自己的修養，使所有百姓都安樂。提升自己的修養，使所有百姓都安樂，堯舜還怕難於做到呢！」

【點評】孔子再談君子的標準問題，他認為，提升自己的修養，是君子立身處世、管理政事的關鍵所在。從自己做起，自己心誠，對人尊敬，只有這樣做，才可以使上層人物和老百姓都得到安樂，所以孔子的修身，更重要的是在治國平天下。

唐太宗問魏徵：「歷史上的君王，為什麼有的明智，有的昏庸？」魏徵說：「一個人的智慧到底有限，君王若多聽取各方面意見，就是明智；若只聽單方面的話，就是昏庸。」他還列舉了歷史上堯、舜等明君，和秦二世、隋煬帝等昏君的例子，繼續說：「治理天下的人，如果能夠採納下面的意見，那麼下情就能上達，他的親信們想蒙蔽他也就做不到。」太宗聽完連連點頭稱是，並時刻提醒自己牢記。有一次，太宗讀完隋煬帝的文集，對左右大臣們說：「隋煬帝這個人，學識淵博，也懂得堯、舜好，夏桀和殷紂王不好，為什麼做出那麼荒唐的事來？」魏徵道：「一個皇帝光靠聰明和學識淵博還不行，還應該虛心聽取臣子的意見。隋煬帝自以為才高，驕傲自信，說的是堯、舜的話，做的卻是桀、紂的事，到後來愈來愈糊塗，就走向滅亡了。」魏徵趁機勸太宗以隋亡為鑒，並引用《荀子》：「水能載舟，亦能覆舟。」以君喻舟，以民比水，勸太宗體恤民眾。

千里馬常有，伯樂時無

千里馬常有，而伯樂不常有。人才是一個國家興亡的關鍵，這就需要能識別「千里馬」的伯樂，在德的基礎上有才，才能治國平天下。

德　智　禮　**人才**　義　信　仁

人才需要有德、智、仁、信、禮、義。要治學首先要以身作則，必須先修練自身，勿先心馳於外。

千里馬喻人才，伯樂喻能發現賞識任用人才的人。先有伯樂，而後有千里馬，千里馬常有，而伯樂不常有。要善於發現人才、愛護人才，否則，人才就會被埋沒，有人才也等於沒有人才。

魏徵勸諫

魏徵勸唐太宗以隋亡為鑒，並引用《荀子》：「水能載舟，亦能覆舟。」以君喻舟，以民比水，勸太宗體恤民眾。

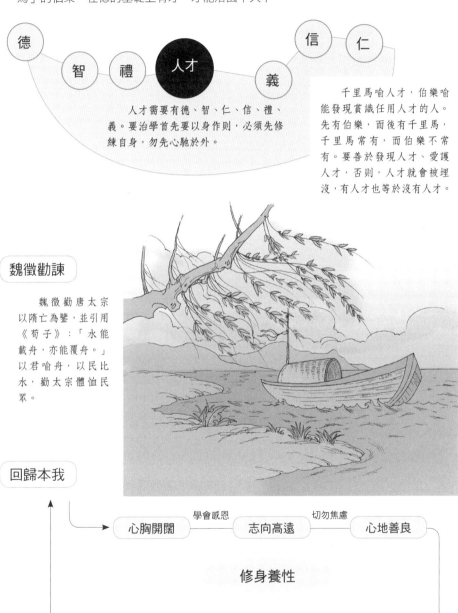

回歸本我

心胸開闊　—學會感恩—　志向高遠　—切勿焦慮—　心地善良

修身養性

靜心修養　—懂得收斂—　控制自我　—承受必然—　坦然處世

119

94. 子曰：「由！知德者鮮矣。」

【譯文】孔子說：「子由啊，懂得德的人太少了。」

【點評】「道」是體，「德」是用，有道有德，修養才全面。這裡孔子是在教育子由，從根本做起。

95. 子曰：「躬自厚而薄責於人，則遠怨矣。」

【譯文】孔子說：「多責備自己，而少責備別人，那就可以避免別人的怨恨了。」

【點評】孔子提出人應該嚴格要求自己，而不要苛求別人。人與人相處難免會產生各種矛盾與糾紛，所以為人處世應該多替別人考慮，從別人的角度看待問題。一旦發生矛盾，首先應該多自我反省，而不能一味地指責別人。責己嚴，待人寬，這是保持良好和諧的人際關係，所不可缺少的原則。

劉秀轉戰河北時，九死一生，擊敗王朗（劉子輿）後，劉秀檢查王朗政府檔案，竟然發現有若干信件都是自己部署寫的，而且多達數千封，書信上除了向王朗表示效忠外，還有對劉秀進行侮辱性的抨擊。劉秀不僅拒絕拆看，而且還召集全體將領，當著大家的面，用火悉數燒毀，一舉而使背叛的人安心。無獨有偶，官渡之戰，曹操以少勝多，斬首七萬餘級，盡獲袁軍輜重圖書珍寶。而後，曹操清點袁紹書信，得到很多自己部下寫給袁紹的信，盡燒毀，說：「當紹之強，孤猶不能自保，而況眾人乎？」此舉團結隊伍、穩定軍心。俗話說：「將軍肩上能跑馬，宰相肚裡能撐船。」由此可見，自律和寬容對一個人成就事業至關重要。

96. 子曰：「君子義以為質，禮以行之，孫以出之，信以成之。君子哉！」

【譯文】孔子說：「君子以義作為根本，用禮加以推行，用謙遜的語言來表達，用忠誠的態度來完成，這就是君子了。」

【點評】孔子提出成為君子的四條原則。

嚴於律己，寬以待人

每個人都有犯錯的時候，在別人犯錯的時候，要設身處地為他人著想，以寬容的心看待事情，切勿責之過嚴，以致對方心生怨恨，那就會違背我們規勸他人的本意了。

面對錯誤

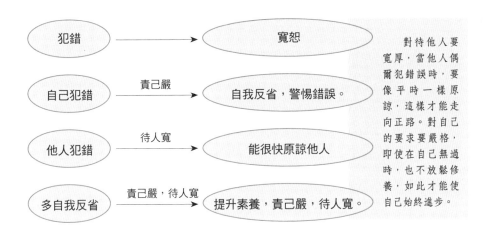

犯錯 ——→ 寬恕

自己犯錯 —責己嚴→ 自我反省，警惕錯誤。

他人犯錯 —待人寬→ 能很快原諒他人

多自我反省 —責己嚴，待人寬→ 提升素養，責己嚴，待人寬。

對待他人要寬厚，當他人偶爾犯錯誤時，要像平時一樣原諒，這樣才能走向正路。對自己的要求要嚴格，即使在自己無過時，也不放鬆修養，如此才能使自己始終進步。

責己嚴，待人寬

當紹之強，孤猶不能自保，而況眾人乎？

俗話說：「將軍肩上能跑馬，宰相肚裡能撐船。」要提升自己的修養，責人要寬，責己宜嚴，這樣對自己的品德和人格塑造，也是有益處的。

121

97. 子曰：「君子疾沒世而名不稱焉。」

【譯文】孔子說：「君子擔心死亡以後他的名字不為人們所稱頌。」

【點評】君子更注重品德的修養，才能傳名於後世，這是對人生的激勵。有理想、有抱負的人，都應該做如是想。

98. 子曰：「君子求諸己，小人求諸人。」

【譯文】孔子說：「君子求之於自己，小人求之於別人。」

【點評】這段和孔子說的「躬自厚而薄責於人」是同樣的意思，正人先正己，這是君子應該做到的。

魏文侯問孤卷子說：「父親、兒子、哥哥、弟弟、臣下都有德有才，那麼我都可以依賴他們嗎？」孤卷子說：「都不能依賴。」魏文侯聽完，頓時變臉色，憤怒地質問說：「我向您問了這麼五種情況，您件件都說不能依賴，這是什麼道理呢？」孤卷子回答說：「父親有德有才，沒有超過堯的，而丹朱卻被流放；兒子有德有才，沒有超過舜的，可是他父親卻被拘禁；哥哥有德有才，沒有超過舜的，可是象卻很傲慢；弟弟有德有才，沒有超過周公的，可是管叔卻被處以死刑；臣下有德有才，沒有超過商湯王、周武王，可是夏桀王、商紂王卻受到討伐。由此可見，寄希望於別人的人，不會達到自己的目的，依賴別人的人不會長久。您要治理好國家，還是從您自身做起吧！別人怎麼能依賴呢？」君王治國尚且不能靠別人，能「恃」的只有他自己，所以與其依靠上天乞憐、命運垂青，不如依靠自己的信心和勇氣，依靠自己的雙手去艱苦奮鬥，自力自強！

99. 子曰：「人能弘道，非道弘人。」

【譯文】孔子說：「人能夠使道發揚光大，不是道使人的才能擴大。」

【點評】人必須首先修練自身、擴充自己、提升自己，才可以把「道」發揚光大；若以道弘人，用來裝點門面，譁眾取寵，那就不是真正的君子之所為。這兩者的關係不可以顛倒。

小智慧大妙處

自立、自強　人生的風風雨雨，只有靠自己去體會、去感受，任何人都不能為自己提供永恆的庇蔭，自己應該掌握前進的方向，把握目標。即使外部環境困難，也應該從頭做起，以平生之力練就自立、自強的能力。

求人不如求己

　　每個人或多或少都會依賴外部條件，這都是外因創造的契機，但最終產生決定作用的，還是內因，要靠自己的力量。

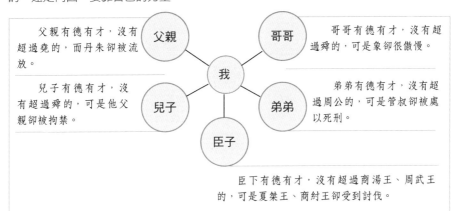

　　父親有德有才，沒有超過堯的，而丹朱卻被流放。

父親

　　兒子有德有才，沒有超過舜的，可是他父親卻被拘禁。

兒子

我

臣子

哥哥

　　哥哥有德有才，沒有超過舜的，可是象卻很傲慢。

弟弟

　　弟弟有德有才，沒有超過周公的，可是管叔卻被處以死刑。

　　臣下有德有才，沒有超過商湯王、周武王的，可是夏桀王、商紂王卻受到討伐。

　　許多歷史傳說，揭示了一個深刻的道理：要成就某項事業，主要靠主觀努力，自強不息，從我做起，而不應依賴別人，因為「望人者不至，恃人者不久」。君王治國尚且不能靠別人，個人更是只能靠自己了。

觀音說法

你為什麼拜自己？

求人不如求己……

　　過分依賴別人，失敗的是自己。一味地把希望寄託在別人身上，而不積極地創造條件，改變自己的命運，就如同沒有大腦的人，自己的一切都掌握在別人手裡。要做好事情，我們可以借鑒別人的經驗，但絕不可依賴別人，最終還是要靠自己不斷摸索、不斷總結，找到適合自己的方法，將事情辦好。

100. 子曰：「過而不改，是謂過矣。」

【譯文】孔子說：「有過錯而不改正，這才真叫錯了。」

【點評】「人非聖賢，孰能無過」，但關鍵不在過，而在能否改過，保證今後不再犯同樣的錯誤。也就是說，有過錯並不可怕，可怕的是堅持錯誤不加改正。孔子以「過而不改，是謂過矣」的簡練語言，向人們道出這樣一個真理。這是對待錯誤的唯一正確態度。

101. 子曰：「君子有三戒：少之時，血氣未定，戒之在色；及其壯也，血氣方剛，戒之在鬥；及其老也，血氣既衰，戒之在得。」

【譯文】孔子說：「君子有三種事情應引以為戒：年少的時候，血氣還不成熟，要戒除對女色的迷戀；等到身體成熟了，血氣方剛，要戒除與人爭鬥；等到老年，血氣已經衰弱了，要戒除貪得無厭。」

【點評】這是孔子對人一生中，從少年到老年需要注意的問題，分別提出君子修身養性的重點。這對今人還是有借鑒作用的。

102. 子曰：「君子成人之美，不成人之惡。小人反是。」

【譯文】孔子說：「君子成全別人的好事，而不助長別人的惡處。小人則與此相反。」

【點評】「成人之美，不成人之惡」表現儒家一貫的思想主張，即「己欲立而立人，己欲達而達人」、「己所不欲，勿施於人」的精神。這說明一個有道德的君子，是有仁愛之心的，所以願意看人家好；而小人總願意看別人壞，二者在對人的態度上完全不同。

清朝康熙年間，文華殿大學士兼禮部尚書張英的家人，在安徽桐城老家修建宅院，恰巧鄰居也修建宅院，因地界與鄰居發生爭執。古人素來就有「寸土必爭」的老傳統，不要說鄰里之間，就是兄弟之間為了祖業，也會吵得不可開交。兩家各不相讓，於是張家人給張英寫信尋求支援。張英寫一首打油詩作為覆信，詩曰：「一紙書來只為牆，讓他三尺又何妨？萬里長城今猶在，不見當年秦始皇。」家人接信後，仔細思量，決定按張英說的，讓出三尺。鄰居看到此景，深受感動，也在原地界退後三尺砌上圍牆。這兩道圍牆中間形成一條巷子，後人就為這條巷子取名為「六尺巷」。

己所不欲，勿施於人

「人非聖賢，孰能無過？」關鍵不在於過，端在是否勇於承認。不要把自己的過錯全部推到他人身上，己所不欲，勿施於人。

清康熙年間，文華殿大學士張英家與鄰居因建房產生矛盾，家人寫信希望張英出面干預。

「一紙書來只為牆，讓他三尺又何妨？萬里長城今猶在，不見當年秦始皇。」

君子三戒

① 少年戒色　　② 青年戒鬥　　③ 老年戒貪

人年少時要戒除對美色的貪戀，青年時戒與人爭鬥，老年時戒貪得無厭。人的一生需要邁過很多道門檻，稍不留神，就會栽在其中的一道檻上，所以時刻要保持警戒。

125

103. 子曰：「君子有九思：視思明，聽思聰，色思溫，貌思恭，言思忠，事思敬，疑思問，忿思難，見得思義。」

【譯文】孔子說：「君子有九種要思考的事：看的時候，要思考看清與否；聽的時候，要思考是否聽清楚；自己的臉色，要思考是否溫和；自己的容貌，要思考是否謙恭；言談的時候，要思考是否忠誠；辦事要思考是否謹慎嚴肅；遇到疑問，要思考是否應該向別人詢問；憤怒時，要思考是否有後患；獲取財利時，要思考是否合乎義的準則。」

【點評】孔子要求自己和學生的一言一行，都要認真思考和自我反省。包括個人道德修養的各種規範，如溫、良、恭、儉、讓、忠、孝、仁、義、禮、智等，這些就是孔子關於道德修養學說的組成。

104. 子曰：「貧而無怨難，富而無驕易。」

【譯文】孔子說：「貧窮而能夠沒有怨恨是很難做到的，富裕而不驕傲是容易做到的。」

【點評】孔子認為富足而不驕傲容易，貧窮時保持心態平和就更難了。

105. 子曰：「由也，汝聞六言六蔽矣乎？」對曰：「未也。」「居，吾語汝。好仁不好學，其蔽也愚；好知不好學，其蔽也蕩；好信不好學，其蔽也賊；好直不好學，其蔽也絞；好勇不好學，其蔽也亂；好剛不好學，其蔽也狂。」

【譯文】孔子說：「子由啊，你聽說過六種品德和六種弊病嗎？」子由回答說：「沒有。」孔子說：「坐下，我告訴你。愛好仁德而不愛好學習，它的弊病是受人愚弄；愛好智慧而不愛好學習，它的弊病是行為放蕩；愛好誠信而不愛好學習，它的弊病是危害親人；愛好直率卻不愛好學習，它的弊病是說話尖刻；愛好勇敢卻不愛好學習，它的弊病是犯上作亂；愛好剛強卻不愛好學習，它的弊病是狂妄自大。」

【點評】孔子講求的「中庸之道」追求不偏不倚，恰到好處的行為標準和完美目標，而要達到這一目標，就必須不斷學習，日新月異。

106. 子路曰：「君子尚勇乎？」子曰：「君子義以為上。君子有勇而無義為亂，小人有勇而無義為盜。」

【譯文】子路說：「君子崇尚勇敢嗎？」孔子答道：「君子以義作為最高尚的品德，君子有勇無義就會作亂，小人有勇無義就會偷盜。」

【點評】人的行為要合乎禮，就是義，故禮義並稱。勇要服從義，以義為準。

貧而無怨，寧靜致遠

貧窮時保持心態，富貴時也不驕傲，每天都要反省自己，不斷地學習，這樣才能不偏不倚，慢慢接近完美。

君子九思

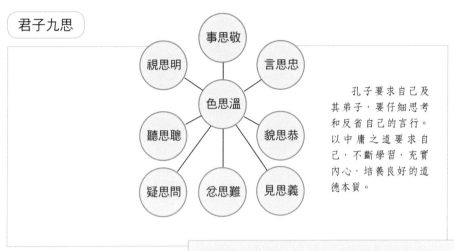

事思敬　言思忠　視思明　色思溫　貌思恭　聽思聰　見思義　疑思問　忿思難

孔子要求自己及其弟子，要仔細思考和反省自己的言行。以中庸之道要求自己，不斷學習，充實內心，培養良好的道德本質。

人生活在優越的環境中容易腐敗墮落，而在清苦的環境中卻容易奮發上進，可見貧窮可以磨練出堅毅的性格、愈挫愈勇的鬥志。「淡泊明志，寧靜致遠」，若能保持這樣的心態，即使在窮困的環境中，也能超越自我。

貧而無怨，富而無驕

曹雪芹經歷家族變遷後，看清世態炎涼，在生命最後的幾十年寫出《紅樓夢》。

《紅樓夢》是中國古代四大名著之一，成書於清乾隆帝四十九年（西元 1784 年），它原名《石頭記》、《情僧錄》、《風月寶鑑》、《金陵十二釵》等，前八十回由曹雪芹創作，續作由高鶚完成。本書是一部具有高度思想性和藝術性的偉大作品，作者具有初步的民主主義思想，他對現實社會、宮廷、官場的黑暗，封建貴族階級及其家庭的腐朽，封建的科舉、婚姻、奴婢、等級制度，以及社會統治思想即孔孟之道和程朱理學、社會道德觀念等，都進行了深刻的批判，並且提出朦朧的、帶有初步民主主義性質的理想和主張。

107. 子張曰：「士見危致命，見得思義，祭思敬，喪思哀，其可已矣。」

【譯文】子張說：「士遇見危險時能獻出自己的生命，看見有利可得時能考慮是否符合義的要求，祭祀時能想到是否嚴肅恭敬，居喪的時候想到自己是否哀傷，這樣就可以了。」

【點評】這裡提出「士」的四條最高標準，「見危致命，見得思義」，這是君子之所為。在需要自己獻出生命的時候，他可以毫不猶豫，勇於獻身，同樣的，在有利可得的時候，他常想到這樣做是否符合義的規定，這是孔子思想的精華點。

南宋的抗元英雄文天祥在受俘期間，元世祖以高官厚祿勸降，文天祥寧死不屈，從容赴義。西元 1277 年，文天祥率軍挺進江西，大敗元軍，這是他堅持抗元以來最有利的形勢。西元 1278 年 12 月，元軍主力開始進攻文天祥興國大營，文天祥寡不敵眾率軍北撤，敗退盧陵、河州（今福建長汀），損失慘重，妻兒也被元軍擄走。年底，文天祥在海豐北五坡嶺遭元軍突然襲擊，被俘，立即服冰片自殺，決心以死殉國，未果。第二年元月，元軍出珠江口，進攻南宋最後據點崖山（在今廣東新會南海中），文天祥被押解同行，元軍統帥張弘範逼迫文天祥，去招降堅守崖山的南宋將領張世傑，文天祥嚴正拒絕說：「我自救父母不得，乃教人背父母，可乎？」並寫下《過零丁洋》以明志。

108. 子張曰：「執德不弘，信道不篤，焉能為有？焉能為亡？」

【譯文】子張說：「實行德而不能發揚光大，信仰道而不忠實堅定，這樣的人怎麼能說有？又怎麼說他沒有？」

【點評】全面的道德修養是人生的價值基礎。既要實行德，信仰道，又要忠實堅定，並持之以恆，這樣才能全面地提升自己的道德修養。

小智慧大妙處

自強不息，厚德載物　「天行健，君子以自強不息；地勢坤，君子以厚德載物。」先哲們早已告誡我們，樹立心中道德定律的重要性。只有心中有道德，人生才會完滿，才會更出眾。古人云：「修身、齊家、治國、平天下。」追求內心高遠的境界，確實是一個「形而上」的問題，是一個需要用心感悟和孜孜以求的過程。樹立心中道德定律、遵守心中道德定律，是一切的根本，偉大的道德造就偉大的人生。

臨危不懼，丹青不渝

　　一個人行為要合乎理，勇要服從於義，要以君子的德行要求自己，既要實行於德，又要信仰於道，這樣才能全面提升自己的道德修養。

　　孔子要求自己及其弟子要仔細思考和反省自己的言行，以中庸之道要求自己，不斷學習，充實內心，培養良好的道德本質。

　　人的行為要合乎禮，則為義，而勇服從於義，「義以為上」者達到「見危致命、見得思義、祭思敬、喪思哀」這四條標準，則可為「士」。

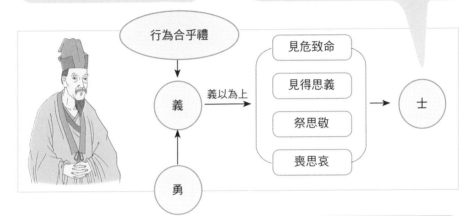

行為合乎禮 → 義 ← 勇

義以為上 → 見危致命／見得思義／祭思敬／喪思哀 → 士

見危致命，見得思義

　　文天祥堅持「君降臣不降」，認為社稷為重、君為輕，絕不能以忠君的行動，去改變自己忠於國家的信念。他要求加強地方力量以抵禦外侮，同時提出革除祖宗專制之法，發揮中書樞密院的作用，主張用人必須舉賢授能，收用君子，起用直言敢諫之士。

過零丁洋
辛苦遭逢起一經，
干戈寥落四周星。
山河破碎風飄絮，
身世浮沉雨打萍。
惶恐灘頭說惶恐，
零丁洋裡歎零丁。
人生自古誰無死？
留取丹心照汗青。

129

109. 子夏說：「小人之過也必文。」

【譯文】子夏說：「小人犯過錯一定要掩飾。」

【點評】這段主要說明小人和君子的不同，小人犯錯誤總是找理由、推脫責任，喜歡文過飾非；而君子則是勇於承擔。

110. 子夏曰：「君子有三變：望之儼然，即之也溫，聽其言也厲。」

【譯文】子夏說：「君子有三變：遠看他的樣子莊嚴可怕，接近他又溫和可親，聽他說話語言嚴厲不苟。」

【點評】這是子夏對孔子儀容風度的基本概括，孔子的風度是自然的、溫文爾雅、風度翩翩的。

111. 子曰：「知者樂水，仁者樂山；知者動，仁者靜；知者樂，仁者壽。」

【譯文】孔子說：「有智慧的人喜歡水，有仁德的人喜歡山；有智慧的人聰明好動，有仁德的人穩重沉靜；有智慧的人快樂，有仁德的人長壽。」

【點評】孔子以山和水為喻，提到有智慧的人和有仁德的人的特點，這兩種人是風格截然不同人，但是同樣都屬於君子。有智慧的人喜歡水的靈動，有仁德的人則宛如大山一樣穩重沉靜；有智慧的人能看透世間百態，因而能保持快樂的心態，有仁德的人心地純良，常長壽。他希望人們都能做到「智」和「仁」，只要具備這些品德，就能適應當時社會的要求。

傳說在秦漢時期出現四位高人，分別是東園公、甪里先生、綺里季和夏黃公，由於他們不堪忍受秦始皇實行的暴政，四人便隱居在王屋山避秦溝中，後來又遷到商山，從此長期隱居在此，以天為蓋地為廬，過著閒雲野鶴般的生活，到西漢初年，漢高祖劉邦曾多次請四人出山，但他們聽說劉邦非常輕視讀書人，於是婉拒。這四個人雖然過得清苦，但是擺脫塵世的紛亂煩擾，也自得其樂。

112. 子曰：「不知命，無以為君子也；不知禮，無以立也；不知言，無以知人也。」

【譯文】孔子說：「不知道天命，就不能做一個君子；不知道禮，就沒有安身立命的根基；不知道別人言談話語的意思，就不懂了解一個人。」

【點評】孔子提出三點：「知命」、「知禮」、「知言」，這是為人處世需要注意的幾點。不知道天命，就不能說自己是一個君子；不知道禮，就沒有安身立命與立身處世的根基；不能從別人的話語中，了解他真正要表達的意思，就不具備了解、識別他人的能力。

光明磊落真君子

君子不論做什麼事情都是坦坦蕩蕩的，有錯誤勇於承擔，溫文爾雅，淡然地看待世間的事。而小人總是自怨自艾，畏首畏尾。

君子坦蕩一路歡歌

孔子認為，聰明人像水一樣，不斷地進取，自強不息，而且善於以樂觀的態度看待人生，坦坦蕩蕩，一路歡歌。

商山四皓

「商山四皓」過著「與閒雲為友，以風月為家」的自在生活，不理塵世煩擾。

「商山四皓」是秦朝的四位博士

- 東園公唐秉
- 夏黃公崔廣
- 綺里季吳實
- 用里先生周術

「商山四皓」是秦始皇時七十名博士官中的四位，分別職掌：一日通古今；二日辨然否；三日典教職。後來他們隱居於商山，曾經向漢高祖劉邦諷諫不可廢去太子劉盈（即後來的漢惠帝）。

用里先生周術

東園公唐秉

夏黃公崔廣

綺里季吳實

故君子在川觀焉
水之德若此是
流行而無盡矣
偽者似乎道之
孔子曰以其不
見水必觀何也
子貢問曰君子
夫子在川觀水
在川觀水

孝悌、慈愛是中國傳統道德中十分重要的規範，具有特殊的地位和作用。儒家視孝悌、慈愛為仁、義的基礎和前提，是「人倫之公理」。孝是對子女而言的，慈是對父母而言的，對於父母而言，基本的倫理規範是父義母慈，有時慈也為父母共同的倫理規範，具體表現為以慈育兒、愛子教子等；對於子女而言，基本的倫理規範是孝，具體表現為贍養父母、養親敬親等。

許多思想家和歷代統治者也把孝慈與忠君、愛國相聯繫，使孝慈這種調節親子關係的道德規範，上升擴展為具有社會普遍意義的行為準則，成為社會教化的基本內容。傳統的孝慈觀，對於我們現今的道德生活，仍有許多可供借鑒和繼承的內容。

1. 有子曰：「其為人也孝弟，而好犯上者，鮮矣；不好犯上，而好作亂者，未之有也。君子務本，本立而道生。孝弟也者，其為仁之本與！」

【譯文】有子說：「那種孝順父母、敬愛兄長的人，卻喜歡觸犯上級，這是很少見的。不喜歡觸犯上級卻喜歡造反的人，更是從來沒有的。有德行的人總是力求抓住這個根本，根本建立，道便產生，做人和治國的原則就會形成。孝敬父母、敬愛兄長，大概便是仁愛的根本吧！」

【點評】「百善孝為先」是中國古代流傳下來的一句話，孝、悌是中國傳統文化中，要求子女對父母、兄長應持有的正確態度。

2. 子曰：「父在，觀其志；父沒，觀其行；三年無改於父之道，可謂孝矣。」

【譯文】孔子說：「父親在世的時候，要觀察兒子的志向；當父親去世以後，要觀察兒子的行為。如果兒子能夠做到長期堅持父親的正確原則，就可以說是孝順了。」

【點評】這一段把「孝」字具體化，在遵循父親正確道理的前提下，三年都不去改變他父親所制定的那一套規矩，這就是盡孝。魯迅說：「『三年無改於父之道，可謂孝矣』，當然是曲說，是退嬰的病根。」不加思考，一味地遵循過去的原則，止步不前，不利於人類的發展和進步。整個社會在不斷地進步，人的思想觀念、言行舉止都不能停留在過去的水準上。堅持父親正確的原則，摒棄陳舊思想，青出於藍而勝於藍，後代超過前代，這是歷史的必然結果。

3. 孟懿子問孝，子曰：「無違。」樊遲御，子告之曰：「孟孫問孝於我，我對曰『無違』。」樊遲曰：「何謂也？」子曰：「生，事之以禮；死，葬之以禮，祭之以禮。」

【譯文】孟懿子向孔子請教什麼是孝，孔子回答說：「孝就是不違背禮。」樊遲為孔子駕車，孔子告訴他說：「孟孫問我孝是什麼，我回答他說不要違背禮。」樊遲說：「不要違背禮是什麼意思呢？」孔子說：「父母在世的時候，以禮節侍奉他們；父母去世後，依照禮節安葬他們、祭祀他們。」

【點評】孔子非常重視孝道，要求人們對自己的父母盡孝道，無論他們在世或是過世，都應如此。父母是至親的人，親近則容易忽視禮。孔子認為，盡孝時不應該違背禮的規定，否則就不是真的孝，不應該至親就忽視禮，屬於家庭倫理範疇的孝道，不能越出作為政治倫理原則的「禮」的規定。

百善孝為先

「百善孝為先」，中國人注重的是孝道，孝是倫理道德的起點，可以鞏固基層社會秩序，增加鄉黨鄰里和睦，父慈子孝的最高原則是「孝」。

「孝」的上半部分取「老」字的上部分 ➤ 耂　　孝　　「孝」的下半部分取「兒子」的「子」 ➤ 子

臥冰求鯉

「孝」解析從耂，從子。「耂」字從土從丿，讀為「不土」，意為「不耕作」；「子」指「兒女」。「耂」與「子」聯合起來，表示「放棄耕作，專心侍候老人」。「孝」字源於中國古代的甲骨文，距今已有三、四千年的歷史，其原義為「奉先思孝」。

本義：盡心侍奉父母。

說明：田間耕作是古代農業家庭的主要生活來源。但家中老人生病也需要子女花費時間照顧，能夠捨棄生業專心侍奉老人，是兒女的自我犧牲，這種自我犧牲就是「孝」與「道」有力真實的表現。

王祥用自己的體溫化開堅冰捉魚。

老子的「道」與「孝」的關係

「孝」是傳遞「道」的載體，類似於《老子》中的「穀神」。「穀神不死，是謂玄牝。玄牝之門，是謂天地根。綿綿若存，用之不勤。」用來傳遞道的「穀神」在宇宙交替之間永生不死，「玄」是有和無的總稱，「牝」是雌性的，而傳遞「父之道」需要這樣雌性的載體。於是，傳遞「父之道」的「孝」就具備「穀神」的特點。但是人有整體與個體之說，作為整體的人，正像老子所說，是與「道」、「天」、「地」並稱的四大之一。

孝文化根據地——孝感

湖北孝感，因董永行孝感天而得名，是中國唯一一個以孝命名，又以孝傳名的城市。在古代中國的二十四孝中，漢代「賣身葬父」的董永、「扇枕溫衾」的黃香，和三國時「哭竹生筍」的孟宗，三大孝子均出自孝感。在孝感，上自耄耋老者，下至懵懂學童，問到「孝感」地名的由來，都能娓娓道來。孝感在一千五百年前建縣時定名「孝昌」，乃「孝子多矣」；而後改名「孝感」，乃取董永行孝感天之意。

古風新貌：移小孝為大孝，孝感以孝傳名。

孝感人為「孝」注入新的時代內涵：小孝為父母，大孝為人民；移小孝為大孝，替天下兒女盡孝心！

4.　孟武伯問孝，子曰：「父母唯其疾之憂。」

【譯文】孟武伯問孔子什麼是孝，孔子說：「父母只為孩子生病憂慮擔心，別的方面不需要擔心。」

【點評】孟武伯向孔子請教什麼是孝，孔子的回答有多種不同的解釋，一種是要體諒父母唯恐孩子生病的心情，有句話說「兒行千里母擔憂」，父母始終牽掛著孩子，要保持身體健康，不讓父母擔心，這就是盡孝；另一種是說，為人子女在各個方面嚴格要求自己，盡力做到盡善盡美，使父母對子女放心。父母只擔心子女生病，其他方面根本不需要擔憂。

5.　子張曰：「《書》云：『高宗諒陰，三年不言。』何謂也？」子曰：「何必高宗？古之人皆然。君薨，百官總己以聽於冢宰，三年。」

【譯文】子張說：「《尚書》上說：『高宗守喪，三年不談政事。』這是什麼意思？」孔子說：「不僅是高宗，古人都是這樣。國君死，朝廷百官都各管自己的職事，聽命於冢宰三年。」

【點評】子女為父母守喪三年的習慣，在孔子以前就有，在《尚書》中就有這樣的記載。對此，孔子持肯定態度，即使是國君，父母去世，也要在繼位後三年內不理政事，平民百姓更是如此了，這是孝道的表現。

6.　子夏問孝，子曰：「色難。有事，弟子服其勞；有酒食，先生饌，曾是以為孝乎？」

【譯文】子夏問孔子什麼是孝，孔子說：「最不容易做的就是對父母保持和顏悅色。遇到事情，子女替父母做；有酒肉，讓父母享用，難道這樣做就是孝順了嗎？」

【點評】孔子提倡的孝，表現在各個方面，他要求不僅從形式上按照《周禮》的原則侍奉父母，而且要從內心深處真正地孝敬父母。僅贍養父母算不上孝敬，只有對父母發自內心的尊敬有禮，才算得上是真正的孝順。

漢文帝劉恆，漢高祖第三子，為薄太后所生。高后八年（西元前180年）即帝位，他以仁孝之名，聞於天下，侍奉母親從不懈怠。母親臥病三年，他常目不交睫，衣不解帶；母親所服的湯藥，他親口嘗過後才放心讓母親服用。他在位二十四年，重德治，興禮儀，注意發展農業，使西漢社會穩定，人丁興旺，經濟得到恢復和發展，他與漢景帝的統治時期被譽為「文景之治」。孔子所說的孝要與禮結合，孝要受到禮的約束，孝是守禮盡孝。孝順父母不僅是出自於一種本能情感，還是一種道德倫理要求，這也是人區別於動物的所在。

久病床前有孝子

　　「孝」要表現在各個方面，要從內心深處真正地孝敬父母，再漂亮的語言也不過是冠冕堂皇的託詞。

> 遊子吟
> 孟郊
> 慈母手中線，遊子身上衣。
> 臨行密密縫，意恐遲遲歸。
> 誰言寸草心，報得三春暉。

　　修身養性　從個體來說，孝道是修身養性的基礎，透過踐行孝道，每個人的道德可以完善，否則失去孝道，就失去做人最起碼的德性。

　　融合家庭　從家庭來說，實行孝道，可以長幼有序，規範人倫秩序，促進家庭和睦。家庭是社會的縮影，家庭穩定則社會穩定，家庭不穩定則社會不穩定。

　　報國敬業　孝道推崇忠君思想，倡導報國敬業。在封建時代，君與國有時候是同一個意思，據此，儒家認為，實行孝道，就必須在家敬父母，在外事公卿，達於至高無上的國君。其中的報效國家和愛國敬業的思想，是積極進步的。

　　凝聚社會　儒家思想產生於亂世，孝道的思想可以規範社會的行為，建立禮儀的一些制度，調節人際關係，凝聚社會，達到天下一統，由亂達治。

　　塑造文化　中華民族文化博大精深，源於諸子百家，歷代都有損益變化，能夠同化無數外來文化，其根本原因在於孝道文化。中華民族文化經久不衰，成為延續至今唯一的古文明，其根本原因也在於孝道文化。

孝道文化對歷史發展的作用　　**孝**　　**中國傳統孝道的主要內涵**

　　敬親　中國傳統孝道的精髓，在於提倡對父母首先要「敬」和「愛」，沒有敬和愛，就談不上孝。

　　奉養　中國傳統孝道的物質基礎，就是要從物質上供養父母，即贍養父母，「生則養」，是孝敬父母的最低綱領。這一點非常重要，孝道強調老年父母在物質生活上的優先性。

　　侍疾　老年人年老體弱，容易得病，應多給父母生活和精神上的關懷，因此，中國傳統孝道把「侍疾」作為重要內容。

　　立身　做子女的要「立身」並成就一番事業。兒女事業上有成就，父母就會感到高興，感到光榮，感到自豪，因此，終日無所事事，一生庸庸碌碌，這也是對父母的不孝。

　　諫諍　在父母有不義的時候，不僅不能順從，而且應諫諍父母，使其改正不義，這樣可以防止父母陷於不義。

　　善終　儒家的孝道把送葬看得很重，在喪禮時要盡各種禮儀。

漢文帝侍親

　　母親所服的湯藥，漢文帝劉恆親口嚐過後，才放心讓母親服用。

7. 子曰：「事父母幾諫，見志不從，又敬不違，勞而不怨。」

【譯文】孔子說：「侍奉父母，對父母做得不對的地方，要委婉地勸說，如果父母不願意聽從自己的意見，還是要對父母恭敬，不違抗父母，操勞但是不怨恨他們。」

【點評】當父母有過錯的時候，子女對父母的勸誡要委婉，如果父母不肯聽從自己的勸誡，做子女的也不要怨恨父母，對待父母還是要保持恭恭敬敬的態度，不能因為父母有過錯就對他們不尊敬。但如果一味要求子女對父母絕對服從，百依百順，尤其父母不聽勸說時，子女仍要對他們畢恭畢敬，毫無怨言，這就成了封建專制主義，是維護封建宗法家族制度的重要綱常名教。

8. 子曰：「父母在，不遠遊，遊必有方。」

【譯文】孔子說：「父母在世的時候，子女不要離家太遠，即使要去遠方，也一定要有明確的地方。」

【點評】「父母在，不遠遊」是先秦儒家關於「孝」字道德的具體內容之一。它在現代社會中，已經很難執行，但是這一段話所主張的孝道，還是有正面意義。

包拯是盧州合肥（今安徽合肥市）人，歷史上的包拯並不像戲曲中所說，是由嫂子養大，實際上，他是由自己的親生父母帶大。父親包儀，曾任朝散大夫，死後追贈刑部侍郎。包拯少年時便以孝聞名，性直敦厚，在宋仁宗天聖五年（西元1027年）中進士，當時二十八歲。他先任大理寺評事，後來出任建昌（今江西永修）知縣，因為父母年老不願隨他到他鄉去，包拯便立即辭去官職，回家照顧父母，他的孝心受到官吏們的交口稱讚。多年後，父母相繼辭世，包拯在鄉親們的苦苦勸說下，才重新踏入仕途。包拯主動辭去官職，回家孝敬父母，足見其對父母的孝心，時至今日，他也堪為當今兒女們的表率。為人子女要牽掛、孝順父母，在可能的情況下，要多關心父母，即使不在父母身邊，也要讓父母知道自己在什麼地方，有時間多向父母報平安，盡可能常回家看看。

9. 子曰：「父母之年，不可不知也。一則以喜，一則以懼。」

【譯文】孔子說：「對於父母的年齡，做子女的不可以不知道。一方面是為父母長壽感到高興，另一方面又為他們的衰老感到恐懼。」

【點評】關心父母的年齡也是孝道之一。春秋末年，社會動盪不安，臣弒君、子弒父的犯上作亂之事時有發生，為了維護宗法家族制度，孔子就特別強調「孝」。為人子女，不能不知道父母的年齡，知道父母的年齡，一方面為父母的高齡感到高興，另一方面又擔心父母年紀大，逐漸衰老。所以，盡孝當及時，不要等到「子欲養而親不待」時，再後悔莫及。

樹欲靜而風不止，子欲養而親不待

父母不是聖人，他們也有犯錯的時候，對待父母不應該有怨言。父母年歲愈來愈大，趁父母還健在的時候，要及時表達我們的愛，否則父母百年之後後悔莫及。

歷代的「孝」文化

西周

在西周王朝，統治者主張敬天、孝祖、敬德、保民，重視尊老敬賢的教化。要求每個社會成員都要恪守君臣、父子、長幼之道；在家孝順父母，至親至愛；在社會上尊老敬老，選賢舉能；在國家則忠於君王，報效朝廷。

周代

周代不僅倡導尊老敬賢的道德風尚，還要定期舉行養老禮儀。周代的養老禮儀包括朝廷和地方兩個層次，在朝廷，天子一般都要定期視察學校，親行養老之禮，在太學設宴款待三老、五更以及群老，以示恩寵禮遇；在地方，則每年都要定期舉行鄉飲酒禮。鄉是周天子及諸侯都城四郊的基層組織單位，以一萬兩千五百家為一鄉，相傳天子有六鄉，諸侯有三鄉。舉行鄉飲酒禮時，六十歲以上的老人享有特殊的禮遇，他們不僅受到晚輩的伺候，還依年齡而別，年齡愈大，享用的美味佳餚也愈豐富。八十歲老人的家庭，可有一子免服兵役和徭役，家有九十歲老人，全家可以免服兵役和徭役，以便讓其家人安心在家服侍老人，恪盡贍養老人的義務。

春秋戰國

到春秋戰國時代，在尊老敬老方面，已經形成比較完整的思想體系、倫理道德觀念和基本的規範。《論語》、《孝經》等書，記載孔子在這方面的大量言論。中華民族歷來注重孝道，幾乎成了區別於其他民族的最大特點。儒家之孝，由父母之孝演繹成五倫之孝，推家及國，以孝齊家，以孝治國，皆極力推廣孝道的教化。

秦代

自秦代後，歷代朝廷也都注意從正面導引，官修正史上都立有《孝義傳》，就是表彰孝子，讓他們青史留名。由於受儒家倫理觀念和統治階級的影響，在中國古代的民間，關於孝道與崇老的文化和習俗，則有更為豐富的文字記載。在中國的封建社會，孝道作為一個基本的社會問題，完全納入了社會道德規範和法律規範的範疇，做到家喻戶曉，深入人心，已經發展為一種根深蒂固的傳統文化。

舜的孝行傳遍千里，堯便把兩個女兒嫁給舜，而舜的孝行最終亦感動了繼母和弟弟。

皋魚沒有照顧好親人，等到親人去世，後悔莫及，在路邊哭泣反省自己的三個過失。

包拯出任建昌（今江西永修）知縣時，因父母年老，不願隨他到外鄉去，包拯便辭去官職，回家照顧父母。

10. 曾子有疾，召門弟子曰：「啟予足！啟予手！《詩》云：『戰戰兢兢，如臨深淵，如履薄冰。』而今而後，吾知免夫，小子！」

【譯文】曾子得病，把自己的學生們召集來說：「看看我的腳！看看我的手！《詩經》上說：『謹慎小心，就好像走在懸崖邊上一樣，就好像踩在薄冰上面一樣。』從今以後，我知道自己可以免於禍害刑戮了，弟子們啊！」

【點評】曾子是有名的孝子，他認為身體髮膚都是受之父母，自己不能不愛惜自己的身體。愛惜自己的身體，也是對父母盡孝的一種表現。所以當他病重的時候，要自己的弟子們看自己的手足，以此表示自己一直小心謹慎地愛惜身體，保持著身體的完整無損，以此盡孝。曾子在臨死前，要他的學生們看看自己的手腳，以表白自己的身體完整無損，是一生遵守孝道的。可見，孝在儒家的道德規範當中是多麼重要！

11. 子游問孝，子曰：「今之孝者，是謂能養。至於犬馬，皆能有養，不敬，何以別乎？」

【譯文】子游問孔子什麼是孝，孔子說：「現在說的孝，指的是能夠贍養父母便行了。即使是狗和馬等動物，也都有人飼養。對父母不恭敬有禮，和飼養狗、馬等動物有什麼區別呢？」

【點評】這段進一步闡述孔子對「孝」的觀點。他認為老人不僅需要奉養及物質上的滿足，更需要尊敬和精神上的滿足，大眾能對犬、馬及寵物盡心盡力地飼養，如果對於父母只奉養而不尊敬，那是絕對不行的，對父母不僅要在物質上關心，在精神上更應該重視。

12. 宰我問：「三年之喪，期已久矣。君子三年不為禮，禮必壞；三年不為樂，樂必崩。舊穀既沒，新穀既升，鑽燧改火，期可已矣。」子曰：「食夫稻，衣夫錦，於汝安乎？」曰：「安。」「汝安則為之。夫君子之居喪，食旨不甘，聞樂不樂，居處不安，故不為也。今汝安，則為之！」宰我出，子曰：「予之不仁也！子生三年，然後免於父母之懷。夫三年之喪，天下之通喪也。予也有三年之愛於其父母乎？」

【譯文】宰我問：「服喪三年，時間太長了。君子三年不講究禮儀，禮儀必然敗壞；三年不演奏音樂，音樂就會荒廢。舊穀吃完，新穀登場，鑽燧取火的木頭輪過了一遍，有一年的時間就可以了。」孔子說：「才一年的時間，你就吃了大米飯，穿起了錦緞衣，你心安嗎？」宰我說：「我心安。」孔子說：「你心安，

你就那樣去做吧！君子守喪，吃美味不覺得香甜，聽音樂不覺得快樂，住在家裡不覺得舒服，所以不那樣做。如今你既覺得心安，你就那樣去做吧！」宰我出去後，孔子說：「宰我真是不仁啊！小孩生下來，到三歲時才能離開父母的懷抱。服喪三年，這是天下通行的喪禮。難道宰我對他的父母沒有三年的愛嗎？」

【點評】這一段說的是孔子和他的弟子宰我之間，圍繞喪禮應服幾年的問題展開的爭論。孔子從內心的安與不安，來說明三年之喪的必要，認為這樣方可報答父母養育之恩。孔子的意見是孩子生下來以後，要經過三年才能離開父母的懷抱，所以父母去世，也應該為父母守三年喪，這是必不可少的，所以，他批評宰我「不仁」。其實在孔子之前，華夏民族就已經有為父母守喪三年的習慣，經過儒家將這個問題上的道德制度化後，一直沿襲到現今。

13. 曾子曰：「吾聞諸夫子，孟莊子之孝也，其他可能也；其不改父之臣與父之政，是難能也。」

【譯文】曾子說：「我聽老師說過，孟莊子的孝，其他人也可以做到，但他不更換父親的舊臣及其政治措施，這是別人難以做到的。」

【點評】孟莊子的孝是以國事為重的，和一般的盡孝不同，這表明孟莊子的高尚本質。

身體髮膚，受之父母

儒家、道家在很多方面是對立的，儒家認為忠孝仁義是相輔相成的，而道家反對仁義忠信，卻又闡論孝道觀念，認為孝是人類本然狀態的自然情感，所以在孝與仁的關係上，儒、道兩家顯然是相對立的。

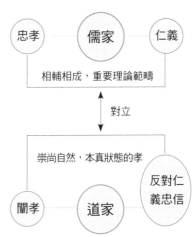

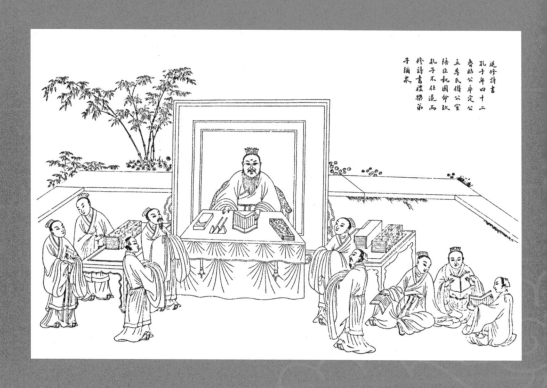

退修詩書
孔子年四十二
魯昭公卒定公
立季氏僭公室
陽虎執國命政
孔子不仕退而
修詩書禮樂第
子彌眾

治世篇

儒家的政治思想就是德治，孔子的治世思想對國家的大統一，產生
極重要的影響。歷代帝王肯定孔子師表的意義，漢武帝時獨尊儒術，
隋文帝、唐高祖、唐高宗都封孔子為「仙師」，明世宗嘉靖九年封
孔子為「至聖先師」，清世祖順治二年封孔子為「大成至聖文宣先
師」，順治十四年又改封孔子為「至聖先師」。

孔子的治世思想並非理想化、假設、失敗、烏托邦一類的東西，而
是貫穿於孔子身後兩千多年的中國歷史上的精神財富。作為四大文
明古國之一的中國，是唯一沒有被肢解或消滅的國家，這與孔子的
治世思想也有深刻的聯繫。

1.　子曰：「道千乘之國，敬事而信，節用而愛人，使民以時。」

【譯文】孔子說：「治理一個擁有一千輛兵車的國家，就要嚴謹認真地辦理國家大事，而又恪守信用，誠實無欺，節約財政開支，而又愛護官吏臣僚，役使百姓要不誤農時。」

【點評】這段話主要是針對國家執政者而言，是治理國家的基本原則。他講述三方面的問題，即要求統治者嚴肅認真地辦理國家各方面的事物，恪守信用；節約用度，愛護官吏；役使百姓應不誤農時等，這是治國安邦的基本點。領導一個大國家，或者領導一個單位，乃至領導地方的政治，要「敬事而信」、「使民以時」，做事時，要選正確的人，做正確的事，正確地做事。任何企業，都存在各種各樣的人，千萬不可以用一個規則和要求去選人做事情，只有用不對的人，沒有不可用的人。

當年劉邦總結自己取得天下的原因時說：「談到運籌帷幄之中，決勝千里之外，我不如張良；鎮守國家，安撫百姓，供給糧餉，保持運輸糧道暢通無阻，我不如蕭何；統率百萬大軍，戰必勝，攻必克，我不如韓信。這三位都是人中豪傑，而我能夠任用他們，這才是我所以能取得天下的原因。」作為一個領導者，能夠知人善任，是一項最重要的能力。

2.　子曰：「誰能出不由戶，何莫由斯道也？」

【譯文】孔子說：「誰能不經過屋門而走出去呢？為什麼沒有人從我指出的這條道路上走呢？」

【點評】孔子在這一段中發出感慨，自己所宣揚的禮，提倡以仁義道德手段治理國家的理想，都沒有在現實中實現。這裡所說的，其實僅是一個比喻，他所宣揚的「德治」、「禮制」，在當時有許多人不予重視，他內心感到很不理解。他認為自己提倡的這些是有價值的，對於沒有人實行感到不理解與憤懣。

3.　子曰：「能以禮讓為國乎，何有？不能以禮讓為國，如禮何？」

【譯文】孔子說：「能夠用謙虛禮讓的方法治理國家，能有什麼困難呢？不能用謙虛禮讓治理國家，那麼禮制又怎麼能推行呢？」

【點評】孔子把「禮」的原則推而廣之，用於國與國之間的交往，在古代是無可非議的。孔子指出治理國家，可以採用禮讓的方式，以禮治國能取得很好的效果，也是切實可行的方式。因為禮主敬，依禮而行就會處事合宜；謙讓生和，就會上下無爭。以禮治國，與孔子主張以道德教化的方式　治理國家遙相呼應，道德教化就是要使天下人知禮、懂禮、守禮。如果能夠做到這些，治國就沒困難了。

禮讓為國，安邦和樂

儒家主張以禮治國，提倡用道德教化的方式，達到治理國家的目的。而領導者必須恪守這個原則，即「敬事而信」、「使民以時」。

以禮治國，嚴謹地辦事，恪守信用，役使百姓不誤農時，則可以達到國富。用禮來教化百姓，則百姓就會依禮辦事，那麼就會民強，這樣國家就能繁榮昌盛。如果大國以禮治國，則在它周圍的小國就會歸順於它，大國變得更為強大；如果大國橫徵暴斂，不以德治國，則周圍的小國就會乘機包圍大國，使大國滅亡。

知人善任

劉邦總結自己取得天下的原因時說：「談到運籌帷幄之中，決勝千里之外，我不如張良；鎮守國家，安撫百姓，供給糧餉，保持運輸糧道暢通無阻，我不如蕭何；統率百萬大軍，戰必勝，攻必克，我不如韓信。這三位都是人中豪傑，而我能夠任用他們，這才是我所以能取得天下的原因。」作為一個領導者，能夠知人善任，是一項最重要的能力。

小智慧大妙處

儒家以德治物 德治，是中國古代的治國理論，是儒家學說倡導的一種道德規範，被封建統治者長期奉為正統思想。儒家的德治，主張以道德感化教育人民，是一種心理上的改造，使人心向善，知道恥辱而無奸邪之心。這是最徹底、最根本和最有效的辦法，絕非法律制裁所能辦到。

4.　　子曰：「道之以政，齊之以刑，民免而無恥；道之以德，齊之以禮，有恥且格。」

【譯文】孔子說：「用法制政令去治理百姓，用各種刑罰來約束他們，百姓因為懼怕刑罰而避免犯罪，但是卻不會有廉恥之心；用道德教化來感化百姓，用禮制來約束他們，這樣百姓既有廉恥之心又安分規矩。」

【點評】孔子提出德治和刑罰兩種不同的治國方針，用刑罰約束百姓，只是從表面避免犯罪，而沒有從根本上遏制犯罪；而道德教化比刑罰約束要高明得多，它能改變人的思想，使百姓懂得廉恥，抑制「犯上作亂」動機的形成，這反映道德在治理國家時，有不同於法制的特點。但也應指出，孔子「為政以德」的思想，重視道德是應該的，但卻忽視行政、法制在治理國家中的作用。

5.　　哀公問曰：「何為則民服？」孔子對曰：「舉直錯諸枉，則民服；舉枉錯諸直，則民不服。」

【譯文】魯哀公問：「如何才能使百姓信服呢？」孔子回答說：「選拔任用正直的人，代替那些不正直的人，百姓就會信服；提拔任用那些不正直的人，代替正直的人，百姓就不會信服。」

【點評】孔子主張國家要選拔正直的良才，使正直的人掌權，對於行為不正的人，不能使他們手中握權；親賢臣，遠小人，才能使百姓信服。這種「任人唯賢」的思想，要求薦舉賢才、選賢用能，這是孔子德治思想的重要組成部分。

6.　　季氏將伐顓臾。冉有、季路見於孔子曰：「季氏將有事於顓臾。」孔子曰：「求！無乃爾是過與？夫顓臾，昔者先王以為東蒙主，且在邦域之中矣，是社稷之臣也。何以伐為？」冉有曰：「夫子欲之，吾二臣者皆不欲也。」孔子曰：「求！周任有言曰：『陳力就列，不能者止。』危而不持，顛而不扶，則將焉用彼相矣？且爾言過矣，虎兕出於柙，龜玉毀於櫝中，是誰之過與？」冉有曰：「今夫顓臾，固而近於費。今不取，後世必為子孫憂。」孔子曰：「求！君子疾夫舍曰欲之而必為之辭。丘也聞有國有家者，不患貧而患不均，不患寡而患不安。蓋均無貧，和無寡，安無傾。夫如是，故遠人不服，則修文德以來之。既來之，則安之。今由與求也，相夫子，遠人不服而不能來也，邦分崩離析而不能守也；而謀動干戈於邦內。吾恐季孫之憂，不在顓臾，而在蕭牆之內也。」

舉賢任能，為政以德

　　用道德改變人的思想，舉賢能發展國家，這是孔子的為政思想。孔子不主張用武力解決問題，希望以禮治國，這種思想貫穿整個為政思想。

```
君王 ┬ 親賢臣，遠小人 ── 諫忠言，逆耳但於事有益 ── 國家紀律嚴明 ── 興旺
     └ 親小人，遠賢臣 ── 打誑語，動聽卻於事無補 ── 混亂阿諛成風 ── 滅亡
```

　　君王要親賢臣，遠小人，才能使國家紀律嚴明，多聽多借鑒，兼聽則明，偏聽則暗。親小人，則使國家一片混亂，最終走向滅亡。

　　孔子主張國家要選拔正直的良材，使正直的人掌權，對於那些行為不正的人，不能使他們手中握權，親賢臣，遠小人，才能使百姓信服。這種「任人唯賢」的思想具有積極的價值，薦舉賢才、選賢用能，這是孔子德治思想的重要組成部分。

三顧茅廬

　　劉備「三顧茅廬」，使諸葛亮非常感動，並答應劉備出山相助。劉備尊諸葛亮為軍師，對關羽、張飛說：「我之有孔明，猶魚之有水也！」諸葛亮初出茅廬，就幫劉備打了不少勝仗，為劉備奠定蜀漢的根基。

諸葛亮的歷史評價

　　司馬徽：「儒生俗士，豈識時務？識時務者在乎俊傑。此間自有臥龍、鳳雛。」
　　楊洪：「西土服諸葛亮能盡時人之器用也。」
　　馬良：「尊兄應期贊世，配業光國，魄兆遠矣。夫變用雅慮，審貴垂明，於以簡才，宜適其時。若乃和光悅遠，邁德天壤，使時閉於聽，世服於道，齊高妙之音，正鄭、衛之聲，並利於事，無相奪倫，此乃管弦之至，牙、曠之調也。」
　　司馬懿：「諸葛亮真乃神人，吾不如也！」
　　康熙帝：「諸葛亮云：『鞠躬盡瘁，死而後已。』為人臣者，唯諸葛亮能如此耳。」

【譯文】季氏將要討伐顓臾。冉有、子路去見孔子說：「季氏快要攻打顓臾了。」孔子說：「冉求，這不就是你的過錯嗎？顓臾從前是周天子讓它主持東蒙的祭祀的，而且已經在魯國的疆域之內，是國家的臣屬啊，為什麼要討伐它呢？」冉有說：「季孫大夫想去攻打，我們兩個人都不願意。」孔子說：「冉求，周任有句話說：『盡自己的力量去承擔你的職務，實在做不好就辭職。』有危險不去扶助，跌倒不去攙扶，那還用輔助的人做什麼呢？而且你說的話錯了。老虎、犀牛從籠子裡跑出來，龜甲、玉器在匣子裡毀壞，這是誰的過錯呢？」冉有說：「現在顓臾城牆堅固，而且離費邑很近。現在不把它奪取過來，將來一定會成為子孫的憂患。」孔子說：「冉求，君子痛恨那種不肯說出自己想要那樣做，而又一定要找出理由來為之辯解的作法。我聽說，對於諸侯和大夫，不怕貧窮，而怕財富不均；不怕人口少，而怕不安定。由於財富平均，也就沒有所謂貧窮；大家和睦，就不會感到人少；安定，也就沒有傾覆的危險。因為這樣，所以如果遠方的人還不歸服，就用仁、義、禮、樂招徠他們；已經抵達，就讓他們安心住下去。現在，仲由和冉求你們兩個人輔助季氏，遠方的人不歸服，而不能招徠他們；國內民心離散，你們不能保全，反而策劃在國內使用武力。我只怕季孫的憂患不在顓臾，而是在自己的內部呢！」

【點評】這一段反映出孔子的反戰思想。他不主張透過軍事武力來解決國際、國內的問題，而希望採用禮、義、仁、樂的方式解決問題，這是孔子的一貫思想。此外，這一段裡，孔子還提出「不患貧而患不均，不患寡而患不安」，朱熹對此句的解釋是：「均，謂各得其分；安，謂上下相安。」這種思想對後代人的影響很大，甚至成為人們的社會心理。這是古代的治國良策，就現今而言，這種思想有消極的一面，基本不適宜現代社會，這是應該指出的。

7. 或謂孔子曰：「子奚不為政？」子曰：「《書》云：『孝乎！唯孝，友於兄弟。』施於有政，是亦為政，奚其為為政？」

【譯文】有人問孔子說：「先生為什麼不從政做官呢？」孔子說：「《尚書》上講：『要孝順父母！只有孝順父母，才能對兄弟友愛。』這種孝悌的思想用於政事上，這也是參與政事，還要怎麼樣才算是從政呢？」

【點評】這一段表現孔子的從政思想。有人問孔子為什麼不從政，孔子認為不一定做官就是從政，使自己的思想影響從政做官的人員，這也是參與政事的一種方式。把親情擴展為人與人之間的仁德之心，把治家之道伸展到治國之道，這種思想有著劃時代的價值。孔子將孝道與政治聯繫起來，從前幾段可以看出，孔子主張國家應任用選拔孝順父母、友愛兄弟的賢德之人為官。孝是忠的基礎，把孝的精神傳遞到政治中，以道德方法治理國家，說明孔子的「德治」思想主張。

舉賢任能，為政以德

一個地位高貴的人能夠做到禮賢下士，這就是一種道德。擁有高尚道德的靈魂，能夠留在這個世界上，為後人所學習、敬仰。

我有個朋友在是市場中的屠戶，希望委屈您的車騎讓我去拜訪他。

信陵君親自拜訪侯嬴，面對賢才的無理，絲毫不生氣，展現君子氣度。

侯嬴成為信陵君的上客，幫助信陵君做不少事情，還推薦大力士朱亥。

我所拜訪的屠者朱亥，是個賢人，世人都不知道，今隱身在屠戶間。

149

8.　子曰：「為政以德，譬如北辰，居其所而眾星共之。」

【譯文】孔子說：「用道德教化來處理政事與治理國家，就會使自己像北極星那樣，處在自己的位置上不動，而別的星都圍繞在它周圍。」

【點評】孔子主張用道德教化的方式治理國家，施行仁政，使人們真正信服，進而得到民心。這是強調仁德在政治生活中的核心作用，這表明儒家治國的基本原則是德治，而非嚴刑峻法。

漢武帝的時候，有個臣子叫丙吉。在漢武帝晚年，宮中發生誣陷太子的冤案。當時，武帝的曾孫宣帝生下來才只有數個月，也遭株連，被一同關在牢獄裡。丙吉心知太子蒙冤，就盡心保護他。後來武帝下一道詔旨，凡是關在牢獄裡的，不論犯罪輕重，一概都殺死。丙吉關了門，拒絕使者說：「假使沒有罪的，拿來處死，尚且不可，況且是皇上的親曾孫，怎麼可以呢？」使者回去奏明了皇上，武帝因此大赦天下。到後來宣帝即位，丙吉絕口不提從前的事。丙吉還十分關心百姓的疾苦，他經常外出考察民情，有一次外出，見一群人在鬥毆，沒有上前制止，卻看到一頭牛在吃力地拉車。他停下叫人去詢問，下屬說他只重畜不重人，他解釋說牛影響農事，直接影響國計民生。身為領導，一定要把德行和修養放在最重要的位置，要「為政以德」，內心有道，其外在表現就無可挑剔了。

9.　佛肸召，子欲往。子路曰：「昔者由也聞諸夫子曰：『親於其身為不善者，君子不入也。』佛肸以中牟畔，子之往也，如之何？」子曰：「然，有是言也。不曰堅乎，磨而不磷；不曰白乎，涅而不緇。吾豈匏瓜也哉？焉能繫而不食？」

【譯文】佛肸召孔子去，孔子打算前往。子路說：「從前我聽先生說過：『親自做壞事的人那裡，君子是不去的。』現在佛肸據中牟反叛，你卻要去，這如何解釋呢？」孔子說：「是的，我說過這樣的話。不是說堅硬的東西磨也磨不壞嗎？不是說潔白的東西染也染不黑嗎？我難道是個苦味的葫蘆嗎？怎麼能只掛在那裡而不給人吃呢？」

【點評】孔子想去應召，主要也是急於用世，急於行仁道於天下。這是他一生為之奮鬥的事業。

德治治國，仁治治世

　　用道德教化處理政事，治理國家，實行仁政，使人民真正地信服，這樣才能為政以德，把道德修養放在首要位置，實現以德治國。

　　漢文帝劉恆（西元前 202 ～前 157 年）是漢朝的第三個皇帝（不包括兩位少帝的情況下），高祖劉邦第三子，漢惠帝劉盈弟，母薄姬，初被立為代王，建都晉陽。他知人善任，虛心納諫，開創文景盛世的繁榮局面。他節儉敦樸，嚴於律己，在位期間，宮室、苑囿、車騎、服御很少增添。有一次他想修築一座露臺，一算須花費黃金一百斤，相當於中等人家十戶的家產，就作罷。他反對厚葬，其墳修在長安附近霸水的旁邊，稱做霸陵。修築時順著山陵形勢挖掘洞穴，不再加高，陪葬品全用陶器，不准用金銀等貴重金屬。他還主張死後把夫人以下的宮女遣送回家，讓她們改嫁。漢文帝後元七年（西元前 157 年），病死於長安未央宮，廟號為太宗，謚文帝。其子劉啟繼位，即景帝。歷史上把文帝和景帝的統治時期，稱為「文景之治」。

譬如北辰，居其所而眾星共之

　　用道德教化來處理政事與治理國家，就會使自己像北極星那樣，處在自己的位置上不動，而別的星都圍繞在它的周圍。

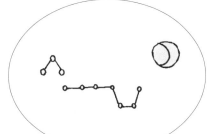

丙吉問牛

　　丙吉看牛，不是只重視牲畜不重視人，因為牛會影響農事，直接影響國計民生。

10.　有子曰：「禮之用，和為貴。先王之道，斯為美。小大由之，有所不行。知和而和，不以禮節之，亦不可行也。」

【譯文】有子說：「禮的應用，保持和諧均衡最為珍貴。從前賢明的君主治理國家，最可貴的地方就在這裡。但是如果不論大事小事，一味追求和順，這也是行不通的。既要保持均衡和諧，同時需要用禮法去節制和諧。」

【點評】「和」是儒家特別倡導的倫理、政治和社會原則，這種主張和諧的思想，對於治理國家、保持國家的安定與團結有正面意義，在秉持禮的前提下，講求和諧，但並非是毫無原則的和諧，「求同存異」，和諧需要受到禮的節制。

桓伊是東晉孝武帝時期最為出色的音樂家，他尤其擅長演奏竹笛，被譽為「江南第一竹笛演奏家」。當時宰相謝安由於功勞和名聲都特別大，引起了朝廷中一些小人的嫉妒，他們惡意造謠中傷，在皇帝面前說謝安的壞話，於是，孝武帝和謝安之間產生了一些誤會。有一天，孝武帝邀請桓伊去參加一個宴會，謝安也去陪同，桓伊想利用這個機會調解他們的誤會，因為皇帝和宰相之間不和，對國家和人民大為不利，更何況孝武帝是受壞人的挑撥和蒙蔽，更不應該冤枉德才兼備、忠心耿耿的謝安。桓伊吹完一曲後，要求用箏再彈唱一曲，孝武帝同意了，於是桓伊把壞人陷害忠良的故事彈唱了出來，孝武帝立刻明白自己被小人蠱惑，十分慚愧。後來，君臣之間便消除了誤會，兩人和好如初。

11.　子華使於齊，冉子為其母請粟。子曰：「與之釜。」請益。曰：「與之庾。」冉子與之粟五秉。子曰：「赤之適齊也，乘肥馬，衣輕裘。吾聞之也，君子周急不繼富。」

【譯文】子華出使齊國，冉求替子華的母親向孔子請求給一些米。孔子說：「給她一釜。」冉求請求再多給一些。孔子說：「給她一庾。」冉求給她五秉米。孔子說：「公西赤（字子華）出使齊國，乘坐著由肥壯的馬拉的車子，穿著輕便暖和的皮衣。我聽說過，君子周濟緊急需要幫助的人，而不是使富人更富。」

【點評】孔子主張去幫助那些真正需要幫助的人，而不是使富人更富，這是從儒家「仁愛」思想出發的。孔子的「愛人」學說，並不是狹隘的愛自己的家人和朋友，而帶有一定的普遍性。人們常喜歡「錦上添花」，而不喜歡「雪中送炭」，孔子的主張正與此相反，孔子認為應該幫助那些真正需要幫助的人，而不是劫貧濟富。這種思想符合人道主義。

12.　子貢曰：「如有博施於民而能濟眾，何如？可謂仁乎？」子曰：「何事於仁？必也聖乎！堯舜其猶病諸。夫仁者，己欲

立而立人，己欲達而達人。能近取譬，可謂仁之方也已。」

【譯文】子貢說：「如果有這樣一個人，他能為很多百姓帶來好處，而且能廣泛地幫助很多人，這個人怎麼樣？他可以說是有仁德的人嗎？」孔子說：「這樣的人哪裡僅是有仁德的人，簡直就是聖人！就連堯和舜這樣的賢人恐怕都難以做到呢！有仁德的人，就是自己想要站得住，同時也要幫助別人站得住；自己想要過得好，也要幫助別人過得好。凡事都能從身邊舉例，都能設身處地為別人著想，推己及人，也就可以說是實行『仁德』的方法了。」

【點評】孔子在這一段中闡述關於「仁」的思想觀點，他認為一個仁愛的人一定善於為別人著想，能夠服務大眾，造福於廣大百姓，使天下人都受惠，這樣的境界不容易做到。堯和舜是孔子推崇的古代賢君，孔子認為就是堯和舜這樣的古代賢君，恐怕都很難達到這樣的境界。雖然很難達到這種境界，卻可以從實行

和諧禮為貴，送炭情更真

「和」是儒家倡導的倫理、政治和社會原則，它主張以「仁愛」的思想管理人民，施政者要從自身做起，造福天下百姓。

在堅持禮的原則下講求的和諧，不是毫無原則的和諧，是在原有的基礎上，有自己的內容，進而與外來文化相融合，求同存異。

桓伊以彈唱的方式，讓孝武帝明白自己被小人蠱惑，誤會了忠心耿耿的謝安。

和諧發展

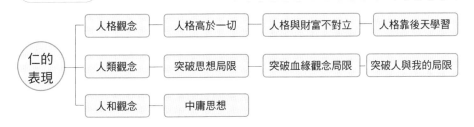

仁德做起，孔子認為實行仁德的方式就是「己欲立而立人，己欲達而達人」，從小的方面來說，如果一個人自己過得好，自己的幸福生活卻是建立在別人的痛苦之上，那麼這樣的人就不是有仁德的人；從大的方面來說，如果一個國家的統治者，不能夠使廣大百姓的生活過得好，統治者階層的生活卻過得很好，就不能說這個國家實行了仁政。

13. 子不語：怪、力、亂、神。

【譯文】孔子不談論的事情有：怪異、暴力、戰亂、鬼神。

【點評】孔子對於怪、力、亂、神等現象不談論，他談論更多的是仁義道德，以道德教化技巧來治理天下等問題。

14. 子曰：「民可使由之，不可使知之。」

【譯文】孔子說：「對於百姓，可以使他們按照我們說的去做，不可以讓他們知道為什麼要這樣做。」

【點評】孔子思想上有「愛民」的內容，但這是有前提的。他愛的是「順民」，不是「亂民」，本段裡他提出的「民可使由之，不可使知之」的觀點，就表明他的「愚民」思想，愚民與愛民並不互相矛盾的。在孔子的思想體系中，對待百姓具有仁愛的內容，而這一段話中的主張，可以認為是從治理百姓的角度講的，在當時社會中也許有其可取之處。

15. 舜有臣五人而天下治。武王曰：「予有亂臣十人。」孔子曰：「才難，不其然乎？唐虞之際，於斯為盛，有婦人焉，九人而已。三分天下有其二，以服事殷。周之德，其可謂至德也已矣。」

【譯文】舜有五個賢臣，使得天下大治。周武王說：「我有十個能幫助我治理國家的臣子。」孔子說：「人才難得，不是這樣嗎？唐堯和虞舜的時候，以及周武王時期，人才最為繁盛。十個大臣中，有一個是女人，所以只有九個人罷。周文王得到三分之二的天下，侍奉殷商。周朝的德行，可以說是至高無上的了。」

【點評】孔子提出一個重要問題，就是治理天下必須有人才，而人才是十分難得的。孔子對從前賢王盛世時重視人才進行了讚揚，並對周文王加以讚美，要重視人才，有人才，國家就可以得到治理，天下就可以太平。不過這並不證明孔子的「英雄史觀」，因為在歷史發展過程中，傑出人物的確發揮不可低估的巨大作用，但是人民群眾的力量，也是不可忽視的。

劉邦就很注重人才，有一天，劉邦正在軍營休息，一個士兵報告說外面有一

個讀書人求見，劉邦說：「現在正在打仗，要讀書人有什麼用？」就讓士兵把他趕走，沒想到這讀書人硬闖進來，質問劉邦：「你為什麼這麼輕視讀書人？」劉邦回答說：「我是靠騎在馬上打天下的。」這個讀書人反問說：「用武力征服天下，也用武力治理國家嗎？」劉邦深受觸動，向這位儒生賠禮道歉，並奉他為上賓。後來，劉邦打敗項羽當了皇帝之後，問臣子：「你們說我為什麼能打敗項羽？」這些臣子說一些拍馬屁的話。劉邦搖搖頭說：「我沒有項羽厲害，但是我比他會用人才，出謀劃策我不如張良，管理政務我不如蕭何，帶兵打仗我不如韓信。而項羽只有一個范增，卻還不聽范增的計策，所以他註定要死亡。」

求賢若渴，德教治國

治理國家，任用賢能是國家發展的關鍵，因此要注重對人才的選拔，有人才，國家就可以得到治理，天下就可以太平。

你能從細微的表情和動作上斷定大事，真是了不起！我要與你共謀事。

齊桓公是一位愛惜人才賢士的君主，只要是有才之人，上至侯王爵士，下至黎民百姓，他都以禮相待。禮賢下士，為他的霸業儲備大量的有用之才。

我看見君主在臺上坐著，紅光滿面、精神煥發，是打仗的徵兆，君王嘆氣卻沒有出聲，看口型應是言莒國，君主舉起手遠指，也是指向著莒國的方向，因此，我斷定你是在謀劃伐莒。

16. 魯人為長府。閔子騫曰：「仍舊貫，如之何？何必改作？」
    子曰：「夫人不言，言必有中。」

【譯文】魯國翻修長府的國庫。閔子騫道：「照老樣子下去不好嗎？何必改建呢？」孔子道：「這個人平日不大開口，一開口就說到要害上。」

【點評】孔子認為崇尚節儉、愛惜民力，都是實施仁政的重要內容之一。

晏嬰是春秋末期齊國的宰相，有一次晏嬰在家吃飯，突然景公派人到晏嬰家來，他得知這位大臣還沒吃飯，便將自己的飯分出一半請客人吃，結果客人和他都沒有吃飽。使臣回府後，將這件事稟告給齊景公，景公聽後，感歎道：「晏嬰家裡這樣窮，我卻一點兒都不知道，這是我的過錯啊！」他派人送一筆錢給晏嬰，讓他作為招待賓客的費用，可是晏嬰堅決不收，景公見他不要封地也不要賞錢，就命手下的人想辦法說服他收下。晏嬰多次向來者說，自己地位高，更應注重生活上的儉樸，這樣才能給朝中的官員作出榜樣，使朝政更加清廉。來者見他不收，說這是景公的命令，要不然景公會怪罪的，晏嬰親自找到景公，向他拜謝：「大王，我家並不窮，因為您的恩賜，我的親族、朋友都得到不少好處，我們很是感激，千萬不要再給我錢財了，您還是用這些錢財去拯救百姓吧！」晏嬰一生過著儉樸的生活，為齊國在屬行廉潔、反對奢侈浪費方面作出榜樣。

17. 季子然問：「仲由、冉求可謂大臣與？」子曰：「吾以子為
    異之問，曾由與求之問。所謂大臣者，以道事君，不可則止。
    今由與求也，可謂具臣矣。」曰：「然則從之者與？」子曰：
    「弒父與君，亦不從也。」

【譯文】季子然問：「仲由和冉求可以算是大臣嗎？」孔子說：「我以為你是問別人，原來是問仲由和冉求呀。所謂大臣，是能夠以周公之道的要求來侍奉君主，如果這樣不行，他寧肯辭職不做。現在由和求這兩個人，只能算是充數的臣子罷。」季子然說：「那麼他們會一切都跟著季氏做嗎？」孔子說：「弒父、弒君的事，他們不會跟著這樣做。」

【點評】孔子強調對待君臣關係，要以道和禮為準繩和行動原則。孔子在這裡指出「以道事君」的原則，他告誡冉求和子路應該用周公之道去規勸季氏，不要犯上作亂，如果季氏不聽，就辭職不做。這裡，他既要求臣，也要求君，雙方都應遵循道和禮，如果季氏做出弒父、弒君的事，冉求和子路就要加以反對。

18. 仲弓問仁。子曰：「出門如見大賓，使民如承大祭；己所不
    欲，勿施於人；在邦無怨，在家無怨。」仲弓曰：「雍雖不
    敏，請事斯語矣。」

居安思危，戒奢以儉

節儉、愛惜民力是施行仁政的一部分。施政者要實踐仁德的思想，一定要寬以待人，管理政事要嚴肅認真。

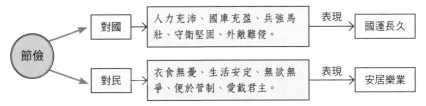

```
         ┌──→ 對國 ──→ 人力充沛、國庫充盈、兵強馬 ──表現──→ 國運長久
         │            壯、守衛堅固、外敵難侵。
  節儉 ──┤
         │
         └──→ 對民 ──→ 衣食無憂、生活安定、無欲無 ──表現──→ 安居樂業
                      爭、便於管制、愛戴君主。
```

節儉不僅對於統治者的意義重大，對於普通百姓也很重要。一個人如果以節儉為美，那麼他就和大道大德同步，必然快樂多於煩惱。

儉為美德

勤儉是中華民族的傳統美德，一個勤儉的君王，他所治理的國家百姓，定是豐衣足食的。晏嬰一生過著儉樸的生活，為齊國在厲行廉潔、反對奢侈浪費方面作出榜樣。

歷史上勤儉治國的君王

開國皇帝勤儉興業

漢光武帝劉秀　當政三十多年，勤於國政，改革開拓，終使東漢王朝在焦土和廢墟中得到恢復和發展。

宋太祖趙匡胤　大興科舉，擢拔人才；嚴於律己，廣納諍言；輕賦稅，免徭役，改革弊政，消除陋習，為後世的繁榮奠定基礎。

明太祖朱元璋　在採用「以猛治國」的宗旨，上到王侯將相，取消書籍和田策的賦稅，嚴治貪墨，不迷信長生不老的那一套，勤儉節約。

治世皇帝勤儉治國

漢文帝劉恆　削諸侯封地，平定「七國之亂」，鞏固中央集權，勤儉治國，發展生產。在位其間百姓富裕，豐衣足食，安居樂業。

唐太宗李世民　一生心繫萬民，任人唯賢、從諫如流、勤儉治國，出現貞觀之治的景象。

清聖祖玄燁　康熙一生兢兢業業，修身、齊家、平天下，可謂耗盡心血和精力。其創業、守成之功績舉世公認。

亂世皇帝勤儉圖治

唐宣宗李忱　宣宗性明察審斷，用法無私，從諫如流，重惜官賞，恭謹節儉，惠愛民物。

明思宗朱由檢　十八歲即位後，面對著危機四伏的政治局面，殷切地尋求治國良方，勤於政務，事必躬親。

清道光帝旻寧　每天勤勉執政，事必躬親，開放國庫減免稅收。每日兩頓必定是清粥小菜，從不曾閒散度日，不曾揮霍一分一毫。

【譯文】仲弓問怎樣做才是仁。孔子說：「出門辦事如同去接待貴賓，使喚百姓如同去進行重大的祭祀，都要認真嚴肅。自己不願意做的，不要強加於別人；做到在諸侯的朝廷上沒人怨恨自己，在卿大夫的封地裡也沒人怨恨自己。」仲弓說：「我雖然笨，也要照您的話去做。」

【點評】這一段闡述為政者實踐仁德思想的方法，以及做人的最高境界。孔子談到「仁」的兩個內容，一是要他的學生事君使民都要嚴肅認真；二是要寬以待人，己所不欲，勿施於人，只有做到這兩點，就向仁德邁進一大步。「己所不欲，勿施於人」，這句話成為後世遵奉的信條。

19. 子貢問政。子曰：「足食，足兵，民信之矣。」子貢曰：「必不得已而去，於斯三者何先？」曰：「去兵。」子貢曰：「必不得已而去，於斯二者何先？」曰：「去食。自古皆有死，民無信不立。」

【譯文】子貢問怎樣治理國家。孔子說：「糧食充足，軍備充足，百姓信任統治者。」子貢說：「如果不得不去掉一項，那麼在三項中先去掉哪一項呢？」孔子說：「去掉軍備。」子貢說：「如果不得不再去掉一項，那麼這兩項中去掉哪一項呢？」孔子說：「去掉糧食。自古以來人總是會死亡，如果百姓對統治者不信任，那麼國家就不能存在。」

【點評】孔子認為治理一個國家，起碼應該具備三個條件：食、兵、信。管理一個國家，首先是人民的吃飯問題，然後是保衛國家，但這三者當中，信是最重要的，這表現儒學的人學思想。只有兵和食，而百姓對統治者不信任，國家也就不能存在下去。

20. 哀公問於有若曰：「年饑，用不足，如之何？」有若對曰：「盍徹乎？」曰：「二，吾猶不足，如之何其徹也？」對曰：「百姓足，君孰與不足？百姓不足，君孰與足？」

【譯文】魯哀公問有若：「遭遇饑荒，國家用度困難，怎麼辦？」有若回答說：「為什麼不實行徹法，只抽十分之一的田稅呢？」哀公說：「現在抽十分之二，我還不夠，怎麼能實行徹法呢？」有若說：「如果百姓的用度夠，您怎麼會不夠呢？如果百姓的用度不夠，您怎麼又會夠呢？」

【點評】儒家學派的經濟思想，核心是「富民」思想。魯國所徵的田稅是十分之二的稅率，但國家的財政仍然十分緊縮。有若的觀點是，削減田稅的稅率，改行「徹稅」，即十一稅率，使百姓減輕經濟負擔，只要百姓富足，國家就不可能貧窮。這裡表現出孔子「仁政」的理想，是以「富民」為核心的經濟思想。

信能立國，君臣以禮

立人先立己，希望讓百姓信任，統治者就應該事事以身作則，
言必出行必果，否則，國家就不能存在下去。

信為立國之本

城門立木，千金一諾

誰能把這根木頭扛
到北門去，賞他十金。

我來試試。

好，你能夠相信和執行
我的命令，真是一個良民。

糧

人無信
不立

兵衛國 → 信立國

統治者可以給糧食解決人民吃飯的問題，可以徵
兵保衛國家，但誠信是國家興與亡的關鍵，人無信不
立，國無信則亡，所以說信是立國的根本。

按照古制，「刑不上大夫」，
何況沒有您就沒有人領導軍隊了？

那我就
割髮代首。

曹操治軍嚴謹，以身作則

21. 齊景公問政於孔子。孔子對曰:「君君、臣臣、父父、子子。」公曰:「善哉!信如君不君,臣不臣,父不父,子不子,雖有粟,吾得而食諸?」

【譯文】齊景公問孔子如何治理國家。孔子說:「做君主的要像君王的樣子,做臣子的要像臣子的樣子,做父親的要像父親的樣子,做兒子的要像兒子的樣子。」齊景公說:「講得好呀!如果君不像君,臣不像臣,父不像父,子不像子,雖然有糧食,我能吃得到嗎?」

【點評】春秋時期的社會變動,使等級名分受到破壞,弒君父之事屢有發生,孔子認為這是國家動亂的主要原因。所以他告訴齊景公,「君君、臣臣、父父、子子」,恢復這樣的等級秩序,國家就可以得到治理。這是孔子理想中的社會禮法制度,端正人與人之間的名分關係,這對維護社會秩序來說很重要。

22. 子曰:「聽訟,吾猶人也。必也使無訟乎!」

【譯文】孔子說:「審理訴訟案件,我和別人也一樣。重要的是必須使訴訟的案件根本不發生!」

【點評】這裡表明孔子一貫主張的德治、禮治的政治思想。

西元前 678 年,楚文王在滅掉申、息兩國後,又去攻打鄧國,他的兩個兒子熊艮、熊靈同往。軍隊屯駐下來,楚文王對兩個兒子說:「近幾天急行軍,我們一直吃不到新鮮蔬菜,今天你們到附近的山坡上採些野菜吧!」兩人很高興地出軍營,爬到一座山坡上,看到山坡上的野菜十分茂盛,兄弟摘一大堆但忘記帶籃筐。忽然發現山坡下來一位背筐的老人,兩人向老人借筐,老人不給,兩兄弟急了,推倒老人,奪過筐子就跑。楚文王知道後非常生氣,對身邊的人說:「寡人攻打鄭國伐無道,倡仁義,兩個孽子竟然現行不義,就是破壞軍紀,破壞我的家規國法,應該斬首,以儆效尤。」大臣們忙勸道:「奪老人筐子雖然違反軍紀,但因此處斬,又屬罰不當,望大王三思。」楚文王說:「如果不嚴懲搶劫者,就無法禁絕暴行;如果縱容恃力虐待老人的行為,就會給年輕人開啟惡例;如果為自己的孩子而廢棄家規國法,就會危害國家。」說完,按照規定的法律,嚴懲自己的兒子。

23. 子張問政。子曰:「居之無倦,行之以忠。」

【譯文】子張問孔子如何治理政事。孔子回答說:「居於官位不懈怠,執行君令要忠實。」

【點評】針對如何從政為官的問題,孔子指出各級統治者身居官位,就要勤政愛民,以仁德的規定要求自己,以禮的原則治理國家和百姓,透過教化的方式消除民間的訴訟糾紛,執行君主之令要切實努力,這樣才能做一個好官。

24. 季康子問政於孔子。孔子對曰：「政者，正也。子帥以正，孰敢不正？」

【譯文】季康子問孔子如何治理國家。孔子回答說：「政就是正的意思。您本人帶頭走正路，那麼還有誰敢不走正道呢？」

【點評】無論為人還是為官，首在一個「正」字。在孔子的政治思想中，對為官者要求十分嚴格，正人先正己。只要身居官職的人能夠正己，手下的大臣和平民百姓，都會歸於正道。強調為政者的模範作用，因為榜樣的力量無窮大。

居無倦，行以忠

從政為官者，要按規定的仁德要求自己，正人先正己，才能歸於正路。以禮治國，向百姓宣揚德治，達到仁治。

德治與禮治

「仁」是儒家思想的核心內容。倫理觀：「仁」是倫理道德的總綱。「仁」就是「愛人」，君主要體察民情、愛惜民力、反對苛政。若要實踐仁德，需要「忠」和「恕」。「忠」是盡自己的本分；「恕」是推己及人。提倡以「禮」、「樂」約束人的行為，陶冶人的性情。政治觀：主張以禮義治國，恢復西周時期的德治。而社會各階層人士應盡本分，以達到「君君、臣臣、父父、子子」的和諧局面，這就是正名思想。

兼愛與非攻

墨子以「兼相愛，交相利」作為學說的基礎：兼，視人如己；兼愛，即愛人如己。「天下兼相愛」，就可達到「交相利」的目的。政治上主張尚賢、尚同和非攻；經濟上主張強本節用；思想上提出尊天事鬼。同時，又提出「非命」的主張，強調靠自身的能力從事。

楚文王說：「寡人攻打鄭國伐無道，倡仁義，兩個莽子竟現行不義，破壞國法，應該斬首，以儆效尤。」

大臣們忙勸道：「奪老人筐子雖然違反了軍紀，但因此處斬，又屬罰不當，望大王三思。」

25. 季康子患盜，問於孔子。孔子對曰：「苟子之不欲，雖賞之不竊。」

【譯文】季康子擔憂盜竊，問孔子怎麼辦。孔子回答說：「假如你自己不貪圖財利，即使獎勵偷竊，也沒有人偷盜。」

【點評】孔子闡釋希望當政者以自己的德行感化百姓，這就表明他主張政治道德化的傾向，具體到治理社會問題時也是如此。他沒有讓季康子用嚴刑峻法去制裁盜竊犯罪，而是主張用德治去教化百姓，以使人免於犯罪。

26. 季康子問政於孔子曰：「如殺無道，以就有道，何如？」孔子對曰：「子為政，焉用殺？子欲善而民善矣。君子之德風，小人之德草，草上之風，必偃。」

【譯文】季康子問孔子如何治理政事，說：「如果殺掉無道的人，來成全有道的人，怎麼樣？」孔子說：「您治理政事，哪裡用得著殺戮的手段呢？您只要想行善，百姓也會跟著行善。在位者的品德好比風，在下的人的品德好比草，風吹到草上，草就必定跟著倒。」

【點評】孔子反對殺人，主張「德政」。上行下效，為政者的作風對社會的民風影響很大，為政者要注意自己的所作所為，所以在上位的人只要善理政事，百姓就不會犯上作亂。這裡講的人治，是仁德者的所為。

戰國時代，著名學者孟軻，有一次，到魏國去見梁惠王，梁惠王對他說：「我治理國家用盡心血，鄰近各國的國君，沒有一個像我這麼盡心的，可是鄰國的百姓並沒有減少，我國的百姓也沒有增加。這是為什麼呢？」孟軻說：「大王喜歡打仗，我用打仗來打比方吧！戰鬥中膽小的士兵會扔下頭盔和鎧甲，拖著武器慌忙逃跑。有的人跑一百步，有些人只跑五十步。可是那些跑五十步的人卻譏笑跑一百步的人，說他們膽子太小。您說對嗎？」梁惠王說：「當然不對，跑五十步的人也是逃跑呀！他們臨陣脫逃，和逃一百步的人是完全一樣的啊！」孟軻說：「您既然知道這個道理，就請不要再希望您的百姓比鄰國的多。」

27. 樊遲問仁。子曰：「愛人。」問知。子曰：「知人。」樊遲未達。子曰：「舉直錯諸枉，能使枉者直。」樊遲退，見子夏曰：「鄉也吾見於夫子而問知，子曰『舉直錯諸枉，能使枉者直』，何謂也？」子夏曰：「富哉言乎！舜有天下，選於眾，舉皋陶，不仁者遠矣。湯有天下，選於眾，舉伊尹，不仁者遠矣。」

【譯文】樊遲問什麼是仁，孔子說：「愛人。」樊遲問什麼是智，孔子說：「了解人。」樊遲還不明白。孔子說：「選拔正直的人，罷黜邪惡的人，這樣就能使邪者歸正。」樊遲退出來，見到子夏說：「剛才我見到老師，問他什麼是智，他說『選拔正直的人，罷黜邪惡的人，這樣就能使邪者歸正』，這是什麼意思？」子夏說：「這話說得多麼深刻呀！舜有天下，在眾人中挑選人才，把皋陶選拔出來，不仁的人就被疏遠。湯有天下，在眾人中挑選人才，把伊尹選拔出來，不仁的人就被疏遠。」

【點評】關於仁，孔子對樊遲的解釋似乎與別處不同，說是「愛人」，這裡包含古代的人文主義精神，把仁作為他全部學說的中心思想。關於智，孔子認為是要了解人，選拔賢才，罷黜邪才。但在歷史上，許多賢能之才，不但沒有被選拔，反而受到壓抑，而一些奸佞之人卻平步青雲，這說明真正做到智並不容易。

上行下效，罷黜邪才

當政者只有先正己，才能使下面的人信服，紛紛效仿。在用人方面，要解人，選拔賢才，罷黜邪才，這樣才不至於埋沒賢能之才。

仁 — 愛人 → 「仁」就是「愛人」，最高的道德標準、道德思想、道德境界，儒家的「愛人」觀念超出血緣觀念，仁者愛人，其愛的對象顯然超過了「愛親」的範圍，而獲得泛愛的性質。

智 — 了解人 → 「智」就是「了解人」，要從根本了解一個人，選拔正直的人，摒除邪惡的人，這樣，賢能之人才不會被埋沒，國家也能夠順利發展。

德治與禮治

孟子以「五十步笑百步」的比喻，來說明梁惠王在治國方面並沒有採取什麼實質性的好政策，當然無法達成天下歸心的目標。

28.　子路問政。子曰：「先之，勞之。」請益。曰：「無倦。」

【譯文】子路問怎樣管理政事。孔子說：「做在百姓之前，使百姓勤勞。」子路請求多講一點。孔子說：「不要懈怠。」

【點評】這段講的是執政者的道德修養問題，希望把國家治理好，首先要以身作則，提升自己的道德修養。

29.　仲弓為季氏宰，問政。子曰：「先有司，赦小過，舉賢才。」曰：「焉知賢才而舉之？」曰：「舉爾所知。爾所不知，人其舍諸？」

【譯文】仲弓做季氏的家臣，問怎樣管理政事。孔子說：「先責成手下負責具體事務的官吏，讓他們各負其責，赦免他們的小過錯，選拔賢才來任職。」仲弓又問：「怎樣知道是賢才而把他們選拔出來呢？」孔子說：「選拔你所知道的，至於你不知道的賢才，別人難道還會埋沒他們嗎？」

【點評】為政在人，為政者一定要為下面的人做表率，對待下屬的小過失不要計較，要抓大防小，重要的是善於舉薦賢才，讓他們發揮作用，各司其職。

30.　子路曰：「衛君待子為政，子將奚先？」子曰：「必也正名乎！」子路曰：「有是哉？子之迂也！奚其正？」子曰：「野哉，由也！君子於其所不知，蓋闕如也。名不正則言不順，言不順則事不成，事不成則禮樂不興，禮樂不興則刑罰不中，刑罰不中則民無所措手足。故君子名之必可言也，言之必可行也。君子於其言，無所苟而已矣。」

【譯文】子路對孔子說：「衛國國君要您去治理國家，您打算先從哪些事情做起呢？」孔子說：「首先必須正名分。」子路說：「有這樣做的嗎？您想得太不合時宜了。這名怎麼正呢？」孔子說：「仲由，真粗野啊！君子對於他所不知道的事情，總是採取存疑的態度。名分不正，說起話來就不順當合理；說話不順當合理，事情就辦不成；事情辦不成，禮樂也就不能興盛；禮樂不能興盛，刑罰的執行就不會得當；刑罰不得當，百姓就不知怎麼辦好。所以，君子一定要定下一個名分，必須能夠說得明白，說出來一定能夠行得通。君子對於自己的言行，從不會馬馬虎虎對待。」

【點評】前兩段講當政者應該以身作則，要求百姓做的事情，當政者首先應先做到。「正名」是孔子「禮」的思想組成部分，正名的內容就是「君君、臣臣、父父、子子」，只有「名正」才可以做到「言順」，接下來的事情就迎刃而解了。

治國與修身

俗話說「上樑不正下樑歪」，治理國家也是一樣，統治者要以身作則，給百姓做模範，在舉薦賢才方面，既往不咎，讓他們發揮作用，各司其職，在治理國家方面就容易管理。

召公的治國之道

召公將百姓比作河水，提議周厲王應該廣聽民意，可惜周厲王卻沒有採用他的建議。

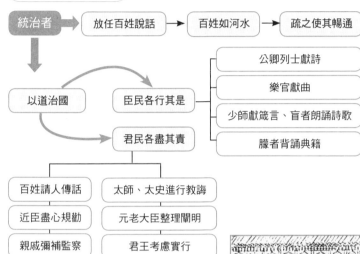

統治者 → 放任百姓說話 → 百姓如河水 → 疏之使其暢通

統治者 → 以道治國

以道治國 → 臣民各行其是
- 公卿列士獻詩
- 樂官獻曲
- 少師獻箴言、盲者朗誦詩歌
- 矇者背誦典籍

以道治國 → 君民各盡其責
- 百姓請人傳話
- 近臣盡心規勸
- 親戚彌補監察
- 太師、太史進行教誨
- 元老大臣整理闡明
- 君王考慮實行

唐太宗法中有仁

唐太宗要求官員在聽訟斷獄時，不能拘泥於法律的條文「守文斷罪」，而是要深入理解法律中表現的天理人情，廣行恕道。《唐史》上記，有一年他按制度監察天下刑獄有無冤濫（即錄囚）時，發現有三百九十名被判死刑的囚犯犯罪情有可憫。中國古代有司法時令制度，即順應節氣而行刑，死刑在立秋後，應天之肅殺之氣而執行，也就是我們現在常說的「秋後問斬」。為表現法中之仁，唐太宗將這些囚犯放歸回家與家人團聚，並限定這些囚犯於秋日回獄中就刑。結果這些罪犯都感激太宗的仁慈之心，各個都依照期限到朝堂聽候處決，沒一個逃亡隱匿。唐太宗認為這些情有可憫的罪犯，人之善性未泯，是可以教育好的，於是下令免其死刑。

31. 樊遲請學稼。子曰：「吾不如老農。」請學為圃。曰：「吾不如老圃。」樊遲出。子曰：「小人哉，樊須也！上好禮，則民莫敢不敬；上好義，則民莫敢不服；上好信，則民莫敢不用情。夫如是，則四方之民襁負其子而至矣，焉用稼？」

【譯文】樊遲向孔子請教如何種莊稼，孔子說：「我不如老農。」樊遲又請教如何種菜，孔子說：「我不如老菜農。」樊遲退出以後，孔子說：「樊遲真是小人。在上位者只要重視禮，百姓就不敢不敬畏；在上位者只要重視義，百姓就不敢不服從；在上位的人只要重視信，百姓就不敢不用真心實情來對待你。要是做到這樣，四面八方的百姓就會背著自己的小孩來投奔，哪裡用得著自己去種莊稼呢？」

【點評】春秋時代，禮崩樂壞，孔子把克己復禮當成畢生大事。在孔子看來，如果為政者把精力放在生活的具體事務上，就是捨本逐末了。在這裡孔子毫不客氣地指責想學種莊稼和種菜的樊遲是小人，他認為，在上位的人哪裡需要學習種莊稼、種菜之類的知識，只要重視禮、義、信也就足夠了。他培養學生，是為了從政為官，而教育的目的，就是為了培養實行統治的知識分子，所以，孔子的教育目的並不是為了培養勞動者。這在當時的歷史條件下有其相對的合理性。

32. 子曰：「善人為邦百年，亦可以勝殘去殺矣。誠哉是言也！」

【譯文】孔子說：「善人治理國家，經過一百年，也就可以消除殘暴，廢除刑罰、殺戮了。這話真對呀！」

【點評】孔子說，善人需要一百年的時間，可以「勝殘去殺」，達到他所理想的境界。其實，從這句話的本意去理解，善人施行「德治」，但並不排除刑罰的必要手段。這在現實的政治活動中，並不是可有可無的。

秦朝統一六國後，不讓黎民百姓休養生息，接著連年用兵，永無寧日。秦始皇晚年專制、多疑、殘暴、好殺，統一全國後，仍然倡導推行嚴刑酷法，不懂得採用儒家的仁義學說，不懂得文武並用、減輕賦稅、讓百姓休養生息等。並徵發七十多萬民眾修造阿房宮，動用大量人力、財力修造驪山陵，頻繁的戰爭、龐大的官僚機構、連續的大興土木，動搖統治基礎，加速秦朝的滅亡。末年陳勝、吳廣及後繼者領導的農民起義，於西元前 206 年將秦朝推翻。

33. 子曰：「魯衛之政，兄弟也。」

【譯文】孔子說：「魯和衛兩國的政事，就像兄弟的政事一樣。」

【點評】魯國是周公旦的封地，衛國是康叔的封地，周公旦和康叔是兄弟，當時兩國的政治情況相似，所以孔子說，魯國的國事和衛國的國事就像兄弟。

克己復禮，善人施德

　　十年樹木，百年樹人。善人要達到他理想的境界，就要在德治的基礎上，採取必要的行政技巧，從思想上培養「仁」的觀念，達到禮治、德治的目的。

十年樹木，百年樹人

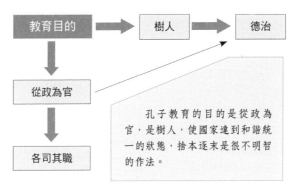

孔子教育的目的是從政為官，是樹人，使國家達到和諧統一的狀態，捨本逐末是很不明智的作法。

施仁昌，施暴亡

　　秦朝統一六國後，不讓黎民百姓休養生息，接著連年用兵，永無寧日，令蒙恬率兵攻打胡人，侵占了一千多里地，「男子疾耕不足於糧餉，女子紡績不足於帷幕。百姓靡敝，孤寡老弱不能相養。」秦始皇晚年專制、多疑、殘暴、好殺，統一全國後，仍然倡導推行嚴刑酷法，不懂得採用儒家的仁義學說，只迷信武力鎮壓，而不懂得思想教化，不懂得文武並用、張弛有度、減輕賦稅、讓百姓休養生息等。他焚燒百家之言，活埋儒生，留下駭人聽聞的「焚書坑儒」。

　　得勢總會有窮盡的時候，如果用武力治理國家，最後終會受制於百姓而被滅亡。如果實行仁政，以禮治天下，那實現政治安寧是必然的事。

167

34. 子適衛，冉有僕。子曰：「庶矣哉！」冉有曰：「既庶矣，又何加焉？」曰：「富之。」曰：「既富矣，又何加焉？」曰：「教之。」

【譯文】孔子到衛國去，冉有為他駕車。孔子說：「人口真多呀！」冉有說：「人口已經夠多，還要再做什麼呢？」孔子說：「使他們富起來。」冉有說：「富了以後又還要做些什麼？」孔子說：「對他們進行教化。」

【點評】孔子提出「富民」和「教民」的思想，而且是「先富後教」，這並不是說，對百姓只富不教。在孔子的觀念中，教化百姓是重要議題，了解經濟富裕是德教的基礎，所以，在這裡，一定要注意深入理解孔子的原意。

35. 子曰：「其身正，不令而行；其身不正，雖令不從。」

【譯文】孔子說：「自身正了，即使不發布命令，百姓也會去做；自身不正，即使發布命令，百姓也不會服從。」

【點評】這是孔子一貫主張的理念，即執政者要以身作則的原則。如果執政者不嚴於律己，下屬就乘機作亂。

陳州這個地方一連三年大旱，莊稼顆粒無收，為了賑濟災民，朝廷派劉衙內的兒子劉得中和女婿楊金吾，前往陳州開倉放糧，救濟百姓。臨行前，劉衙內囑咐二人：「你們兩人去陳州放糧，要乘機撈一把，把米價由五兩白銀一石細米，改為十兩白銀一石細米，再往米裡摻些泥土糠秕。出事由我擔著。」到陳州，楊金吾、劉得中兩人依照劉衙內的旨意，他們私下把糧價改了，並往米裡摻進不少糠秕和土塊。他們又收買管理倉庫的小吏，在秤桿上做手腳，賣出的糧食都不夠斤數，買糧的百姓都十分氣憤。有一個災民來買米，他見這些貪官假公肥私，魚肉人民，怒火萬丈，便同這些貪官吵了起來，指責他們貪贓枉法。劉得中、楊金吾仗勢欺人，打死這名災民，激起眾人的憤怒，大家聯合起來上告申冤，一直告到包拯那裡。包拯得知後，微服私訪陳州，查清劉得中、楊金吾的罪行，把他們二人處死。這正所謂「上梁不正下梁歪」。

36. 子曰：「苟正其身矣，於從政乎何有？不能正其身，如正人何？」

【譯文】孔子說：「如果端正了自身的行為，管理政事還有什麼困難呢？如果不能端正自身的行為，怎能使別人端正呢？」

【點評】俗話說：「正人先正己。」本段裡孔子所講的就是這個道理。孔子把「正身」看做是從政為官的重要事項，具有深刻的思想價值。

其身正，不令而行

在上位的人，不論言談舉止都要注意，要以身作則。如果執政者不嚴於律己，下屬就會乘機作亂。

黎明即起，勤學稼穡

豈為功名始讀書。

子孫若如我，留錢做什麼，賢而多財，則損其志；子孫不如我，留錢做什麼，愚而多財，益增其過。

林則徐一方面教子要「敬師勤讀」；另一方面教子學種莊稼，向兒子灌輸「農民為世間第一等最高之人」的思想，督促他們「黎明即起，勤學稼牆」。

上梁不正下梁歪

劉衙內囑咐兒子劉得中和女婿楊金吾去陳州賑災的時候，要乘機撈一把，把米價上調，再往米裡摻些泥土和糠秕。

災民對他們這種魚肉百姓、假公濟私的行為十分氣憤，聯合起來上告到包拯那裡，包拯查清劉得中和楊金吾的罪行後，將其處死。

37. 子曰：「如有王者，必世而後仁。」

【譯文】孔子說：「如果有王者興起，也一定要三十年才能實現仁政。」

【點評】上一段孔子講，善人施行德治，需要一百年的時間才可以到達理想境界，本段又說，王者治理國家，也需要三十年的時間才能實現仁政。同樣，王者在實現仁政之前的三十年間，也不能排除刑罰、殺戮等手段。

38. 冉子退朝。子曰：「何晏也？」對曰：「有政。」子曰：「其事也？如有政，雖不吾以，吾其與聞之。」

【譯文】冉求退朝回來，孔子說：「為什麼回來得這麼晚呀？」冉求說：「有政事。」孔子說：「只是一般的事務吧？如果有政事，雖然國君不用我了，我也會知道的。」

【點評】此段孔子說的是議事而不是議政。說明孔子雖然不在朝，卻對國家政治一直十分關心。

39. 子夏為莒父宰，問政。子曰：「無欲速，無見小利。欲速則不達，見小利則大事不成。」

【譯文】子夏做莒父的總管，問孔子怎樣辦理政事。孔子說：「不要求快，不要貪求小利。求快反而達不到目的，貪求小利就做不成大事。」

【點評】欲速則不達，貫穿著辯證法思想，即相對立的事物可以互相轉化。孔子要求子夏從政不要急功近利，否則就無法達到目的；不要貪求小利，否則就做不成大事。不論做什麼事情都要符合這個規律。

古代宋國有一個農夫，是個急性子的人。他每天總是早起晚睡，辛勤地勞動，他盼著禾苗快快成長，今天去量量，明天又去量量，可是幾天過去，他總感到禾苗好像一點兒也未見長，心中十分著急。晚上躺在床上睡不著，他一直在想：怎麼能幫助禾苗長高呢？終於想到一個辦法。於是第二天他早早起來，跑步到田地裡，頭頂著炎炎的烈日把禾苗一棵一棵地往上拔高。從早晨一直忙到太陽快要落山，把田裡的禾苗一棵棵全都拔了一遍，他精疲力竭，累得腰痠腿痛，可是，他心裡非常高興，以為這辦法非常高明。他拖著疲憊的雙腿，搖搖晃晃地回到家裡，顧不得擦乾身上的汗水，興奮地告訴家人：「你們等著瞧，今年的莊稼，哪家的也比不過我，今天我幫助禾苗快長，都往上拔了拔。」他的兒子急忙跑到田裡去看，田裡的禾苗全都枯死了。

欲速則不達

做什麼事情都要穩，不要急功近利，否則就不會達到預想的效果。「心急吃不了熱湯圓」就是這個道理。

欲速則不達，急於求成會導致最終的失敗。做人做事都應放遠眼光，注重知識的積累，厚積薄發，自然會水到渠成，達成自己的目標。許多事業都必須有一個努力奮鬥的過程，而這也會使自己更加堅強，使自己成長起來。

揠苗助長

農夫心急，把田地裡的禾苗全部往上拔了一截。性情急躁、粗心大意的人，什麼事都做不成功。

怎麼樣才能使稻苗長得高，長得快呢？

他終於想到一個最佳方法，就是將每一株稻苗拔高幾分，這樣就比別人家的長得高了。

做什麼事都要保持冷靜的頭腦，要三思而後行，善始善終。

心情浮躁的人常急於求成，最終功敗垂成。

多幾分耐心，少幾分浮躁，事情就會增加成功的機率。

欲速則不達

171

40. 定公問：「一言而可以興邦，有諸？」孔子對曰：「言不可以若是其幾也。人之言曰：『為君難，為臣不易。』如知為君之難也，不幾乎一言而興邦乎？」曰：「一言而喪邦，有諸？」孔子對曰：「言不可以若是其幾也。人之言曰：『予無樂乎為君，唯其言而莫予違也。』如其善而莫之違也，不亦善乎？如不善而莫之違也，不幾乎一言而喪邦乎？」

【譯文】魯定公問：「一句話就可以使國家興盛，有這樣的話嗎？」孔子答道：「不可能有這樣的話，但有近乎這樣的話。有人說：『做君難，做臣不易。』如果知道做君的難，這就是近乎一句話就可以使國家興盛嗎？」魯定公又問：「一句話可以亡國，有這樣的話嗎？」孔子回答說：「不可能有這樣的話，但有近乎這樣的話。有人說過：『我做君主並沒有什麼可高興的，我所高興的只在於我所說的話沒有人敢於違抗。』如果說得對而沒有人違抗，不也好嗎？如果說得不對而沒有人違抗，那就近乎一句話可以亡國嗎？」

【點評】對於魯定公的提問，孔子實際上提出肯定性的回答。他勸告定公，應該行仁政、禮治，不應以國君所說的話無人敢於違抗而感到高興，這是值得注意的。作為在上位的統治者，一個念頭、一句話如果不當，就有可能導致亡國、喪失天下的結局。這並非危言聳聽，執政者確實應該小心謹慎，注意自己的一言一行。

41. 葉公語孔子曰：「吾黨有直躬者，其父攘羊，而子證之。」孔子曰：「吾黨之直者異於是：父為子隱，子為父隱，直在其中矣。」

【譯文】葉公告訴孔子：「我的家鄉有個正直的人，他的父親偷了人家的羊，他告發了父親。」孔子說：「我家鄉的正直的人和你講的正直人不一樣：父親為兒子隱瞞，兒子為父親隱瞞。正直就在其中。」

【點評】孔子認為「父為子隱，子為父隱」就具有「直」的品格。可見孔子把正直的道德納入「孝」與「慈」的範疇之中，一切都要服從「禮」的規定。這表明在中國的傳統社會中，倫理道德高於法制，這在現今當然應予揚棄。

42. 子曰：「知及之，仁不能守之，雖得之，必失之；知及之，仁能守之，不莊以涖之，則民不敬；知及之，仁能守之，莊以涖之，動之不以禮，未善也。」

【譯文】孔子說：「憑藉聰明才智足以得到它，但仁德不能保持它，即使得到，也一定會喪失；憑藉聰明才智足以得到它，仁德可以保持它，不用嚴肅態度來治理百姓，那麼百姓就會不敬；憑藉聰明才智足以得到它，仁德可以保持它，能用嚴肅態度來治理百姓，但動員百姓時不照禮的要求，那也是不完善的。」

【點評】孔子提出一個合格的執政者，所應具備的本質，和治國理政的數個標準。治理國家不能只靠聰明才智，那樣即使得到也會再失去，而要以德服人，按照禮的要求去做，就能得人心。

一言興邦，以德服人

統治者要提升自己的修養，注意自己的一言一行，稍有閃失就有可能導致亡國的結局。

統治者言行謹慎，說出去的話能為百姓謀福利，有利於社稷的發展，則可以興國。統治者貪圖享樂，說話口無遮攔，說的話、做的事不能為百姓提供便利，不利於社稷的發展，則國亡。

一個合格的執政者治理國家不能只靠聰明才智，那樣即使得到也會失去的，而要以德服人，按照禮的要求去做，就能得人心。

一言興邦，以德服人

按照古制，「刑不上大夫」，何況沒有您就沒有人領導軍隊了？

那我就割髮代首。

43. 周有八士：伯達、伯适、仲突、仲忽、叔夜、叔夏、季隨、季騧。

【譯文】周代有八個士：伯達、伯适、仲突、仲忽、叔夜、叔夏、季隨、季騧。

【點評】記述周代賢士眾多，旨在說明國家興亡的關鍵，在於任用賢人，要親賢臣，遠小人。

春秋時期，吳王闔閭重用伍子胥，國家日趨富強，西破強楚，北威齊晉，南服越人。楚國是七國中國力強盛的大國，吳楚交兵，幾乎滅了楚國。吳國攻破楚國國都，伍子胥掘開楚平王的墓，出其屍，鞭之三百。闔閭的兒子夫差當政後，重用奸臣伯嚭，疏遠伍子胥，其時越王勾踐臥薪嘗膽，全心滅吳，吳國危在旦夕。伍子胥敏銳地感覺到即將發生的亡國之禍，數次進諫，「越王為人能辛苦，今王不滅，後必悔之。」夫差不聽，偏信奸臣伯嚭的讒言，竟然賜刀令伍子胥自刎。剛烈的伍子胥，刎頸之前，對其舍人說，把我的眼睛挖出來懸在吳東門之上，我要看一看越寇是如何經此門滅吳。夫差得知此話大怒，令人用馬革裹伍子胥之屍，浮屍江上。後來臥薪嘗膽的勾踐果然滅了吳國，夫差臨死時掩其面說：「吾無面以見子胥也。」

44. 子曰：「善人教民七年，亦可以即戎矣。」

【譯文】孔子說：「善人教練百姓用七年的時間，也就可以叫他們去當兵打仗了。」

【點評】孔子主張和平，他反對暴力和帶有侵略性質的兼併戰爭，但是他主張保衛國家、抵抗外侵的戰爭。他認為對人民要加強保衛國家的教育觀念，和進行適當的訓練。

45. 子曰：「以不教民戰，是謂棄之。」

【譯文】孔子說：「如果不先對百姓進行作戰訓練，這就叫拋棄他們。」

【點評】本段和上一段都講述教練百姓作戰的問題，從中可以看出，孔子並不完全反對用軍事手段來解決某些問題。他主張訓練百姓，讓沒有經過教育和訓練的人民去打仗，就是拋棄他們的生命。

親賢者昌，親小人亡

歷朝歷代都有一個永恆不變的規律，那就是「親賢臣」國家興旺發達，而「親小人」國家就會一片混亂，最終滅亡。

伍子胥是春秋末期吳國大夫，伍子胥受封於申地，故又稱申胥。中國歷史上的「四大美女」之一西施，與伍子胥的恩怨也很出名，當時伍子胥建議殺害越王勾踐，結果好色的吳王不聽，范蠡遂使出「美人計」，獻西施給吳王，離間吳王與伍子胥關係，導致伍子胥被殺。他死後人們很可憐他，在當年伍子胥丟入的江旁，立一座廟，江邊的小山也被命名為胥山。他死後，吳國很快就滅亡了。

賢臣勸諫

伍子胥

勾踐　—滅吳→　吳王　范蠡

殺死　勸諫　離間計

好色　傾城　美人計

西施

伍子胥敏銳地感覺到即將發生亡國之禍，數次進諫，但是夫差不聽，偏信奸臣伯嚭的讒言，竟然賜刀令伍子胥自刎。夫差親小人，吳國最終被越國所滅。

對於美與醜做到愛恨分明並不容易，而做到有分寸就更加不容易了。對待小人，不要心生厭惡，要從愛護的角度出發，教育他們。對待君子要恭敬有加，禮節要有度，不要過於恭敬。所以說，一件平凡的事情，足以表現一個人的人格和德行。

175

46. 子曰：「孟公綽為趙魏老則優，不可以為滕薛大夫。」

【譯文】孔子說：「孟公綽做晉國趙氏、魏氏的家臣，是才力有餘的，但不能做滕、薛這樣小國的大夫。」

【點評】孔子這裡講的是，為政者應量才用人，使人各盡所能，各得其所。

47. 子言衛靈公之無道也，康子曰：「夫如是，奚而不喪？」孔子曰：「仲叔圉治賓客，祝鮀治宗廟，王孫賈治軍旅，夫如是，奚其喪？」

【譯文】孔子講到衛靈公的無道，季康子說：「既然如此，為什麼他沒有敗亡呢？」孔子說：「因為他有仲叔圉接待賓客，祝鮀管理宗廟祭祀，王孫賈統率軍隊，像這樣，怎麼會敗亡呢？」

【點評】孔子認為知人善任，選用好人才，用人得當，這些都是治國的關鍵。

48. 季康子問：「使民敬、忠以勸，如之何？」子曰：「臨之以莊，則敬；孝慈，則忠；舉善而教不能，則勸。」

【譯文】季康子問孔子：「要使百姓恭敬、盡忠並且勤奮努力，該如何做呢？」孔子說：「如果用莊重的態度對待百姓，百姓就會恭敬；對父母孝順、對子女慈愛，百姓就會盡忠；選拔任用賢良仁善的人，教育能力差的人，這樣百姓就會相互勉勵、勤奮努力了。」

【點評】季康子向孔子請教治理百姓的方法，而孔子教他的卻是做人的道理，引導他提升個人的本質和修養，以身作則，百姓才能信服。孔子主張「禮治」、「德治」，用道德教化的方式去治理國家，管理百姓。而道德教化的使用，首先要從統治者做起，注意自己的言行、品德，當政者本人莊重嚴謹、孝順慈祥，百姓就會對當政者尊敬，真心向善又互相勸勉，這樣才能使道德教化更有力地推行。

漢朝時期，漢文帝馬隊經過中渭橋，有一人從橋下走出來，驚嚇到漢文帝大駕，於是派人把這人抓了起來，交給法官張釋之處理。那人解釋說，看見馬隊就躲到橋下，後來以為馬隊走了，就出來，出來看見馬隊還在，就跑。張釋之依律判此人罰款，漢文帝很生氣說：「這人驚嚇到我的馬，你怎麼只是罰款。」張釋之說：「法律是天子與天下人都必須共同遵守的，法律就是這樣規定的，你要加重處罰，這樣法律就不能取信於民了。」漢文帝思考後說：「你說得對。」法律是天子與天下人都共同遵守的，身為帝王，也不能把自己的個人情緒和意志，強加於法律之上。

量才用人，知人善任

統治者要對人才有精確的把握，對每個人的長處和短處要了然於胸，這樣才能準確衡量一個人在這個崗位上的能力，才能做到知人善任，各司其職。

```
好的
國家  →  好的統治者 → 有良好品德 → 善於用人
       → 一群得力助手 → 各司其職，各盡其力
```

治國
關鍵

法律要取信於民

念你是初犯，依律罰你四銖（半兩），以此警戒！

一個人驚嚇到漢文帝的馬，但是張釋之卻判此人罰款，漢文帝很生氣。張釋之認為法律是天子與天下人都必須共同遵守的，不能隨意篡改，否則就會失信於民。

```
好的
君主  ┬ 對待百姓態度莊重    百姓恭敬
      ├ 對父母孝順，對子女慈愛  百姓盡忠
      └ 選拔任用賢良、仁善的人  相互勉勵、勤奮努力
```

國泰
民安

一個興旺的國家，必定有一個知人善任的君王，和一群忠於職守的大臣，這是治國的關鍵。君王對待百姓和臣子的態度，以及處世方式，決定百姓和臣子的忠心程度。所以，統治者要以身作則，為下面的人做表率。

49. 子曰：「無為而治者，其舜也與。夫何為哉？恭己正南面而已矣。」

【譯文】孔子說：「能夠無所作為而治理天下的人，大概只有舜吧。他做些什麼呢？只是莊嚴端正地坐在朝廷的王位上罷了。」

【點評】「無為而治」是道家所稱讚的治國方略，符合道家思想的一貫性。孔子也讚賞無為而治，並以舜為例加以說明，這表明，主張積極進取的儒家十分留戀三代的法度禮治，但在當時的現實生活中，並不一定要求統治者無為而治。在孔子的觀念中，不是無為而治，而是禮治。

50. 顏淵問為邦。子曰：「行夏之時，乘殷之輅，服周之冕，樂則《韶》舞。放鄭聲，遠佞人。鄭聲淫，佞人殆。」

【譯文】顏淵問怎樣治理國家。孔子說：「用夏代的曆法，乘殷代的車子，戴周代的禮帽，奏《韶》樂，禁絕鄭國的樂曲，疏遠能言善辯的人。鄭國的樂曲浮靡不正派，奸佞小人太危險。」

【點評】夏代的曆法有利農業生產，殷代的車子樸實適用，周代的禮帽華美，《韶》樂優美動聽，這是孔子理想的生活方式。涉及到禮的問題，他還是主張「復禮」，當然不是愈古愈好，而是有所選擇。此外，還要禁絕靡靡之音，疏遠佞人。

51. 子謂子產有君子之道四焉：「其行己也恭，其事上也敬，其養民也惠，其使民也義。」

【譯文】孔子評價子產有君子的道德品行，表現為：「他自己行動舉止莊重，他侍奉君主恭敬有禮，他養護百姓有恩惠，他役使百姓符合道義。」

【點評】孔子透過對子產從政之道的評價，表達心目中理想的君子從政之道。一個具有君子品行的人，在從政治理國家方面，作為都要符合道德倫理。對待君主要恭敬有禮，對待百姓要有恩惠，役使百姓要有節制，自己的行為舉止要莊重。這些都是孔子心目中理想的君子應具有的本質，而子產具有這樣的本質。

唐朝時，唐玄宗前期勵精圖治，任人唯賢，創建了「開元之治」，開創社會安定、人口繁盛、發展經濟、改革學風、任用賢能、改革吏治、提倡文教的「開元盛世」，為後人所稱道。唐玄宗在位期間，全國耕地達到十八億畝，人口繁盛。他任用賢能，眼識賢相，改革吏治，知人善任，虛懷若谷，促進吏治穩定。他還提倡廉潔，規定三品以下的大臣，以及內宮后妃以下者，不得配戴金玉製作的飾物，並且遣散宮女，以節省開支，又下令全國各地均不得開採珠玉及製造錦繡。並且重視農業發展和興修水利，使百姓充分受益。有史記載，開元三年、四年，發生連年蝗災，而百姓「大致不饑」。

君子治世，國泰民安

君子行為舉止莊重，平時對自己嚴格要求，治理國家符合一定的道德倫理，在治理國家方面做事要有原則。

古剎圖

小國寡民，群山環繞，雲霧氤繞，小橋流水，有數個小村落掩映在濃鬱的樹木之間，這和老子所說的理想國相差無幾。高山之上，露出古剎的屋簷，也可暗知此處所居之人的德行。

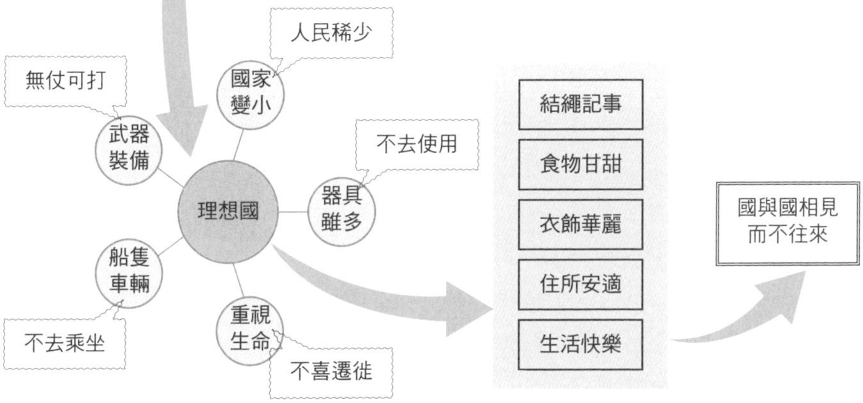

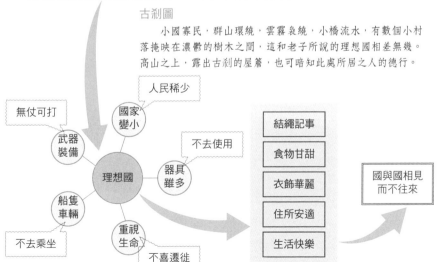

52. 子曰：「上好禮，則民易使也。」

【譯文】孔子說：「在上位的人喜好禮，那麼百姓就容易指使了。」

【點評】孔子反覆向執政者講解「上行下效」的為政之道。

53. 孔子曰：「天下有道，則禮樂征伐自天子出；天下無道，則禮樂征伐自諸侯出。自諸侯出，蓋十世希不失矣；自大夫出，五世希不失矣；陪臣執國命，三世希不失矣。天下有道，則政不在大夫。天下有道，則庶人不議。」

【譯文】孔子說：「天下有道的時候，製作禮樂和出兵打仗都由天子做主決定；天下無道的時候，製作禮樂和出兵打仗由諸侯做主決定。由諸侯做主決定，大概經過十代很少有不垮臺的；由大夫做主決定，經過五代很少有不垮臺的。天下有道，國家政權就不會落在大夫手中。天下有道，百姓就不會議論國家政治。」

【點評】孔子對春秋時代政治的形勢分析，這裡講述三點：一是周天子的大權落入諸侯手中；二是諸侯國家的大權落入大夫和家臣手中；三是百姓議論政事。對於這種情況，孔子極感不滿，認為這種政權很快就會垮臺，他希望回到「天下有道」的那種時代，政權就會穩定，百姓也相安無事。「天下有道，則庶人不議」這句話是給執政者們非常有益的警示。

54. 孔子曰：「祿之去公室五世矣，政逮於大夫四世矣，故夫三桓之子孫微矣。」

【譯文】孔子說：「魯國失去國家政權已經有五代了，政權落在大夫之手已經四代了，所以三桓的子孫也衰微了。」

【點評】孔子對當時社會政治形勢，提出自己的見解和態度。孔子的觀點是：社會政治變革就是「天下無道」，這還是基於他的「禮治」思想，希望變為「天下有道」的政治局面。

在戰國初年的時候，楚國的國君楚惠王想重新恢復楚國的霸權，他擴大軍隊，要去攻打宋國。楚惠王重用魯班設計雲梯，準備向宋國進攻。墨子聽說後就親自跑到楚國，很誠懇地勸說楚惠王，雖然楚惠王覺得墨子說得有道理，但不肯放棄攻宋國。墨子建議演習一下，魯班攻，他就有辦法守，魯班心裡不服，說還有辦法對付他。墨子說：「魯班的意思是想把我殺掉，以為殺害我，宋國就沒有人幫助他們守城了，其實他錯了。我來到楚國之前，早已派了三百個徒弟守住宋城，他們每個人都學會了我的守城辦法。即使把我殺害，楚國也是占不到便宜的。」楚惠王聽完墨子一番話，又親自看到墨子守城的本領，知道要打勝宋國沒有希望，只好決定不進攻宋國。

天下有道，其樂融融

在上位的人如果懂禮，以禮辦事，那麼下位的人就會紛紛效仿，百姓就會盡忠，君臣相處會很融洽。如果天下無道，則大權很快落入他人之手，國家就會垮臺。

國家政權是否鞏固，取決於統治者的理念

天下有道

天下符合道時，賢德的人就會樂意出來效勞，則國家就會愈來愈興旺。

天下無道

天下無道時，社會統治黑暗，很多仁人志士都紛紛隱遁，賢能之人就會減少，則國家就會滅亡。

君主要多實行利民的政策，這樣就會使民心歸順，受到擁戴；反之，民心向背，國家滅亡不久矣。

楚國國君楚惠王想重新恢復霸權，任用魯班設計雲梯，想以此來攻打宋國。

墨子勸說楚惠王，用軍事演習的方式表明宋國不會被楚國打敗，楚惠王親眼看到墨子守城的本領，就決定不攻打宋國。

小智慧大妙處

禮法合一 調整社會、治理國家，無外乎兩種主要方法，即法律規範和道德規範。中國古代治理國家，兩者兼用，以後者為主，二者的結合融通，即為禮。禮不僅具有道德教化的作用，而且具有法律意義，人們的行為違禮即被視為觸刑。婚姻之禮廢，則夫婦之道苦而淫辟之罪多矣；鄉飲酒之禮廢，則長幼之序失而爭鬥之獄繁矣；聘射之禮廢，則諸侯之行惡而盈溢之敗起矣；喪祭之禮廢，則臣子之恩薄而倍死忘生者眾矣。二者功用有別，目的一致。禮是靈魂，統帥總的原則，而刑則是禮的條理化、具體化。西漢至清末，刑雖成為獨立規範體系，不再為禮的一部分，但與禮比較，刑仍處於從屬地位。借用中國傳統哲學範疇，禮為「體」，而刑為「用」，即所謂「禮法合一」。

55. **公山弗擾以費畔，召，子欲往。子路不悅，曰：「末之也已，何必公山氏之之也？」子曰：「夫召我者，而豈徒哉？如有用我者，吾其為東周乎！」**

【譯文】公山弗擾在費邑反叛，來召孔子，孔子準備前去。子路不高興地說：「沒有地方去就算了，為什麼一定要去公山弗擾那裡呢？」孔子說：「他來召我，難道只是一句空話嗎？如果有人用我，我就會使周朝的政德在東方復興。」

【點評】孔子欲應公山弗擾之召，是為了行仁道於世，也即「吾其為東周乎」，可見孔子用禮來治世的迫切願望。

56. **樊遲問仁。子曰：「居處恭，執事敬，與人忠。雖之夷狄，不可棄也。」**

【譯文】樊遲問怎樣做才是仁。孔子說：「平常在家規規矩矩，辦事嚴肅認真，待人忠心誠意。即使到夷狄之地，也不可背棄恭敬忠誠。」

【點評】孔子對「仁」的解釋是以「恭」、「敬」、「忠」三個德目為基本內涵的。在家恭敬有禮，符合孝悌的道德要求；辦事嚴肅謹慎，符合禮的要求；待人忠厚誠實，顯示出仁德的本色，即提出在生活、工作和交友等各方面，對「仁」的要求。

三國時期，袁尚在城外被曹操擊敗，當時袁紹已經死了，袁紹手下的重臣審配輔佐袁尚，當時袁尚只想著逃命，放棄鄴城。可是審配一直不肯放棄，因為他知道鄴城是袁家的首府，也是河北的門戶、命門，一旦放棄，袁家就徹底失敗了，所以他帶領城中的殘兵守城，曹操大軍多次攻城都被他擊退。後來他的姪子審榮貪圖富貴，出賣了他，打開城門。當時曹操極度欣賞他，要給他很多賞賜，然後重用他，可是他就是不降。曹操要殺他的時候，他還說：「我的主公（袁紹）的墳墓在北方，我一定要向著北方死去！」後來曹操同意了他的請求。

57. **周公謂魯公曰：「君子不施其親，不使大臣怨乎不以。故舊無大故，則不棄也。無求備於一人。」**

【譯文】周公對魯公說：「君子不疏遠他的親屬，不使大臣們抱怨得不到重用。舊友老臣沒有大的過失，就不要拋棄他們。不要對人求全責備。」

【點評】周公對伯禽的訓誡可能在魯國流傳，所以孔子又向弟子們轉述，這是古代賢君的為政之道，孔子希望弟子們能謹記教誨，並用畢生的精力去實踐。

58. **子貢問曰：「何如斯可謂之士矣？」子曰：「行己有恥；使於四方，不辱君命；可謂士矣。」曰：「敢問其次。」曰：**

以仁為本，以禮待人

以「仁」的理念要求自己，待人忠厚誠實，不拋棄他們，也不對人求全責備，這樣就離「仁」不遠了。

周公先聖　儒學先驅

古代周公，指的是周代的爵位，得爵者輔佐周王治理天下。歷史上的第一代周公姓姬名旦（約西元前1100年），亦稱叔旦，周文王姬昌第四子。因封地在周（今陝西岐山北），故稱周公或周公旦。西周初期傑出的政治家、軍事家和思想家，被尊為儒學奠基人，為孔子一生最崇敬的古代聖人之一。

周公是中國古代史上一位偉大的政治家，同時又是中國古代教育開創時期的傑出代表。孔子和周公在教育思想上存在著淵源關係，在教育實踐上也存在著繼承關係。周公生活於三千多年前，他對中國古代教育的發展，曾有過巨大的影響。如果說孔子是中國古代教育的偉大奠基人，那麼周公則是：中國古代教育的偉大開創者。

忠誠的審配

我主公的墳墓在北方，我一定要向著北方死去！

審配被他的侄子審榮出賣，為曹操所擄。曹操很欣賞審配，要給他很多賞賜，然後重用他，可是審配寧死不屈，最後被曹操殺害。

小智慧大妙處

以禮相待、誠信待人　誠信待人可以經過正反兩方，甚至是多方面的檢驗，不論什麼時候，一個人做事如果只顧自己而不講誠信的話，很快就會穿幫的，穿幫的結果是個人誠信的喪失、信譽的喪失。以禮相待、誠信待人、不卑不亢，這是待人的準則。與人相處，時刻把握住禮的限度，不卑不亢，那麼，即使你有什麼地方得罪了對方，也不會受到侮辱，只是這樣一個限度的把握是很難的。

「宗族稱孝焉，鄉黨稱弟焉。」曰：「敢問其次。」曰：「言必信，行必果，硜硜然小人哉！抑亦可以為次矣。」曰：「今之從政者何如？」子曰：「噫！斗筲之人，何足算也？」

【譯文】子貢問道：「怎樣才可以叫做士？」孔子說：「自己在做事時有知恥之心，出使外國各方能夠完成君主交付的使命，可以叫做士。」子貢說：「請問次一等的呢？」孔子說：「宗族中的人稱讚他孝順父母，鄉黨們稱讚其兄親睦友愛。」子貢又問：「請問再次一等的呢？」孔子說：「說到一定做到，做事一定堅持到底，謹小慎微、沒有雄心壯志的人可以稱做次一等的士了。」子貢說：「現在的執政者是什麼樣的人呢？」孔子說：「唉！這些人才識短淺，算得什麼呢？」

【點評】孔子觀念中的「士」，首先是有知恥之心、不辱君命的人，能夠擔負一定的國家使命；其次是孝敬父母、順從兄長的人；再次才是「言必信，行必果」的人。至於現在的當政者，他認為是器量狹小的人，根本算不得士。他所培養的，就是具有前兩種品德的「士」。

59. 子夏曰：「君子信而後勞其民，未信則以為厲己也。信而後諫，未信則以為謗己也。」

【譯文】子夏說：「君子先立信，然後勸誡百姓；沒有建立誠信，若試圖勸勉其民，會被人認為是對自己的過分要求。同樣的道理，互相信任然後勸諫，如果互不信賴，則會被認為是對自己的誹謗。」

【點評】君子想要役使百姓，必須先要得到百姓的信任，這是孔子對為政者的要求，也是基本的治國之道。

唐太宗是中國歷史上的一代英主，他常用隋煬帝作為反面教材，來警誡自己以及下屬。他了解「水能載舟，亦能覆舟」的道理，因此留心吏治，選賢任能，從諫如流。他唯才是舉，不計出身，不問恩怨，在文臣武將之中，魏徵當過道士，原是太子李建成舊臣，曾議請謀殺李世民；尉遲恭做過鐵匠，又是降將，但都受到重用。太宗鼓勵臣下直諫，魏徵前後諫事二百餘件，直陳其過，太宗多克己接納，或擇善而從。魏徵死後，太宗傷心地說：「夫以銅為鏡，可以正衣冠；以古為鏡，可以知興替；以人為鏡，可以明得失。魏徵逝，朕亡一鏡矣。」太宗在經濟上特別關注農業生產，實行均田制與租庸調制，「去奢省費，輕徭薄賦」，人民衣食有餘，安居樂業。在文化方面，則大力獎勵學術，組織文士大修諸經正義和史籍；在長安設國子監，鼓勵四方君長遣子弟來留學。此外，太宗又屢次對外用兵，經略四方，平東突厥、征高句麗、聯姻吐蕃和高昌，使國威遠播四方。

官難做，士難求

當官為民做主，一定要公平公正，而「士」要能擔負起整個國家的使命，這樣才能取信於民，百姓才能盡忠。

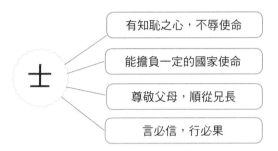

士
- 有知恥之心，不辱使命
- 能擔負一定的國家使命
- 尊敬父母，順從兄長
- 言必信，行必果

從諫如流

兼聽則明，偏聽則暗。明君兼聽，昏君偏信。

唐太宗要修飾乾元殿，張玄素卻力諫制止，唐太宗採納諫言，停止修復工作。

小智慧大妙處

仁者德治 仁者之德所開出的「讓開散開，物各付物」的精神，「就個體而順成」的個體原則，乃是靠仁者的德行來支援的，但是「仁者」是可遇而不可求的。唯若這漫長時竟無能合此標準者，則亦可見「仁者之德」之難求。「仁者德治」似乎成為政治上的最高理想，而從未實現過，每一仁者之德行運用皆是獨一無二的，皆是實現，皆是創造，而並不能傳遞，雖有風流餘韻，然只是其德化之振動，非可以傳至另一人而保其必為仁者。故「君子之澤，五世而斬」，其「仁者德治」之觀念，必完全是內容表現上之「人治主義」。重人不重法，這是很具體、很實際的政治心靈。

60. 堯曰：「咨！爾舜！天之曆數在爾躬，允執其中。四海困窮，天祿永終。」舜亦以命禹。曰：「予小子履，敢用玄牡，敢昭告於皇皇后帝：有罪不敢赦，帝臣不蔽，簡在帝心。朕躬有罪，無以萬方；萬方有罪，罪在朕躬。」周有大賚，善人是富。「雖有周親，不如仁人。百姓有過，在予一人。」謹權量，審法度，修廢官，四方之政行焉。興滅國，繼絕世，舉逸民，天下之民歸心焉。所重：民、食、喪、祭。寬則得眾，信則民任焉，敏則有功，公則說。

【譯文】堯說：「嘖！舜啊，上天把重大的責任從此由你來承擔，你要真誠保持中正之道。如果天下百姓困苦貧窮，上天賜給你的祿位就永遠終結。」舜也用這樣的話來告誡禹。商湯說：「我是上天的兒子，斗膽用黑色的公牛來祭祀，斗膽稟告偉大的天帝：有罪的人我不敢擅自赦免，天帝的臣僕我不敢遮蓋隱瞞，這些您心中都知道。我如果有罪過，請不要牽連天下萬方；天下萬方如果有罪，都由我一個人承擔吧！」周朝實行大封賞，善人都變得富貴起來。周武王說：「雖然有至親，不如有仁德的人。百姓有過失，罪過都在我一個人身上。」謹慎檢查度量衡器具，審查制定的法度，恢復廢棄的官職，天下的政令通行。復興已滅亡的國家，續接已經斷絕的宗族，選拔沒有被用的人才，天下百姓就會真心誠意地歸服了。所重視的四件事是百姓、糧食、喪禮、祭祀。寬厚就能得到眾人擁護，誠信就能得到百姓的信任，勤奮敏捷就能取得功績，公正能使百姓心悅誠服。

【點評】透過從堯、舜以來的先王聖賢，以道德教化治理國家的事蹟，表達孔子的政治理想。希望以道德教化來治理國家，君主首先要成為一個品格優良的人，以自身為榜樣，帶領天下百姓遵照禮儀規範，使百姓真正信服，天下歸心。

61. 子張問孔子曰：「何如斯可以從政矣？」子曰：「尊五美，屏四惡，斯可以從政矣。」子張曰：「何謂五美？」子曰：「君子惠而不費，勞而不怨，欲而不貪，泰而不驕，威而不猛。」子張曰：「何謂惠而不費？」子曰：「因民之所利而利之，斯不亦惠而不費乎？擇可勞而勞之，又誰怨？欲仁而得仁，又焉貪？君子無眾寡，無大小，無敢慢，斯不亦泰而不驕乎？君子正其衣冠，尊其瞻視，儼然人望而畏之，斯不亦威而不猛乎？」子張曰：「何謂四惡？」子曰：「不教而殺謂之虐；不戒視成謂之暴；慢令致期謂之賊；猶之與人也，

出納之吝，謂之有司。」

【譯文】子張問孔子說：「怎樣做才可以從政為官呢？」孔子說：「尊重五種美德，摒棄四種惡政，這樣就可以從政為官了。」子張問：「五種美德指的是什麼？」孔子說：「君子對百姓施惠但不耗費太多，使百姓勞作卻沒有怨言，有正當欲望但不貪婪，莊重但不傲慢，有威嚴但不兇猛。」子張說：「怎樣做才能使百姓受惠卻損耗不多呢？」孔子說：「順著百姓，讓他們去做使他們受惠的事，這不就是對百姓有利而損耗卻很少嗎？選擇讓百姓在他們可以勞作的時候去做事情，這樣又會有誰埋怨呢？自己想要仁德而得到仁德，又怎麼會貪婪呢？君子待人，無論多少，也無論勢力大小，都不敢怠慢人，這不就是莊重卻不傲慢嗎？君子使自己衣冠整潔，端正莊重，目不斜視，使人一看到他就產生敬畏的感覺，這不是既威嚴又不兇猛嗎？」子張問：「什麼是四種惡政呢？」孔子說：「不教化就殺叫做虐；不告誡就要求成功叫做暴；散漫不監督卻突然限定期限叫做賊；同樣是給人東西，出手過於吝嗇叫做小氣。」

【點評】孔子指出要尊重、發揚五種美德，同時要摒棄四種惡政，從政者首先要嚴格要求自己，使自己成為一個品行優良的人，對待百姓要寬厚仁德，使百姓安居樂業。對百姓有利的事情要允許他們去做，使役百姓也要分時間。關於四種惡政，孔子說不教化就殺是虐，對待百姓懲罰也要得當，需要讓百姓明白什麼是可以做的，什麼是不可以做的。如果沒有事先教化百姓，百姓並不明白什麼可以做，什麼不可以做，在這樣的情況下做不可以做的事情，情有可原，因為當政者並沒有教化百姓，所以責任不僅在百姓，當政者也負有責任。

 孔子以德治世

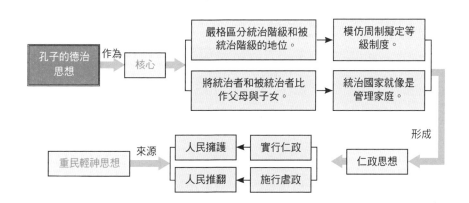

金人銘背
孔子入后稷廟見右階
前有金人三緘其口而
銘其背曰古之慎言人
也戒之哉無多言多言
多敗誠能慎之禍之門
也曰是何傷禍福之根
顏淵弟子曰此言實而
中情向信行身如足真
口口過禍哉

處世篇

孔子的思想和學說，包括為人處世之道，作為中華民族悠久傳統文化的一部分，為我們留下寶貴的精神遺產。孔子的處世之道，可以用四個字概括：「過猶不及」。孔子認為「以直報怨，以德報德」才值得提倡。

心靈環境的荒蕪，生命能量的浪費，是一種心靈資源的浪費。距離和獨立是對人格的尊重，在最親近的人中，也應該保有這種距離。最恰當的距離是在彼此不傷害的情況下，保持彼此的溫暖。多思、多想、多看，少指責、少抱怨、少後悔，猶如孔子的慎言：「如臨深淵、如履薄冰。」

1. 有子曰：「信近於義，言可復也；恭近於禮，遠恥辱也；因不失其親，亦可宗也。」

【譯文】有子說：「信守承諾符合道德規範，這樣的承諾才能履行；恭敬的態度要符合禮節規範，這樣才不會使自己遭到羞辱；接近那些值得親近的人，也就可以依靠了。」

【點評】儒家很重視「信」，提出要誠實守信，言必行，行必果。「信」和「恭」是相輔相成的，「信」要以「恭」為基礎，方能做到踐行可復；「恭」要以「信」為標準，以禮為尺規，方能遠離恥辱。不符合禮的話不能講，講述不「信」，不符合禮的事不能做，做就是不「恭」，這是為人處世的基本原則。

2. 子曰：「孰謂微生高直？或乞醯焉，乞諸其鄰而與之。」

【譯文】孔子說：「誰說微生高這個人坦誠直爽？有人向他要點醋，他不說自己沒有，而是到鄰居家要點醋給人家。」

【點評】孔子說微生高這個人並不像人們說的那樣直率，當別人向微生高要點醋的時候，他自己家沒有醋，卻並不直說，而是到鄰居家去要點醋給這個人。透過這件小事，孔子認為他用意委曲，有做作之嫌，並不是坦誠直率地說出自己沒有。

3. 子貢曰：「貧而無諂，富而無驕，何如？」子曰：「可也。未若貧而樂，富而好禮者也。」子貢曰：「《詩》云：『如切如磋，如琢如磨。』其斯之謂歟？」子曰：「賜也，始可與言《詩》已矣，告諸往而知來者。」

【譯文】子貢說：「貧窮卻能不諂媚奉承，富貴卻能不驕傲自誇，這樣的人怎麼樣呢？」孔子說：「這也算不錯了。但是還不如雖然貧窮卻能保持樂觀，雖然富貴卻能謙虛有禮的人好啊！」子貢說：「《詩經》上說，『要像對待骨器、玉石一樣，切割雕琢它。』說的就是這個意思吧？」孔子說：「賜（子貢的名）呀，我現在可以和你談論《詩經》了，告訴你從前的事情，你能夠以此類推、舉一反三了解將來的事情。」

【點評】孔子的學生子貢，請孔子評價這樣的人品行如何。孔子回答說，能夠做到窮但是不諂媚他人，富貴卻不驕傲，這樣的人也算是不錯了，但是還不夠好。在孔子看來，貧窮卻能保持樂觀，富貴卻能謙虛好禮更為可貴。社會上無論貧或是富都能各司其職，便可保持社會的穩定。

真誠為人，謙虛好禮

做人做事都要有誠信，只要你誠懇對待別人，別人也會誠懇地對待你，這將對你的事業有很大的幫助。

```
信以恭為基礎
信 ————————→ 恭
恭以信為標準
```

「信」和「恭」是相輔相成的，「信」要以「恭」為基礎，方能做到踐行可復，「恭」要以「信」為標準，以「禮」為尺規，方能遠離恥辱。

做人沒有誠信就會一無所有。

人如果沒有誠信，說出的話就像吹出的七色泡，泡泡雖然五光十色，十分漂亮，但瞬間就會破滅。

小智慧大妙處

真誠無價 當今社會，物欲橫流，但人們對「真誠」發自內心的呼喚從未停止，真誠已成為做人之本。對於身居高位要職的達官貴人，高處不勝寒是他們內心真實的寫照，他們真正渴望的是人與人之間的真誠。真誠無價，那是因為真誠用高位要職換不來，真誠用金錢買不來；真誠易得，那是因為真誠在我們的日常生活中隨處可見，就看你有沒有一雙發現真誠的眼睛，和同樣也真誠的心境。

191

4. 子曰：「不患人之不己知，患不知人也。」

【譯文】孔子說：「我不擔心別人不了解我，我只怕自己不了解別人。」

【點評】孔子教育自己的學生，在別人不了解自己的時候，要有「人不知而不慍」的精神，要了解他人，不能因為別人的不理解而影響自己，放棄自己的理想和追求，要能夠在寂寞中做成應該做的事業，完成應該具有的仁德修養。別人不了解我，並不會使我的理想和優良的本質受到影響，如果別人肯用心來了解我，我肯定能被他人接受。孔子的這種思想，表現出自信和寬容大度的氣魄。

5. 子曰：「視其所以，觀其所由，察其所安。人焉廋哉？人焉廋哉？」

【譯文】孔子說：「看一個人做什麼樣的事情，觀察他做事情的動機，考察他對什麼樣的事情心安理得，這樣一來，這個人的內心又怎麼能隱蔽得了？這個人又能隱蔽得了什麼呢？」

【點評】這段話講述的是觀察別人的方法。孔子認為，對人應該聽其言而觀其行，還要看他做事的出發點，他對什麼樣的事情和狀況心安理得，就可以從他的言論、行動到他的內心，全面了解他這個人，獲得對這個人的真正認識。

6. 子曰：「君子周而不比，小人比而不周。」

【譯文】孔子說：「君子合群愛交朋友，但是不和人相互勾結。小人相互勾結卻不合群。」

【點評】孔子提出君子和小人的區別，品德優良的君子在和別人交往時，能夠與人和睦相處，但是卻不和別人勾結在一起。小人卻相反，因私利而結黨勾結，不能與大多數人融洽相處。

司馬遷是我國古代傑出的歷史學家，他有著優良的品德。司馬遷在寫《史記》的過程中，因為李陵投降匈奴，漢武帝誅殺李陵全家，司馬遷為李陵講情，惹怒了漢武帝，而受到宮刑的處罰。司馬遷在《報任安書》中敘述，自己與李陵其實並不是親密的好友，甚至沒有什麼來往。司馬遷為李陵講情，是因為他認為李陵這個人有「國士之風」，品德優良，孝順講義氣，為人誠實守信，節儉廉潔不貪財，待人恭敬有禮，為此司馬遷認為李陵投降匈奴，可能是有迫不得已的苦衷。從司馬遷的敘述中可以看出，司馬遷與李陵平時幾乎沒有什麼交往，但是在關鍵時刻，卻站出來為李陵說話。君子之間，不會相互勾結，卻能在關鍵時刻站出來，不怕犧牲自己的利益，只因為一個「義」字。小人則正好相反，他們平時在一起，來往頻繁熱鬧，但等到真正遇到事情時，很可能就會翻臉無情。

察人有術，無患知己

要了解一個人，透過一件小事情或者一個小細節就能看出來。內心高尚純潔的人會顯得飄逸靈動，反之，內心齷齪的人就會顯得死氣沉沉、陰險狡詐，所謂「相由心生」就是這個道理。

司馬遷捨身取義

《史記》是我國西漢著名史學家司馬遷撰寫的一部紀傳體史書，是中國歷史上第一部紀傳體通史，被列為二十四史之首，原名《太史公記》。該書是中國古代最著名的古典典籍之一，記載了上自上古傳說中的黃帝時代，下至漢武帝元狩元年間共三千多年的歷史。與後來的《漢書》、《後漢書》、《三國志》合稱「前四史」。

司馬遷著《史記》，其史學觀念在於「究天人之際，通古今之變，成一家之言」。司馬遷探求的天人之際，並非承認天的神秘力量，而是重視天人之間關係的演變，了解「古今之變」的關鍵，探求出歷史動態發展變化的層面，最終完成「一家之言」。

司馬遷與李陵平時沒什麼交往，但在關鍵時刻卻站出來為李陵說話。君子之間，不會相互勾結，在關鍵時刻站出來不怕犧牲自己的利益，只為一個「義」字。

193

7. 子曰：「人而無信，不知其可也。大車無輗，小車無軏，其何以行之哉？」

【譯文】孔子說：「一個人如果不講信譽，就不知道他有什麼可取之處。就像大車的橫木兩頭沒有活鍵，小車的橫木兩頭少了木銷一樣，怎麼能行駛呢？」

【點評】孔子用比喻闡述誠實的重要性，誠信是為人處世的基礎，沒有誠信的人就好比大車沒有活鍵，小車沒有橫木上的木銷一樣，無法立足和行走。信，是儒家傳統倫理準則之一，是人立身處世的基點。在《論語》中，信的含義有兩種：一是信任，即取得別人的信任；二是對人講信用。

南朝梁時，有個叫明山賓的人到集市上賣牛，標價三兩銀子，過往的人都說太便宜了。明山賓便想改價，但一個年輕人眼明手快，搶在明山賓改價之前，提出要買下那頭牛。明山賓說一不二，就將那頭牛賣給年輕人。明山賓回到家，把賣牛的經過告訴妻子，妻子說：「那頭牛能賣三兩銀子就不錯了。」原來，那頭牛多年前曾得過漏蹄病。明山賓一聽，說：「那買牛的人不是虧損了嗎？」明山賓費盡九牛二虎之力，才找到那個買牛人，向他說明狀況，不肯欺騙他。

8. 王孫賈問曰：「『與其媚於奧，寧媚於竈』，何謂也？」子曰：「不然，獲罪於天，無所禱也。」

【譯文】王孫賈問孔子：「『與其向奧神獻媚，不如奉承竈神』，這句話是什麼意思？」孔子說：「這話沒有道理，如果得罪了老天，就沒有地方可以祈禱求情。」

【點評】古人認為奧神的地位高於竈神，王孫賈是衛國的權臣，在此以奧神比喻衛靈公，以竈神比喻衛靈公身邊有權勢的臣子，王孫賈用這個當時的俗語，暗示孔子奉承衛靈公不如奉承他身邊的權臣，與權臣維繫好關係，才更有實際用途。孔子的回答義正言辭，說要是得罪了上天，那麼求誰都沒有用了，斷然拒絕王孫賈的拉攏。

9. 子游曰：「事君數，斯辱矣；朋友數，斯疏矣。」

【譯文】子游說：「侍奉君主過於煩瑣，就會受到侮辱；對待朋友太煩瑣，反而會使朋友感到難堪，而疏遠了自己。」

【點評】這段話講的是侍奉君主與對待朋友，強調不能單方面過於主動，要雙方都情願交往與溝通。以煩瑣的態度侍奉君主，容易引起君主的反感，為自己招來侮辱；單方面過於熱情對待朋友，從自己這一方面來說是出於好意，但是也許有可能為朋友帶來不便，使朋友疏遠自己。所以無論是侍奉君主還是對待朋友，都需要掌握一定的限度，注意雙方的溝通與交流。

信守不渝做人，恰如其分辦事

誠信是為人處世的基礎，不守信用則無法暢行於社會。做事也要把握分寸，防止過猶不及。

明山賓回到家，把賣牛的經過告訴妻子，妻子說：「那頭牛曾經得過漏蹄病，能賣三兩銀子就不錯了。」

明山賓知道自己賣給別人的牛得過病之後，主動找到那個人說明情況，不肯欺騙他。

誠信為本

誠信是為人的根本，也是做人必備的品德。只有以誠信為本，內心才能平和，道路才會四通八達，事業才能事半功倍。

至誠至真 → 高尚境界 ← 至善至美

小智慧大妙處

佛經說誠

1. 以誠待人：《寶女所問經》載：「佛告寶女，菩薩有三法，常懷至誠。何謂三法？未曾欺佛，不自欺身，亦不欺誑一切眾生。」
2. 反求緒己：人各有所長，要從自己做起，認為當做的事從自己做起，不當做的事從自己戒起。
3. 對待親友：敬愛親友而不輕慢，能以善言相教；對朋友守信用，從不欺誑；朋友危難時，能加以救助；朋友沉迷放縱時，能善巧方便地引導他改過遷善。
4. 誠心待人：倘遇發生人事爭執時，只要自己回心轉意，肯認錯，對方絕沒有不諒解、不言歸於好的。能夠這樣做，彼此就相安無事了。天下沒有不可化的人，只怕自己待人不夠誠心罷了。

10. 子曰：「居上不寬，為禮不敬，臨喪不哀，吾何以觀之哉？」

【譯文】孔子說：「為官執政的人不能寬厚待人，行禮的時候不恭敬莊重，遇到喪事也不悲哀，這個樣子我怎麼能看得下去呢？」

【點評】孔子主張實行「德治」、「禮治」，對為官執政的人提出一定的道德要求：寬厚守禮、真誠恭敬。對為官執政的人不遵守禮儀規範的現象，孔子感到無法容忍。如果在治理國家時，不能給百姓帶來示範作用，是不可能治理好國家的。自身的道德修養不夠，不能使百姓信服，更不能使百姓心甘情願地去執行。執政者自己品行不端，難以取信於人，更無法真正地贏得民心。

11. 子曰：「不仁者，不可以久處約，不可以長處樂。仁者，安仁；知者，利仁。」

【譯文】孔子說：「沒有仁德的人，不可以長時間地處在貧困之中，久貧必然心生盜念，也不可以長時間地處在安樂的環境中，久樂必然滋生荒淫之念。有仁德的人安於仁義道德，有智慧的人享受仁義帶來的利益。」

【點評】孔子強調做人要以仁為本，沒有仁德的人，長久地處在貧困或安樂之中，就會為非作歹，放盪墮落。只有仁者安於仁，智者也會行仁。

西漢時期，漢武帝派大臣蘇武等人出使西域，與匈奴單于修好關係，由於副使張勝參與匈奴的內部鬥爭，單于大怒，把蘇武等人扣押於北海（今貝加爾湖）。匈奴人對蘇武威逼利誘，但是蘇武誓死不屈，最後淪為匈奴的奴隸，在茫茫草原上放羊。直到漢昭帝即位，派人與匈奴和親，並索還漢使蘇武，匈奴人理虧，謊稱蘇武已死。漢使得密報，知道蘇武仍在世，就謊稱大漢天子在上林苑射雁，其中一隻大雁足繫蘇武親筆寫的信，表明他本人仍被困，匈奴人驚慌，忙派人找到蘇武將他送還漢朝。蘇武在匈奴受十九年的折磨，回到長安的那天，長安的人們都來迎接他，他們瞧見白鬍鬚、白頭髮的蘇武，手裡拿著光剩杆子的符節，都十分感動。一個人，有仁的本心，在任何環境下都能做到矢志不渝。

12. 子曰：「唯仁者能好人，能惡人。」

【譯文】孔子說：「只有仁德的人，才懂得什麼樣的人可以愛，什麼樣的人可恨。」

【點評】儒家在講「仁」的時候，不僅是要「愛人」，而且還要「恨人」。孔子認為有愛就有恨，愛和恨是相對的。有仁心的人，不會出於利益或者是偏見去評價別人，他們評價別人的標準是仁心。如果一個人不仁，那麼這個人就是可恨的；如果一個人有仁心，這樣的人是值得愛的。只要做到「仁」，就能夠真正理解好與惡，就必然會有正確的愛與恨。

仁者安仁，居上以寬

做人要以仁為本，不論處在什麼環境中，都會保持道德操守、保持氣節，這樣在治理國家方面，才能樹立典範，取信於民，達到真正的民心所望。

蘇武

蘇武（西元前 140～前 60 年），中國西漢大臣，字子卿，杜陵（今陝西西安東南）人。武帝時為郎，天漢元年（西元前 100 年）奉命以中郎將持節出使匈奴，被扣留。匈奴貴族多次威脅利誘，欲使其投降，後將他遷到北海（今貝加爾湖）邊牧羊，揚言要公羊生子方可釋放他回國。蘇武歷盡艱辛，留居匈奴十九年持節不屈，至始元六年（西元前 81 年），方獲釋回漢。蘇武死後，漢宣帝將其列為麒麟閣十一功臣之一，以彰顯其節操。

蘇武牧羊

匈奴貴族揚言「公羊生子」方可釋放他回國。蘇武歷盡艱辛，留居匈奴十九年持節不屈。

蘇武不向敵人投降，被敵人軟禁的時候，忍耐著巨大的痛苦，直到返回家鄉時，蘇武依舊手持漢朝符節。

蘇武牧羊

蘇武留胡節不辱。雪地又冰天，窮愁十九年。渴飲雪，饑吞氈，牧羊北海邊。心存漢社稷，旄落猶未還。歷盡難中難，心如鐵石堅。夜在塞上時聞笳聲，入聲痛心酸。轉眼北風吹，群雁漢關飛。白髮娘，望兒歸。紅妝守空帷，三更同入夢，兩地誰夢誰？任海枯石爛，大節不稍虧。終教匈奴心驚膽碎，拱服漢德威。

小智慧大妙處

仁學思想的產生 仁的產生是社會關係大變動後，在倫理思想上的表現，是對父與子、君與臣以及國與國關係的倫理總結，因而具有很豐富的內容。從另一個角度說，仁學思想的產生，是社會生產力發展的結果，生產力的發展，必然促使生產關係的變革，這種社會變革，引起人與人之間關係的劇烈變化，出現「禮崩樂壞」的局面。當《周禮》被破壞後，有識之士便站出來，尋求一種新的人與人之間的理想關係。孔子就是這樣從春秋時代大量有關仁的思想資料中，加以取捨、提煉和綜合，使仁具有一定的範疇，並以此為邏輯起點，構築早期的儒家思想體系。

13. 子見南子，子路不說。夫子矢之，曰：「予所否者，天厭之！天厭之！」

【譯文】孔子去見衛靈公夫人南子，子路對此很不高興。孔子發誓說：「如果我做什麼不正當的事情，就讓上天棄絕我吧！就讓上天棄絕我吧！」

【點評】弟子們尊重孔子，是因為老師學識淵博，道德品行方面堪為人師，但一旦認為孔子做不恰當的事情時，學生子路敢於表現出對此很不滿的情緒。身為老師的孔子，並沒有指責子路，而是向子路發誓表明：「並沒有做任何對不起仁義道德的事情，我所做的事情都是正當的。」由此可見，孔子師生之間相處，並不總是講理說道，還有非常親切與平和的一面。

14. 子曰：「富與貴，是人之所欲也，不以其道得之，不處也；貧與賤，是人之所惡也，不以其道得之，不去也。君子去仁，惡乎成名？君子無終食之間違仁，造次必於是，顛沛必於是。」

【譯文】孔子說：「富裕和顯貴，是人們都想要得到的，如果不是用正當的手段得到富貴，君子是不會接受的；貧窮與低賤，是人們都想要避開的，如果不是用正當的途徑去擺脫貧賤，君子寧可不去擺脫貧賤。君子離開仁德，又怎麼能配得上叫君子呢？君子就連一頓飯的時間，都不會違背仁德，無論是在倉促緊迫的時候，還是在顛沛流離的時候，都不會違背仁德。」

【點評】關於仁義與利欲的關係，孔子指出不能因為客觀條件的艱苦，就改變自己的仁德。任何人都不會甘願過貧窮困頓、流離失所的生活，都希望得到富貴安逸，但是要改變這些，必須透過正當的手段和途徑去獲取，如果手段不正當，那麼君子寧可保持貧賤。在面對利欲時，孔子強調仁義為先，不能因為利欲而失去自己的仁德。東晉後期的大詩人、文學家陶淵明生性淡泊，他關心百姓疾苦，淡泊功名，為官清正，不願與腐敗官場同流合汙，過著時隱時仕的生活。

15. 子曰：「放於利而行，多怨。」

【譯文】孔子說：「為追求利益而去做事，就會招來很多怨恨。」

【點評】在義與利的問題上，孔子認為一個人做的事情，如果只是出於利益，就很容易招來別人的埋怨。相反，若不是為了利益，而是更多地去依照義做事情，則更易使大家信服。具有高尚人格的君子，不會總是考慮個人利益的得失，更不會全心追求個人利益。在面對利益時，他也不會做出不符合道義的事情，也就是說，要先符合義，再談及自身的利益。

富貴不能淫，威武不能屈

富貴是人們所嚮往，任何人都不願甘於貧困，但是如果用不正當的手段獲得富貴，那麼就有悖於義。在利益面前，要堅持仁義道德，這是君子所為。

陶淵明

陶淵明（西元約 365～427 年），字元亮，號五柳先生，諡號靖節先生，入劉宋後改名潛。東晉末期南朝宋初期詩人、文學家、辭賦家、散文家，東晉潯陽柴桑（今江西省九江市）人。曾做過多年小官，後辭官回家，從此隱居，田園生活是陶淵明詩的主要題材，相關作品有《飲酒》、《歸園田居》、《桃花源記》、《五柳先生傳》、《歸去來兮辭》、《桃花源詩》

不為五斗米折腰

陶淵明關心百姓疾苦，有著「猛志逸四海，騫翮思遠翥」的志向，但由於淡泊功名，為官清正，不願與腐敗官場同流合汙，過著時隱時仕的生活。一個有道德的君子，在任何情況下都會堅持仁義道德。

飲酒

結廬在人境，而無車馬喧。
問君何能爾？心遠地自偏。
采菊東籬下，悠然見南山。
山氣日夕佳，飛鳥相與還。
此中有真意，欲辨已忘言。

16. **原思為之宰，與之粟九百，辭。子曰：「毋，以與爾鄰里鄉黨乎！」**

【譯文】原思為孔子當管家，孔子給他九百俸米，原思推辭不肯要。孔子說：「不要這樣，如果有多餘的就送給你的鄰居鄉親們吧！」

【點評】孔子對他人富有同情、仁愛之心。在有條件的情況下，盡可能地多去幫助其他人，而不是只顧自己過得好，對於他人死活毫不關心。這與孔子的一貫主張，為人要有仁德之心的思想一致。

17. **哀公問社於宰我，宰我對曰：「夏后氏以松，殷人以柏，周人以栗，曰『使民戰栗』。」子聞之，曰：「成事不說，遂事不諫，既往不咎。」**

【譯文】魯哀公問宰我，做土地神的牌位用什麼樹木合適，宰我回答說：「夏朝用的是松樹，殷商用的是柏樹，周朝用的是栗子樹。用栗子樹的意思是使百姓戰慄害怕。」孔子聽說這件事後說：「已經過去的事情就不要再說了，已經變成現實的事情也不要再勸諫了，已經成為過去的事情也就不要再追究了。」

【點評】古時候，立國都要建立祭土神的廟，選用當地生長的樹木做土地神的牌位。宰我說周朝用栗子樹的目的，是使百姓戰慄害怕，孔子對此不贊同。因為宰我的話語中暗含了對周天子的譏諷，孔子卻不以為然，說已經過去的事情就不要再提了。孔子對此作出的觀點中，所含的寬恕大度的精神流傳至今。

戰國時，齊國的孟嘗君在自己的封地廣招門人食客，給予優厚待遇，一時間，食客達數千人。秦國對孟嘗君的才能甚為恐懼，便使用離間計，使孟嘗君失去齊國相國的職位，食客也接二連三地離開。後來有位叫馮煖的人，用計使孟嘗君官復原職，孟嘗君感慨人們的無情，馮煖卻勸告孟嘗君說這是「人之常情，不應該記恨他們。」孟嘗君聽後便表現出君子風度，學會寬大為懷，得饒人處且饒人。

18. **子貢曰：「我不欲人之加諸我也，吾亦欲無加諸人。」子曰：「賜也，非爾所及也。」**

【譯文】子貢說：「我不希望別人強加給我不願意做的事，我也不希望強迫別人去做他們不願意做的事情。」孔子說：「賜呀，這不是你所能做到的事情啊！」

【點評】子貢告訴孔子，不希望別人逼迫自己去做自己不願意做的事情，而且自己也不會去強迫別人做他們不願意做的事情，孔子說子貢達不到這種境界。這種自由自在的境界不容易達到，因為人生活在群體之中，自己不願意這樣做，並不代表別人也不會這樣做，所以，孔子對子貢說這不是他所能做到的事情。

大量能容，不動聲色

人與人交往中要學會寬容，設身處地的為他人著想，包容身邊人的小缺點，並時刻反省自己的行為，「己所不欲，勿施於人」這種境界不容易達到。

> 賜啊，這不是你所能做到的事情啊！

> 我不希望別人強加給我不願意做的事情，我也不希望強迫別人去做他們不願意做的事情。

得饒人處且饒人

> 孟嘗君聽到，心領神會了不再記恨他們，表現出他的君子風度。

> 食客們因為您喪失地位而離開也是一樣的道理，他們所追求的東西沒有了，所以不應該記恨他們。

小智慧大妙處

寬容　寬容是美好的情感，寬容是良好的心態，寬容是崇高的境界。能夠寬容別人的人，其心胸像天空一樣寬闊、透明，像大海一樣廣闊、深沉，以德報怨，是寬容的最高境界。

> 孟嘗君因為被人設計陷害，失去在齊國的職位，食客紛紛離開他。後來他官復原職，感慨人們的無情。

19.　子禽問於子貢，曰：「夫子至於是邦也，必聞其政，求之與？抑與之與？」子貢曰：「夫子溫、良、恭、儉、讓以得之。夫子之求之也，其諸異乎人之求之與！」

【譯文】子禽問子貢：「老師每到一個國家，總是會聽到有關這個國家的政事，這是老師求人家告訴他的呢，還是人家主動講給他聽的呢？」子貢說：「老師靠溫和、善良、恭敬、節儉、謙讓的良好品德獲得這種禮遇。老師求人的方法，大概是和別人不同的吧！」

【點評】子禽和子貢的對話，把孔子的處世方法表現出來。孔子每到一個國家，都會受到這個國家的器重和尊重，這與他「溫」、「良」、「恭」、「儉」、「讓」的優良品德是分不開的，這樣更容易受到他人的信任和好感。儒家重視質樸，不崇尚奢華，謙讓不爭，指的是不爭名奪利，在名和利方面謙讓不爭，讓人占先；在責任與義務方面，則不能不爭，更不能退讓。多學別人所長，而鑒他人所短，這樣的道德理念與現代社會的道德理念相一致。墨家也是如此，墨子的弟子說齊國的百姓很苦，沒有衣服穿，沒有飯吃，墨子難過地說：「這都是因為國君不愛護百姓，不知道勤儉節約造成的啊！古代聖賢都提倡節儉，只要這件事不會給百姓帶來好處，就不做。正因為這樣，所以我們應該注重節儉啊！」

20.　子曰：「巧言、令色、足恭，左丘明恥之，丘亦恥之。匿怨而友其人，左丘明恥之，丘亦恥之。」

【譯文】孔子說：「滿嘴的花言巧語，裝出討好人的樣子，態度過於恭敬近諂媚，左丘明認為這樣的人很可恥，我也認為這樣的人可恥。把仇恨隱藏起來，表面上卻對這個人很友好，左丘明認為這樣的人很可恥，我也認為這樣的人很可恥。」

【點評】左丘明反感花言巧語、口是心非的人，認為這樣的人非常虛偽可恥，孔子說自己和左丘明的態度一致。嘴上甜言蜜語，臉上笑容可掬，實際上卻是笑裡藏刀、口蜜腹劍，這樣的人不僅孔夫子厭惡，放到現在也是一樣讓人厭惡。他提倡人們正直、坦率、誠實，不要口是心非、表裡不一，這符合孔子培養健康人格的基本要求。這種思想在我們現今，仍有一定的教育意義。

21.　子在陳曰：「歸與！歸與！吾黨之小子狂簡，斐然成章，不知所以裁之。」

【譯文】孔子在陳國說：「回去吧！回去吧！我家鄉的弟子們胸懷大志，但是行為粗疏狂放；雖然文采斐然，卻不知道如何持守中正，極待指點栽培啊！」

【點評】孔子說這一段話時，正當魯國季康子執政，想要召回冉求協助處理

政事。孔子說回去吧，去為官從政，實現他們的抱負。同時，又指出自己的學生們尚存在的問題：行為粗率簡單，還不知道怎樣節制自己，需要繼續完善自己，培養良好的道德品行，而這些還有待於他的教養。

聖人要保持一顆「常心」

老子提出和恆心相當的「常心」，他認為古代的聖人，正是因為沒有屬於自己的恆心，拋棄雄心壯志，所以才將天下百姓的心，作為自己的「常心」。

聖人的「常心」

聖人 ──收斂──→

常心 →

善待善良的人
善待不善良的人 ─獲得─ 善良

相信守信的人
相信不守信的人 ─獲得─ 誠信

私欲和偏見
↓促使
百姓專注於自己的耳聰目明
↓
心思歸於渾樸
↓
百姓之心

詩歌特色

① 謳歌理想，抒發悲憤
② 蔑視權貴，追求自由
③ 揭露現實，抨擊時政
④ 情緒起伏，充滿矛盾
⑤ 豪邁奔放，清新飄逸

將進酒

君不見，黃河之水天上來，奔流到海不復回。君不見，高堂明鏡悲白髮，朝如青絲暮成雪。人生得意須盡歡，莫使金樽空對月。天生我材必有用，千金散盡還復來。烹羊宰牛且為樂，會須一飲三百杯。岑夫子、丹丘生，將進酒，杯莫停。與君歌一曲，請君為我傾耳聽。鐘鼓饌玉不足貴，但願長醉不復醒。古來聖賢皆寂寞，唯有飲者留其名。陳王昔時宴平樂，斗酒十千恣歡謔。主人何為言少錢，徑須沽取對君酌。五花馬，千金裘，呼兒將出換美酒，與爾同銷萬古愁。

22. 子曰：「君子坦蕩蕩，小人長戚戚。」

【譯文】孔子說：「君子心胸寬廣，小人經常憂愁。」

【點評】「君子坦蕩蕩，小人長戚戚」是人們所熟知的一句名言。許多人常將此句寫成條幅，懸於室中，激勵自己。孔子認為，作為君子，應當有寬廣的胸懷，可以容忍別人，容納各種事件，不計個人利害得失。而心胸狹窄、與人為難、與己為難、時常憂愁、局促不安的人，就不可能成為君子。

三國時期，曹操刺殺董卓失敗後，與陳宮一起逃至呂伯奢家，呂伯奢見曹操來，冒死為曹操出山買酒，並叫家僕們殺雞款待。呂公離去不久，曹操與陳宮忽然隔門聽見院中家僕們一片吆喝之聲：「把院門攔住，不要讓牠們跑了！」曹操大為驚駭，他立刻猜忌：「呂公假稱去買酒，實則是外出報信，要把我們殺害請官領賞啊！」陳宮也誤會家僕們要殺自己。於是，曹操與陳宮立刻拔刀衝出房門，不問青紅皂白，拔劍誤殺害無辜。小人患得患失，整天猜疑別人，導致失去理智，釀成惡果。因此，面對流言蜚語一定要冷靜，須知「長相知，不相疑；不相疑，才能長相知」。

23. 季氏使閔子騫為費宰，閔子騫曰：「善為我辭焉！如有復我者，則吾必在汶上矣。」

【譯文】季氏派人請閔子騫去治理采邑費城，閔子騫說：「請為我好言推辭掉吧！如果再來找我，那時我已經移居到汶水邊上了。」

【點評】本段記述的是閔子騫不願做官的故事，反映他處亂世而不驚、遇惡人而不辱的超然態度，和極富智慧的處世哲學。宋代人朱熹對閔子騫的這一作法極表讚賞，朱熹說，處在亂世當中，遇到惡人當政，如果過於剛強可能為自己惹來禍患，如果態度過於柔和又容易使自己受到屈辱。硬碰或者屈從都要受害，又剛又柔，剛柔相濟，才能應付自如，保存實力。閔子騫的回答則是剛柔並濟，一方面要來人好言好語替自己謝絕季氏；另一方面則威脅說如果再逼迫我，我可就要逃到你的鄰國齊國去。這種處世態度，是智慧的表現。

24. 子曰：「不有祝鮀之佞，而有宋朝之美，難乎免於今之世矣！」

【譯文】孔子說：「如果沒有像祝鮀那樣能言善辯的口才，也沒有宋朝那樣的美貌，在當今之世很難避免災難的！」

【點評】孔子這一段話，表達對社會現狀的不滿。現實中，能言善辯者與容貌美麗者，都比孔子崇尚的講仁義道德更受歡迎。孔子認為這是一種社會退步的表現，因此抒發對衰敗社會風氣的感傷之情。

君子坦蕩蕩，小人長戚戚

　　君子做事坦坦蕩蕩，光明磊落，可以容納各種事情；而小人卻是計較個人得失，心胸狹隘，時常憂愁，最終也不會成就大的事業。

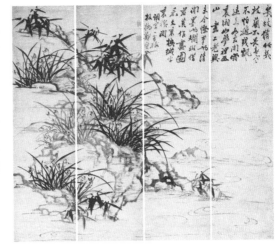

　　蘭花為美好、高潔、純樸、賢德、賢貞、俊雅之類的象徵，因為蘭花本質高潔，又有「花中君子」之美稱，常與菊花、水仙、菖蒲合稱為「花中四雅」，又與梅花、竹子、菊花並稱為「四君子」。

君子與小人

　　曹操和陳宮為了躲避追殺逃到好友呂伯奢家，忽然聽見院中有吆喝聲，疑心是要把他殺害去領賞。

　　曹操和陳宮不問青紅皂白，就把院中的人殺死，後來才知道，院中的人正在宰殺一頭豬給他們接風。

205

25. 樊遲問知，子曰：「務民之義，敬鬼神而遠之，可謂知矣。」
問仁，曰：「仁者先難而後獲，可謂仁矣。」

【譯文】樊遲問孔子什麼是智者，孔子說：「專心致力於使百姓遵守仁義道德，對待鬼神態度恭敬但是要避開它們，這樣就可以說是智者了。」樊遲又問什麼是仁，孔子說：「仁者就是遇到困難的事情，做在別人的前面；遇到收穫的事情，走在別人的後面，這樣就可以說是仁者了。」

【點評】孔子認為「智」就是要以道德教化來治理百姓，使百姓懂得仁義道德，並提出「敬鬼神而遠之」的主張，否定宗教傳統的神權觀念。他不迷信鬼神，認為有智慧的人是有道德的人，而且懂得使百姓都成為懂得仁義道德的人。而仁者就是「先難而後獲」，收穫在後，遇到困難走在前面，這樣的人可以算是仁者了。

26. 子曰：「齊一變，至於魯；魯一變，至於道。」

【譯文】孔子說：「齊國一改革，能夠達到魯國的這個水準；魯國一改革，能夠達到先王大道的樣子。」

【點評】孔子在此處所講的「道」是治國安邦的最高原則。魯國封建經濟發展比較緩慢，與奴隸社會相適應的上層建築保存比較完整，對於《周禮》保存更為完備，而《周禮》正是孔子所推崇與嚮往的。所以孔子說齊國改革可以達到魯國的樣子，而魯國一改革，就達到先王之道。這反映孔子對《周禮》的無限眷戀之情。

27. 子曰：「不在其位，不謀其政。」

【譯文】孔子說：「不在那個職位上，就不考慮那個職位的政事。」

【點評】孔子主張各安其位，如果不屬於自己的職責範圍，卻去考慮那個職位的政務，這有僭禮之嫌。「不在其位，不謀其政」涉及儒家所謂的「名分」問題，不在其位而謀其政，則有僭越之嫌，被人認為是「違禮」之舉。這在春秋末年為維護社會穩定，產生重要的作用，但對後世則有些的不良影響，尤其對民眾不關心政治、安分守禮的心態，有著誘導作用。

三國時，蜀國主簿楊儀「以家論國」勸諫諸葛亮，「治理政治有一定制度，上下不能超越許可權而相互侵犯。」雖然諸葛亮身具曠世之才，可他事必躬親，超出主管政事之許可權，長此下去，使自己的健康受損，最終辦事效率降低。楊儀對諸葛亮說：「一家中主人負責持家，家內職責明確，主人的需求也應滿足了。可是有一天，主人要自己包攬所有家務，不再分派任務給其他人，於是，主人身疲力乏。究其原因，他丟掉當家做主的規矩。」諸葛亮聽後，深悟「齊家、治國、平天下」的道理。放權給別人，並不失為政道理，各司其職，才能有效率。

不在其位，不謀其政

　　孔子主張各司其職，不屬於自己的職責範圍，不要考慮那些政務，否則就有越禮之嫌，要安分守己。

楊儀以家論國

安分守己的郭太后

　　「不在其位，不謀其政」，貴為一國之後的郭太后，她自始至終秉承著國家的祖訓，不肯參與國政。正因為她的堅持，所以才留下千古的美名。

太子年幼，請太后暫掌朝政，以安定臣心！

　　郭太后是郭子儀的孫女，是唐朝穆宗皇帝的母親。曾經輔佐了好幾代皇帝，但是她安分守己，緊遵後宮不得干政的制度，保留了郭氏的家風。

　　昔日武后稱制，幾乎毀了我大唐社稷，我郭家世代忠義，並不和武氏一族一樣。太子雖然年幼，但是有賢相輔助，有什麼可以擔心呢？

28. 子曰：「富而可求也，雖執鞭之士，吾亦為之。如不可求，
    從吾所好。」

【譯文】孔子說：「如果富貴是合乎道的可以去追求，即使是替人執鞭為人開路這樣下等的差事，我也願意去做。如果不合乎道，就不要去追求富貴，我要按照自己的愛好去做事情。」

【點評】孔子談到追求富貴與合乎道的問題。孔子並不反對追求富貴，只不過這種富貴必須是符合道的要求，否則，他寧可去做自己喜歡的事情，也不去追求那些沒有道義而求來的富貴。由此可知，孔子不反對做官，也不反對發財，但必須合乎道，這是原則問題。這表明孔子自己不會違背原則，去追求那些富貴榮華。

29. 子曰：「苟志於仁矣，無惡也。」

【譯文】孔子說：「如果立志培養仁德，就不會去做壞事了。」

【點評】孔子勉勵人們要立志成為一個仁德之人，那樣就不會犯上作亂、為非作歹，也不會驕奢淫逸、隨心所欲；主張安分守己，做一些對國家有利、對百姓有益的事情。孔子教育人們要努力把自己培養成一個有仁德之心的人。

鍾會是曹魏早期，太傅鍾繇七十四歲時，張姓小妾生的兒子。鍾會生性聰敏，讀書博聞強識，而且非常用功。二十二歲時任中書侍郎，二十九歲時封關內侯，三十一歲時因功升為司隸校尉，負責京畿六郡治安，令人刮目相看。後來在軍事活動中更是才氣大展，為司馬昭出謀劃策，屢建奇功，但是此人有才無德。他晤見嵇康時受到怠慢，伺機報復，落井下石，在司馬昭面前說嵇康很多壞話，結果嵇康被處死。景元四年，司馬昭令鍾會、鄧艾、諸葛緒分三路出兵伐蜀。開戰不久，鍾會為專軍權，竊取功名，先後向上級祕密誣告諸葛緒作戰不力，鄧艾異志，使其二人先後被司馬昭「檻車征還」。有才無德的人通常都有一顆「狼子野心」，鍾會的野心愈來愈大，最後發展到謀反的地步。做壞事又必然多疑，鍾會謀反因多疑而事敗，遭誅。

30. 子之所慎：齊、戰、疾。

【譯文】孔子處理這些事情小心謹慎：齋戒、戰爭、疾病。

【點評】齋戒、戰爭、疾病，這些事情對於每一個人來說都是大事情，所以孔子以非常謹慎的態度來對待這些事情。

君子愛財，取之有道

富貴是每個人都想得到的，可是要用正確的方法，追求它要合乎道義。同時人們要提升自己的道德修養，努力把自己培養成一個有仁德之心的人。

鍾會有才無德終無道

鍾會因為會見嵇康時受到怠慢，伺機報復，經常在司馬昭面前說嵇康的壞話，最終嵇康被處死。

司馬昭讓鍾會、鄧艾、諸葛緒出兵伐蜀，鍾會為了攬軍權，密告鄧艾和諸葛緒作戰不力，使二人先後被司馬昭「檻車征還」。

山間煮茶圖

高士帶童子來到山間，在溪水邊，坐在松樹上，看著小童勞作。他們一個正在岸邊專注自己手裡的東西，一個蹲在溪中的岩石上汲水。

小智慧大妙處

富貴不能淫，貧賤不能移　仁道是安身立命的基礎，是生活的原則。所以，無論是富貴還是貧賤，無論是倉促之間還是顛沛流離之時，都絕不能違背這個基礎和原則。用孟子的話來說，「富貴不能淫，貧賤不能移」。

31. 子疾病，子路請禱。子曰：「有諸？」子路對曰：「有之。《誄》曰：『禱爾於上下神祇。』」子曰：「丘之禱久矣。」

【譯文】孔子得了重病，子路為孔子祈禱。孔子說：「有這樣的事情嗎？」子路回答說：「有的。《誄》上說：『為你向天地神仙祈禱。』」孔子說：「如果果真如此，我已經祈禱很久了。」

【點評】孔子患了重病，子路為他祈禱，孔子對此舉並不加以反對，而且說自己已經祈禱很久了。孔子不是一個非常迷信天地神靈的人，也沒有對鬼神抱有懷疑態度，而只是表現出他對待生死與疾病泰然處之、從容樂觀的態度。

32. 子曰：「參乎，吾道一以貫之。」曾子曰：「唯。」子出，門人問曰：「何謂也？」曾子曰：「夫子之道，忠恕而已矣。」

【譯文】孔子說：「參啊，我的全部思想有一個原則貫穿始終。」曾子回答說：「是這樣啊。」孔子出去以後，其他學生問曾子：「老師說的是什麼？」曾子回答說：「老師說的原則，就是忠和恕罷了。」

【點評】忠恕之道是孔子思想的重要內容，對朋友要忠，對君主要忠，忠就是要盡心盡力，不藏私心；恕就是要對人對事寬容大度。待人寬恕，是仁德的基本要求，它貫穿於孔子思想的各個方面。孔子的思想以仁為基礎，一個有仁德的人，才能信守忠恕之道。

戰國初年，魏文侯派大將樂羊討伐中山國，當時樂羊之子樂舒在中山國為官。兩軍交戰，中山國想利用樂舒迫使魏國退兵，樂羊不為所動，為把握勝局，樂羊對中山國採取了圍而不攻的戰略。消息傳到魏國，一些讒臣紛紛向魏文侯狀告樂羊假公濟私，魏文侯不予輕信，不但將奏摺壓下不看，還當即決定派人到前線勞軍，並為樂羊修建新宅。樂羊圍城數日，待時機成熟，一舉破城，滅了中山國。班師回朝後，魏文侯大擺慶功宴，酒足飯飽、眾人離席後，魏文侯叫住樂羊，搬了一個大箱子令其觀看，原來裡面裝滿了揭發樂羊圍城不攻、私利為重的奏章。樂羊激動地對魏文侯說：「如果沒有大王的明察和氣度，我樂羊早為刀下之鬼了。」

33. 子曰：「好勇疾貧，亂也。人而不仁，疾之已甚，亂也。」

【譯文】孔子說：「好勇鬥狠不能忍受貧窮，就容易犯上作亂。對於不仁德的人和事，過於憎恨，則必然導致禍亂發生。」

【點評】孔子認為如果百姓好勇鬥狠，不能忍受貧窮的生活，就容易犯上作亂。對於不仁德的人和事過於憎惡，也容易惹出亂子。這種看法符合歷史事實，在歷史上很多農民起義，有些是因為不能忍受貧窮，有些是因為憎恨不仁不義，加上起義的農民具有勇敢的本質，導致戰亂發生。

忠恕之道，一以貫之

孔子非常重視忠恕之道，它貫穿於孔子思想的各個方面。孔子說過：「盡己之謂忠，推己及人之謂恕。」

讒臣紛紛向魏文侯告狀，指出樂羊假公濟私。

魏文侯不予輕信，不但將奏摺壓下不看，還當即決定派人到前線勞軍，並為樂羊修建新宅。

如果沒有大王的明察和氣度，我樂羊早為刀下之鬼了。

用人不疑是每一個做帝王的準則，只有這樣才能讓賢德的人，一心一意為你服務。

揭發樂羊圍城不攻、私利為重的奏章。

忠恕之道 ➡ 待人以誠

將心比心

聖人孔子非常重視忠恕之道，而以誠待人就合乎忠恕之道，所以孔子說：「盡己之謂忠，推己及人之謂恕。」

推己及人就是做到「己所不欲，勿施於人」。

孔子三千弟子，七十二賢人，他最滿意品德高尚的顏回。

211

34. 子曰：「篤信好學，守死善道。危邦不入，亂邦不居。天下有道則見，無道則隱。邦有道，貧且賤焉，恥也；邦無道，富且貴焉，恥也。」

【譯文】孔子說：「堅定信念用功學習，誓死守衛善道。不去政局不穩的國家，不在動亂的國家居住。天下政治清明就出來從政做官，天下政治黑暗就隱居起來。國家政治清明，自己卻貧窮低賤，這是一種恥辱；國家政治黑暗，自己卻擁有富貴，這也是一種恥辱。」

【點評】孔子講的是為官從政與為人處世之道。在天下有道、秩序井然的時候，要出來為官，為治理國家貢獻自己的才能。在這樣的時候，如果自己還貧窮與低賤，孔子認為是很可恥的。在國家無道的時候，擁有富貴是很可恥的。此外，還應該把個人的貧賤榮辱與國家的興衰存亡聯繫在一起，這是為官的基點。

35. 子謂顏淵曰：「用之則行，舍之則藏，唯我與爾有是夫！」子路曰：「子行三軍，則誰與？」子曰：「暴虎馮河，死而無悔者，吾不與也。必也臨事而懼，好謀而成者也。」

【譯文】孔子對顏淵說：「用我，我就積極做事；不用我，我就藏起來，能這樣做的人只有你和我吧！」子路說：「如果讓老師統帥大軍，您會讓誰和您一起呢？」孔子說：「赤手空拳打老虎和徒步過大河，就是死也不後悔，這樣的人，我是不會和他共事的。我需要的是，在遇到事情時謹慎小心而不慌亂恐懼，善於謀劃而且能完成的人。」

【點評】孔子談到處世之道，表明他非常珍惜生命，自覺地履行生命的使命，同時對那種勇而無謀的行為進行了批評，表明自己不會與「暴虎馮河，死而無悔」的人一起統帥軍隊，這樣的人看似勇敢，其實只是匹夫之勇。自己需要的是遇事沉著鎮定，善於謀劃，辦事能力強的人。「勇」是孔子道德範疇中的一個德目，但「勇」不是蠻不講理，而是「臨事不懼，好謀而成」的人，這種人智勇兼有，符合「勇」的規定。

36. 子曰：「先進於禮樂，野人也；後進於禮樂，君子也。如用之，則吾從先進。」

【譯文】孔子說：「先學習禮樂而後再做官的人，是原來沒有爵祿的平民；先當了官然後再學習禮樂的人，是君子。如果要選用人才，那我主張選用先學習禮樂的人。」

【點評】在西周時期，人們因社會地位和居住地的不同，有貴族、平民和鄉

野之人的區分。孔子認為，那些先當官，即原來就有爵祿的人，在為官以前，沒有接受禮樂知識的系統教育，還不知道怎樣為官，便當了官，這樣的人是不可選用的。而那些本來沒有爵祿的平民，他們在當官以前，已經全面系統地學習禮樂知識，然後就知道怎樣當一個好官。這裡談的是用人要唯賢是舉，其標準是「賢」，而不是看他的出身。

天下興亡，匹夫有責

國家的興衰與每個人都息息相關，為官者更要把自己的存亡和國家的興衰聯繫在一起，這才是為官的基點，這就要求為官者在選拔國家棟梁之材時，唯賢是舉。

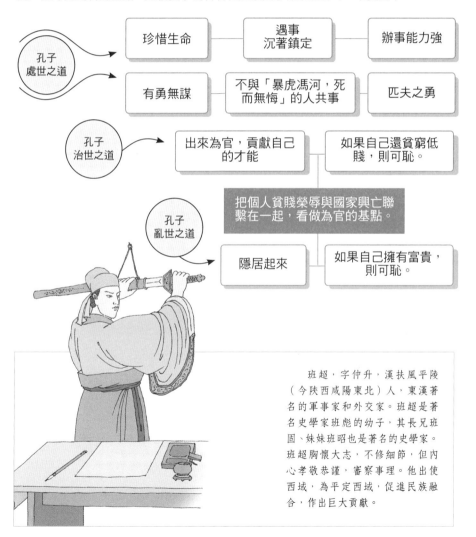

孔子處世之道 → 珍惜生命 — 遇事沉著鎮定 — 辦事能力強

有勇無謀 — 不與「暴虎馮河，死而無悔」的人共事 — 匹夫之勇

孔子治世之道 → 出來為官，貢獻自己的才能 — 如果自己還貧窮低賤，則可恥。

把個人貧賤榮辱與國家興亡聯繫在一起，看做為官的基點。

孔子亂世之道 → 隱居起來 — 如果自己擁有富貴，則可恥。

班超，字仲升，漢扶風平陵（今陝西咸陽東北）人，東漢著名的軍事家和外交家。班超是著名史學家班彪的幼子，其長兄班固、妹妹班昭也是著名的史學家。班超胸懷大志，不修細節，但內心孝敬恭謹，審察事理。他出使西域，為平定西域，促進民族融合，作出巨大貢獻。

213

37. 互鄉難與言，童子見，門人惑。子曰：「與其進也，不與其退也，唯何甚？人潔己以進，與其潔也，不保其往也。」

【譯文】互鄉這個地方的人難以和他們談話，有一個互鄉的童子求見孔子，孔子接待他，弟子們對此感到迷惑不解。孔子說：「我們贊同他的進步，而不是贊同他的退步，何必要做得過分呢？懂得改正缺點，積極上進，我們要贊同他的進步，不要執著於他的過往。」

【點評】孔子時常到各地宣傳自己的思想主張，但在互鄉這個地方，他的思想主張卻行不通，但是孔子對此寬容大度。強調要鼓勵積極求上進的人們，對於肯改正缺點過失的人們，要持積極肯定的態度。這展現出孔子與人為善的處事態度和寬容精神。

戰國時期，廉頗是趙國有名的良將，他戰功赫赫，被拜為上卿，藺相如「完璧歸趙」有功，被封為上大夫。不久，在澠池，秦王與趙王相會的時候，藺相如維護了趙王的尊嚴，因此也被提升為上卿，且位在廉頗之上。廉頗對此不服，揚言見了藺相如要羞辱他一番，而藺相如有意不與廉頗會面，別人以為藺相如害怕廉頗，可是藺相如說：「我哪裡會怕廉將軍？不過，現在秦國倒是有點怕我們趙國，這主要是有廉將軍和我在。如果我和他相互攻擊，只會對秦國有益。」這話傳到廉頗耳朵裡，他十分感動，便光著上身，背負荊杖，向藺相如請罪，他羞愧地說：「我真是一個糊塗的人，想不到你能這樣的寬宏大量！」兩個人終於結成誓同生死的朋友。

38. 子貢曰：「有美玉於斯，韞匵而藏諸？求善賈而沽諸？」子曰：「沽之哉，沽之哉！我待賈者也。」

【譯文】子貢說：「這裡有一塊美玉，是把它收藏在櫃子裡呢，還是找一個識貨的商人來把它賣掉呢？」孔子說：「把它賣掉吧，把它賣掉吧！我正等著這樣的識貨人來呢！」

【點評】子貢與孔子的對話，表明孔子用美玉來比喻人才。子貢問孔子，有美玉是找一個識貨的人把它賣掉好呢，還是把它藏在櫃子裡好呢？孔子回答說，賣掉好，他也正等著能賞識美玉價值的識貨人呢！可見孔子是主張積極入世的，主張有才能有道德的人，要積極從政為官，不要把自己藏起來。孔子自己也在等待合適的機會，他一方面四處遊說，以宣傳禮治天下為己任，期待著各國統治者能夠行他之道於天下；另一方面，他也隨時準備把自己推上治國之位，依靠政權的力量去推行禮。因此，本段反映孔子求仕的心理。

39. 廄焚。子退朝，曰：「傷人乎？」不問馬。

【譯文】馬棚失火燒毀。孔子退朝回來，說：「傷人嗎？」而不問馬的情況。

【點評】孔子家裡的馬棚失火被燒掉，當他聽到這個消息後，首先問人有沒有受傷。有人說，儒家學說是「人學」，可以以此為佐證。他只問人，不問馬，表明他重人不重財。事實上，這是中國自古以來人道主義思想的發端。

與人為善，功德日進

「海納百川，有容乃大」，要有大海般寬闊的胸襟，就要有融匯百川的度量；與人為善，才能使自己的品德獲得提升。

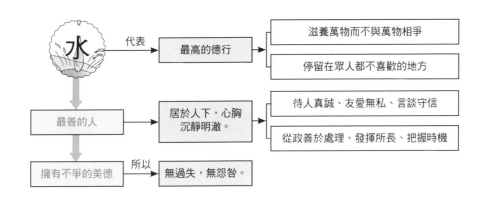

水 —代表→ 最高的德行 —→ 滋養萬物而不與萬物相爭

停留在眾人都不喜歡的地方

最善的人 —→ 居於人下，心胸沉靜明澈。 —→ 待人真誠、友愛無私、言談守信

從政善於處理、發揮所長、把握時機

擁有不爭的美德 —所以→ 無過失，無怨咎。

人道主義思想的發端

小智慧大妙處

寬容的重要性 寬容是一種美德，要學會不苛責別人，不因為他們的錯誤而責怪和憎恨他們。寬容的人能以德服人，其實只要豁達些、寬容些，處境會很快得以改善。學會寬厚待人，是一門課程，良好的人際關係，是一個人立足於社會的資本，是一個人取得成功的要素。這需要尊重他人、包容他人，只有這樣才能得到他人的理解和尊重。

40. 子曰:「吾有知乎哉?無知也。有鄙夫問於我,空空如也。我叩其兩端而竭焉。」

【譯文】孔子說:「我有知識嗎?我其實沒有多少知識。如果一個見識淺薄的人問我有什麼學問,我覺得自己什麼都不知道,而且一點都不了解。我從問題的兩端反覆追問,這樣獲得對問題的了解。」

【點評】孔子的這一段話,表明孔子是一個非常謙虛的學者。孔子這種謙虛的態度,是真正有智慧的表現,因為在廣闊的世界中,每一個人能學到的知識都是有限的,所以承認自己在某些問題上無知,是實事求是的表現。孔子有一個分析、解決問題的基本方法,這就是「叩其兩端而竭」,這種方法,表現出儒家的中庸思想。從前有位學士,認為自己對禪的領悟已經到很高的境地,就想找一位當世高人驗證一下自己的深度。有位在南山修行的禪師,他參禪的造詣很高,信徒們都稱他為「南隱」,這位學士聽說後,就去拜訪南隱,南隱拿著茶壺很認真地向杯子裡斟著,杯子裡的茶水已經滿了,可是南隱還沒有停手的意思。茶水不斷地從杯中溢出,已經流到案桌上,學士提醒說:「老禪師,茶已經滿了。」老禪師像是剛剛醒悟似的,這才把茶壺放下,他指著那斟得滿滿的杯子對學士說:「你就像這只杯子,裡面已經裝滿了你自己的觀點。而我要說的是我自己的想法和見解,正像那些淌到外面去的水一樣,你不先把自己的杯子空出來,叫我如何對你說禪呢?」

41. 季路問事鬼神。子曰:「未能事人,焉能事鬼?」「敢問死。」曰:「未知生,焉知死?」

【譯文】季路問怎樣去侍奉鬼神。孔子說:「沒能侍奉好人,怎麼能侍奉鬼呢?」季路說:「請問死是怎麼回事?」孔子說:「還不知道活著的道理,怎麼能知道死的事情呢?」

【點評】這段孔子講的是「事人」,指侍奉君父。在君父活著的時候,如果不能盡忠盡孝,君父死後也就談不上孝敬鬼神,他希望人們能夠忠君孝父。本段為孔子「敬鬼神而遠之」做襯底,顯示孔子重視現實人生,注重「有益」、「有用」這種理性、實用的生活態度。

42. 季氏富於周公,而求也為之聚斂而附益之。子曰:「非吾徒也,小子鳴鼓而攻之可也。」

【譯文】季氏比周公還要富有,而冉求還幫他聚斂財富,追隨他幫助他。孔子說:「他的行為不是我的學生所應該做的,你們可以大張旗鼓地去攻擊他!」

【點評】魯國的三家曾於西元前562年,將魯國國君直轄的土地和附屬地上的奴隸瓜分,季氏分得三分之一。西元前537年,季氏推行了新的政治和經濟措施,所以很快富了起來。孔子的學生冉求幫助季氏聚斂錢財,搜刮人民,所以孔子很生氣,表示不承認冉求是自己的學生,而且讓其他學生打著鼓去聲討冉求。

叩其兩端而竭，謙虛謹慎求學

在廣闊的世界中，一個人學到的知識是有限的，所以要謙虛謹慎，承認自己的無知才是真正的智者。

有一個覺得自己對禪領悟很深的人，去請教南隱「禪」的含意。

南隱表示，如果這個人不把自己的思想空出來，就不能領悟南隱對「禪」的解釋。

小智慧大妙處

放低姿態 做人要懂得謙虛，只有這樣才會接受新的知識，才能接納別人善意的建議。不論學習什麼，都要抱有「空杯心態」，這樣才不至於成為蠻不講理的狂人，才不會招來他人的嫉恨，陷自己於險境。

217

43. **子路使子羔為費宰。子曰：「賊夫人之子。」子路曰：「有民人焉，有社稷焉。何必讀書，然後為學？」子曰：「是故惡夫佞者。」**

【譯文】子路讓子羔去做費地的長官。孔子說：「這簡直是害人子弟。」子路說：「那個地方有百姓，有社稷，治理百姓和祭祀神靈都是學習，難道一定要讀書才算學習嗎？」孔子說：「所以我討厭那種花言巧語狡辯的人。」

【點評】孔子主張「學而優則仕」，反對在仕中學、學中仕，以免誤事誤人。

44. **子張問明。子曰：「浸潤之譖，膚受之愬，不行焉，可謂明也已矣。浸潤之譖，膚受之愬，不行焉，可謂遠也已矣。」**

【譯文】子張問怎樣做才算是明察幽微。孔子說：「像水潤物那樣暗中挑撥他人的壞話，像切膚之痛那樣直接的誹謗，在你那裡都行不通，那你可以算是明智的了。暗中挑撥的壞話和直接的誹謗，在你那裡都行不通，那你可以算是做到有遠見了。」

【點評】孔子所論述明智的問題，是對處於領導地位的執政者而言的，它有著至關重要的作用。

龐統，字士元，東漢末年劉備帳下謀士，官拜中郎將，才智與諸葛亮齊名，號「鳳雛」。當初在周瑜病死後，魯肅曾經向孫權推薦龐統，但是孫權沒有起用他，魯肅只好推薦龐統去投奔劉備。劉備見他長相難看，就將他安排到耒陽縣當縣令，龐統見諸葛亮不在，便想用才學打動劉備，未果，只得辭行。到耒陽後，終日借酒澆愁。劉備聽聞龐統不理政事，終日飲酒取樂，大怒，命張飛去荊南巡視。張飛遂與孫乾一同前往，到了卻未見龐統出來迎接，龐統的同僚告訴張飛，龐統如何不理政事，張飛大怒，想擒拿龐統，孫乾勸他等見了龐統，再治罪也不遲。張飛見到龐統後，大喝他把縣的各種事廢了，而龐統卻認為都是小事，結果只用了半天的時間，就把這數個月的事都處理了，張飛佩服不已，就向劉備推薦他。統治者應該注重人才的選拔，不應以貌取人，明智才能求賢，且不要一味地聽信讒言，要有自己的判斷，兼聽則明。

45. **子曰：「君子和而不同，小人同而不和。」**

【譯文】孔子說：「君子講求和諧而不同流合汙，小人只求完全一致而不講求協調。」

【點評】孔子認為，君子可以與周圍的人保持和諧融洽的關係，對任何事情都會經過獨立思考，從來不人云亦云，盲目附和；但小人沒有自己獨立的見解，只求與別人完全一致，而不講究原則，不能與人保持一種融洽友好的關係。在許多問題上，都會展現「和而不同」和「同而不和」的區別。

和而不同，同而不和

　　「和而不同」是君子與人保持和諧融洽關係的處事方式，「和而不同」顯示出孔子的思想富有深刻的哲理性和高深的智慧性。但小人則沒有自己獨立的見解，只求與別人完全一致，而不講究原則，所以不能與人保持融洽友好的關係。

和而不同，兼聽則明　　　　　　　　　同而不和，沒有原則

與人保持和諧		凡事經過大腦獨立思考
不人云亦云	君子 和而不同	辦事有原則、有思想

與人關係不和諧		附和別人的思想
人云亦云	小人 同而不和	辦事毫無原則

「鳳雛」龐統

　　「鳳雛」龐統由於長相不佳，沒有得到劉備重用，但並沒有頹廢，而是忍耐愁苦，終用學識打動劉備。厚積薄發，經過沉澱表現出來的才是精華。

張飛見龐統後，大喝他把縣的各種事給廢了。

劉備見龐統長相難看，就將他安排到耒陽縣當縣令。

這些都是小事，半天就可以完成。

46. 子曰：「有德者必有言，有言者不必有德；仁者必有勇，勇者不必有仁。」

【譯文】孔子說：「有道德的人必定有善言，而有善言的人不一定有道德。仁人一定是個勇敢的人，而勇敢的人不一定有仁德。」

【點評】這一段解釋的是言論與道德、勇敢與仁德之間的關係。這是孔子的道德哲學觀，他認為勇敢只是仁德的一個方面，二者不能畫等號，所以，人除了有勇以外，還要修養其他各種道德，進而成為有德的人。

47. 子曰：「君子而不仁者有矣夫，未有小人而仁者也。」

【譯文】孔子說：「君子中也有沒有仁德的人，而小人中有仁德的人是沒有的。」

【點評】在孔子看來，「仁」的境界非常高，是難以企及的，君子尚且要時時努力，小人就更難做到了。

48. 子路問事君。子曰：「勿欺也，而犯之。」

【譯文】子路問怎樣侍奉君主。孔子說：「不能欺騙他，但可以犯顏直諫。」

【點評】以孔子的經驗之談，對君主要忠誠，做人要正直。

海瑞是中國歷史上有名的清官，是傾力反對貪官汙吏的政治家，是敢於冒死罵皇帝荒淫無道的忠勇之臣，是為腐敗官場所不容的、剛直不阿的堅貞之士。海瑞為官一生，為國為民操勞一世，其以一人之身反抗滿朝的貪汙腐敗。江南最大的鄉官、海瑞的恩人、前內閣首輔徐階的第三子徐瑛霸占民田，魚肉鄉里，強占民女趙小蘭。小蘭母洪阿蘭告狀，華亭縣令王明友受賄，杖斃小蘭祖父。應天巡撫海瑞微服出訪，路遇洪阿蘭，查明真相，判處徐瑛、王明友死罪，飭令退田。徐階買通太監及其他權貴，妄圖罷免海瑞，推翻定案。海瑞的兒子也因此被害，妻子吳氏忍受不了失去兒子的痛苦，吊死在自己的房間。災難性的打擊接踵而至，吳氏自殺後的半個月，海瑞的夫人王氏因病情加重而去世。海瑞忍受著巨大的痛苦，終於識破奸計，斷然處斬二犯，然後交出大印，慨然罷官歸里。

做人正直，德勇兼備

「仁」的境界非常高，希望達到「仁」的境界就要嚴格要求自己，首先從做人開始，培養自己的品格。

有善言和勇敢都屬於德的一部分，不能畫等號。人除了有勇以外，還要修養其他各種道德，成為有德之人。在君子中存在沒有仁德的人，而在小人中就不存在有仁德的人，可見「仁」的境界是很高的，需要不斷地努力。

海瑞剛正不阿，直言敢諫

海瑞判處徐瑛、王明友死罪，而自己的家人也因此被連累受害，海瑞斷然處斬二犯，交出大印，慨然罷官歸里。

221

49. 子曰：「愛之，能勿勞乎？忠焉，能勿誨乎？」

【譯文】孔子說：「愛他，怎麼能不讓他經受勞苦的磨練呢？想讓他忠誠不渝，怎能不對他教誨呢？」

【點評】這裡談的是愛百姓、愛後進者，而且要忠於朋友、忠於國家。

50. 子曰：「不逆詐，不億不信，抑亦先覺者，是賢乎！」

【譯文】孔子說：「不預先懷疑別人欺詐，也不猜測別人不誠信，然而能事先覺悟的人，這就是賢人啊！」

【點評】人在交往中應該謹守誠信，推己及人。

　　春秋時，有年冬天，齊國下大雪，連著下三天三夜還沒有停。齊景公披件狐皮袍子，坐在廳堂裡欣賞雪景，覺得景致新奇，心中盼望再多下幾天，則更漂亮。晏子走近，若有所思地望著翩翩下降的白雪，景公說：「下三天雪，一點也不冷，倒像春暖的時候！」晏子看見景公皮袍裹得緊緊的，又在室內，就有意追問：「真的不冷嗎？」景公點點頭。晏子知道景公沒有理解他的意思，就直爽地說：「我聽聞古之賢君：自己吃飽了要去設想還有人餓著，自己穿暖還有人受凍，自己安逸了還有人累著。可是你怎麼就不去想想別人啊？」景公被晏子說得一句話也答不上來。慈悲為懷的人，總會設身處地體會別人的切身感受，總會「推己及人」地為別人著想。人生在世境遇必然各不相同，所以人們常感歎命運不公平。古語云「人生不如意事十之八九」，不要因為一時的挫折就一蹶不振，當你站在別人的角度去面對問題時，也許你會覺得自己還是很幸運的。

51. 原壤夷俟。子曰：「幼而不孫弟，長而無述焉，老而不死，是為賊。」以杖叩其脛。

【譯文】原壤很隨意地又開雙腿坐著等待孔子。孔子罵他說：「年幼的時候，你不講孝悌，長大又沒有什麼可說的成就，老而不死，真是害人精啊！」說著，用手杖敲他的小腿，使他改變不恭的姿態。

【點評】孔子批評一些無所作為，又不能尊重人的人，當然是帶有詼諧的口吻，從孔子對原壤的言行可見，他與原壤的關係很好。

小智慧大妙處

將心比心，設身處地　換位思考是人對人的一種心理體驗過程。將心比心，設身處地，是達成理解不可缺少的心理機制。它客觀上要求我們將自己的內心世界，如情感體驗、思維方式等與對方聯繫起來，站在對方的立場上體驗和思考問題，與對方在情感上得到溝通，為增進理解奠定基礎。它既是一種理解，也是一種關愛。人與人之間要互相理解、信任，並且要學會換位思考，這是人與人之間交往的基礎。

推己及人，誠信待人

人生在世，每個人的際遇不同，在交往中就應該堅持誠信，設身處地的為別人著想，這是人生中最好的修養門徑。

晏嬰

晏嬰（西元前 578～前 500 年），字仲，謚平，習慣上多稱平仲，又稱晏子，夷維人（今山東萊州），春秋後期一位重要的政治家、思想家、外交家。晏嬰是齊國上大夫晏弱之子，以生活節儉、謙恭下士著稱，據說晏嬰身材不高，其貌不揚。齊靈公二十六年（西元前 556 年）晏弱病死，晏嬰繼任為上大夫。

晏子春秋

晏嬰推己及人

我聽聞古之賢君：「自己吃飽了，要去設想還有人餓著，自己穿暖還有人凍著，自己安逸了還有人累著。可是，你怎麼不去想想別人啊？」

景公裹著厚厚的皮袍，望著窗外翩翩下降的白絮說：「下三天雪，仍不覺得冷」

齊景公披件狐皮袍子，坐在廳堂欣賞雪景，不顧及百姓的切身感受，還希望多下幾天雪。晏嬰給予說教，要懂得推己及人。

52. **公伯寮愬子路於季孫。子服景伯以告，曰：「夫子固有惑志於公伯寮，吾力猶能肆諸市朝。」子曰：「道之將行也與，命也；道之將廢也與，命也。公伯寮其如命何？」**

【譯文】公伯寮向季孫告發子路。子服景伯把這件事告訴孔子，並且說：「季孫氏已經被公伯寮迷惑，我的力量能夠把公伯寮殺害，把他陳屍於市。」孔子說：「道能夠得到推行，這是天命決定；道不能得到推行，也是天命決定。公伯寮能把天命怎麼樣呢？」

【點評】孔子又一次談到自己的天命思想，「道」能否推行，不是小人破壞就能決定，在天命而不在人為，即所謂「謀事在人，成事在天」。

53. **子曰：「賢者辟世，其次辟地，其次辟色，其次辟言。」子曰：「作者七人矣。」**

【譯文】孔子說：「賢人逃避動盪的社會而隱居，次一等的逃避到另外一個地方去，再次一等的逃避別人難看的臉色，再次一等的迴避別人難聽的話。」孔子又說：「這樣做的已經有七個人了。」

【點評】人不會總是處於一帆風順的環境裡，身居逆境，應該怎樣做，這是孔子教授給弟子們的處世之道，不僅在歷史上有用，現今一樣有價值。

54. **或曰：「以德報怨，何如？」子曰：「何以報德？以直報怨，以德報德。」**

【譯文】有人說：「用恩德來報答怨恨怎麼樣？」孔子說：「用什麼來報答恩德呢？應該是用正直來報答怨恨，用恩德來報答恩德。」

【點評】孔子認為「以德報怨」看起來很寬容，但是不夠正直，應該是「以直報怨」。這是說，不因有舊惡舊怨而改變自己的公平正直，也就是秉持正直。

梁國邊境靠近楚國的地方，有一個縣令叫宋就，兩國交界的地方住著村民，村民們都喜歡種瓜。這一年春天，兩國的邊民又都種下瓜種，不巧這年春天天氣比較乾旱，由於缺水，瓜苗長得很慢。梁國人每天晚上挑水到瓜地裡澆灌，連續澆了幾天，梁國村民的瓜地裡，瓜苗長勢明顯好起來，楚國的村民非常嫉妒，有些人晚上便偷偷潛到梁國村民的瓜地裡去踩瓜秧。宋縣令阻止村民的報復，說：「從今天開始，你們每天晚上去幫他們澆地，結果你們自己會看到。」村民們按宋縣令的意思去做，楚國的村民發現梁國村民不但不記恨，反倒天天幫他們澆瓜，慚愧得無地自容。後來楚國縣令將此事上報楚王，楚王原本對梁國虎視眈眈，聽完此事，深受感動，主動與梁國和好。

以直報怨，重生全身

做人要懂得飲水思源，為人一生，總會得到別人的幫助，而受人點滴之恩，應該湧泉相報，不可忘記別人對自己的恩惠。

一等賢人逃避動盪的社會而隱居；二等賢人逃避到另外一個地方去；三等賢人逃避別人難看的臉色；四等賢人迴避別人難聽的話。

為人處世要懂得張弛有度，在順境的時候要努力奮鬥，而身居逆境就更應該不屈不撓。這是孔子重生的思想。

以直報怨，友好相處

懶惰的楚國人在呼呼大睡，瓜田裡的瓜秧都乾枯了。

梁國人每晚悄悄地去為楚人澆瓜。

楚人瓜地

楚王知道梁國人為自己瓜田澆水非常感激，並對自己以前的行為感到慚愧，便派人帶豐厚的禮品向梁國邊境人員道歉，並請求與梁王交往。

225

55. **在陳絕糧，從者病，莫能興。子路慍見曰：「君子亦有窮乎？」子曰：「君子固窮，小人窮斯濫矣。」**

【譯文】孔子在陳國斷糧食，隨從的人都餓病了，不能起身。子路很不高興地來見孔子，說道：「君子也有窮得毫無辦法的時候嗎？」孔子說：「君子雖然窮困，但還是堅持著；小人一遇窮困就無所不為了。」

【點評】孔子告訴人們在人生遇到窘困的時候，要堅持理想和操守，在面臨窮困潦倒的時候，君子與小人就有顯而易見的不同。

元末明初的大學問家陶宗儀，學識淵博，為人正直，議論政事落榜後，就定居在松江泗涇南村，以耕讀授徒為生，生活清苦，卻樂在其中。陶宗儀在田間耕種的休息時間，總把心得記在樹葉上，而且每寫完一片樹葉，就把它放進甕罐裡，埋在樹下。陶宗儀在田間寫作十年，有一天，陶宗儀叫學生們拿著工具，帶他們到田間把埋在大樹下的甕罐全挖出來，又叫學生們把樹葉上的文字重新抄錄一遍，然後根據這些資料，進行整理補充，編著成書，這就是《南村輟耕錄》。

56. **子張問行。子曰：「言忠信，行篤敬，雖蠻貊之邦行矣。言不忠信，行不篤敬，雖州里行乎哉？立則見其參於前也，在輿則見其倚於衡也，夫然後行。」子張書諸紳。**

【譯文】子張問如何才能使自己的主張被人們接受。孔子說：「說話要忠信，行事要篤敬，即使到蠻貊地區也可以行得通。說話不忠信，行事不篤敬，就是在本鄉本土能行得通嗎？站著，就彷彿看到『忠信篤敬』這數個字顯現在面前；坐車，也好像看到『忠信篤敬』這數個字刻在車轅前的橫木上，這樣才能使自己暢行無阻。」子張把這些話寫在腰間的大帶上。

【點評】孔子教育學生的為人處世之道，做事忠人所託，認真厚道，取信於人，不管什麼時候都行得通。

57. **子曰：「可與言而不與之言，失人；不可與言而與之言，失言。知者不失人，亦不失言。」**

【譯文】孔子說：「可以同他談話，卻不互相交談，這就是失掉朋友；不可以同他談話的人，卻同他談了不該談的話，這就是錯失言語。有智慧的人可以做到既不失去朋友，也不使言語有失。」

【點評】這是孔子關於知人與慎言的一段名言，失人與失言都是不智的，要善於把握其中分寸。

言忠信，行篤敬

　　人生難免會有窘困的時候，這時就要堅持理想和操守，不僅做事要忠人所託，而且要認真厚道，才能取信於人。

　　陶宗儀，字九成，號南村，浙江黃岩人（今清陶鄉）。父陶煜（上虞縣尹），叔陶復初（書畫家）。元至正八年（西元 1348 年）三月，赴考進士，因議論政事而落第。八月，黃岩、方國珍起義，陶為避兵出遊浙東、浙西，向張翥、李孝先、杜本學習經文詩詞，向舅舅趙雍學書法。

《南村輟耕錄》是陶宗儀花了十年寫在樹葉上的書。

陶宗儀勤於讀書，勤於寫作，身上總是隨身帶筆墨，就是下田勞作也不例外。

說話忠信，行事篤敬

　　如果按照「禮」的規定，規範自己的行為，並時刻與道德修養高的人學習，那麼離「仁」就不遠了。

君子遇窮困一直堅持

　　不論什麼時候都要「言忠信，行篤敬」，這樣不論何時都行得通。

小人遇窮困無所不為

　　小人道德素質都比較低，自我約束能力弱，遇到窮困就會不知所措，而無所不為。

58.　子曰：「志士仁人，無求生以害仁，有殺身以成仁。」

【譯文】孔子說：「有志向有仁德的人，不會因為貪生怕死而損害仁，只會選擇犧牲自己的性命來成全仁義。」

【點評】「殺身成仁」被近現代某些人加以解釋和利用後，似乎已經成貶義詞。其實，我們認真、深入地去理解孔子所說的這句話，可以發現孔子的生死觀，是以「仁」為最高原則的。生命對每個人來說都是十分寶貴的，但還有比生命更寶貴的，那就是「仁」。自古以來，它激勵著多少仁人志士，為國家和民族的生死存亡而拋頭顱灑熱血，譜寫許多可歌可泣的壯麗詩篇。

59.　子貢問為仁。子曰：「工欲善其事，必先利其器。居是邦也，事其大夫之賢者，友其士之仁者。」

【譯文】子貢問怎樣實行仁德。孔子說：「工匠想把工作做好，必須首先整治好工具。住在這個國家，就要侍奉大夫中的那些賢者，與士人中的仁者交朋友。」

【點評】「工欲善其事，必先利其器」這句話在民間已為人們所熟知，而且已成為普遍的做事規律，從事任何一項工作都要做好準備工作，打好基礎。孔子以此作比喻，說明實行仁德的方式，首先要侍奉賢者，結交仁者。

　　從前有一個年輕人，每天到森林去砍柴，他工作非常努力，在別人休息的時候，他依然還在工作，他希望有朝一日能夠成功，趁著年輕多拼一些。可是半個多月了，他竟然沒有一次能夠贏過那些老前輩，明明他們在休息，為什麼還會輸給他們呢？年輕人百思不解，以為自己不夠努力，下定決心明天要更賣力才行，結果隔天的成績反而比前幾天還差。這個時候，有一個老前輩叫這個年輕人休息，年輕人說：「我的成績那麼差，哪來的時間休息啊？」老前輩笑著搖頭說：「傻小子，砍柴除了力氣，更重要的是我們手裡的斧頭。我們經常磨刀，刀鋒鋒利，所砍的柴當然比較多；而你從來都不磨刀，雖然費的力氣可能比我們還要多，但是斧頭卻愈來愈鈍，砍的柴當然也就愈少啊！」

60.　子曰：「人無遠慮，必有近憂。」

【譯文】孔子說：「人沒有長遠的考慮，一定會有眼前的憂患。」

【點評】這是孔子重要的思想方法之一，提醒人們面對問題應該從長遠著眼，否則，眼前就會發生困難。這句話具有永恆的哲理價值。

仁之可貴

要成為仁人，就要侍奉賢者，結交仁者，這樣才能打好基礎，才能看得更遠，考慮問題也會更全面。

磨刀不誤砍柴工

「工欲善其事，必先利其器」，所以做任何一件事，都要做好準備工作，打好基礎，這樣才能離目標愈來愈近。

人無遠慮，必有近憂

你這麼多年來為我出謀劃策，事情辦得很順利，真是太好了，現在讓我們一同來享受榮華富貴吧！

不過，我很願意您在享受快樂的時候，能夠想到國家以後的許多事情。《尚書》上說：「安居的時候，應該想到可能發生的危險。」能夠這樣做事，才會先有準備，有準備才可避免失敗和災禍的到來。

229

61. 子曰：「君子矜而不爭，群而不黨。」

【譯文】孔子說：「君子莊重而不與別人爭執，合群而不結黨營私。」

【點評】孔子所秉持的為人之道就是自尊、仁愛和理性。「矜而不爭」，與人為善，不拉幫結派，這些都是一個正直君子之所為。

62. 子曰：「君子不以言舉人，不以人廢言。」

【譯文】孔子說：「君子不憑一個人負有盛名而輕易舉薦他，也不因為一個人卑微無聞而廢棄他說的合乎道義、符合事實的話。」

【點評】孔子認為，君子應該注重義、禮、遜、信的道德準則；他嚴格要求自己，盡可能做到「三不朽」，即立言、立德、立功，而傳名於後世；他行為莊重，與人和諧，但不結黨營私，不以言論重用人，也不以人廢其言等。當然，這只是君子的一部分特徵。

63. 子貢問曰：「有一言而可以終身行之者乎？」子曰：「其『恕』乎！己所不欲，勿施於人。」

【譯文】子貢問孔子：「有沒有一個字可以讓人終身奉行的呢？」孔子回答說：「那就是恕吧！自己不願意做的事，不要強加給別人。」

【點評】「忠恕之道」可以說是孔子的發明，這個發明對後人影響很大。一個人應該終身行「恕」，將心比心，己所不欲，勿施於人。孔子把「忠恕之道」看成是處理人際關係的一條準則，這也是儒家倫理的一個特色。這樣，可以消除別人對自己的怨恨，緩和人際關係，安定社會秩序。

戰國時期有個叫白圭的人，總是吹噓自己治水的本領比大禹還要強，於是被請到魏國去治水。他治水的方法是修築堤壩，把水堵住，可是常堵住這裡，那邊又冒出來。魏國的洪水是堵住了，可是洪水卻全部都流到魏國的鄰國，致使鄰國遭受洪水之災，但他還自以為是水利專家。一次，孟子當面指責他說：「你這種以鄰為壑的治水方法是錯誤的。從前大禹治理洪水，是採用疏導的方法，將洪水引向大海，對自己國家有利，卻又沒有損害他人。如今你治理洪水，就是讓洪水流到相鄰的國家去，對自己國家有利，但是損害他國的利益，你這種治水的方法，怎麼能和大禹相比呢？」白圭被孟子的一番話說得啞口無言，再也不敢拿自己和大禹相提並論了。

君子矜而不爭，己所欲施於人

君子與人為善，堅持自尊、仁愛和理性的為人之道，嚴格要求自己，將心比心，「忠恕之道」是處理人際關係的一條重要的準則。

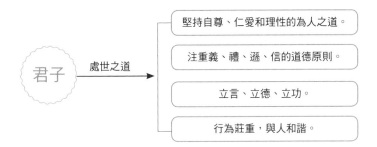

君子 —— 處世之道 →
- 堅持自尊、仁愛和理性的為人之道。
- 注重義、禮、遜、信的道德原則。
- 立言、立德、立功。
- 行為莊重，與人和諧。

己所不欲，勿施於人

孟子曾對白圭說：「你這種以鄰為壑的治水方法是錯誤的。從前大禹治理洪水，是採用疏導的方法，將洪水引向大海，對自己國家有利，卻又沒有損害他人。如今你治理洪水，就是讓洪水流到相鄰的國家去，對自己國家有利，但是損害他國的利益。」

小智慧大妙處

己所不欲，勿施於人 早在 2500 年前，孔子說過：「己所不欲，勿施於人。」這句話道出做人的真實意義。所謂「己所不欲，勿施於人」，就是用自己的心推及別人。自己希望怎樣生活，就想到別人也會希望怎樣生活；自己不願意別人怎樣對待自己，就不要那樣對待別人；自己希望在社會上能站得住，能通達，就幫助別人站得住，通達。總之，從自己的內心出發，推及他人，去理解他人、對待他人。「己所不欲，勿施於人」簡單地說就是推己及人，但並不是一件容易的事。

64. 子曰：「吾之於人也，誰毀誰譽？如有所譽者，其有所試矣。斯民也，三代之所以直道而行也。」

【譯文】孔子說：「我平常對待別人，詆毀過誰？讚美過誰？如有所讚美的，那也是曾經考驗過他的。夏、商、周三代的人都是這樣做的，所以三代的社會風氣純正、民風淳厚。」

【點評】孔子告訴人們，對人不能隨意加以毀、譽，要實事求是。

65. 子曰：「眾惡之，必察焉；眾好之，必察焉。」

【譯文】孔子說：「大家都厭惡他，我必須考察一下；大家都喜歡他，我也一定要考察一下。」

【點評】這一段講述兩個方面的意思。一是孔子絕不人云亦云，不隨波逐流，不以眾人之是非標準，決定自己的是非判斷，而要經過自己大腦的獨立思考，經過自己理性的判斷，然後再作出結論；二是一個人的好與壞不是絕對的，在不同的地點，不同的人們心目中，常有很大的差別。所以孔子要求人們必須學會獨立思考，要實事求是地進行考察。

66. 子曰：「巧言亂德。小不忍則亂大謀。」

【譯文】孔子說：「花言巧語會敗壞人的德行。小事情不忍耐，就會敗壞大事情。」

【點評】「小不忍則亂大謀」，這句話在民間極為流行，甚至成為一些人的座右銘。的確，這句話包含智慧的因素，尤其對於那些有志於修養大丈夫人格的人來說。有志向、有理想的人，不應斤斤計較個人得失，更不應在小事上糾纏不清，而應該有開闊的胸襟、遠大的抱負，只有如此，才能成就大事，達到自己的目標。

秦末，劉邦與項羽各自攻打秦朝的部隊，劉邦兵力雖不及項羽，但劉邦先破咸陽，項羽勃然大怒，而劉邦的左司馬曹無傷，派人在項羽面前說劉邦打算在關中稱王，項羽聽後更加憤怒，劉邦從項羽的叔父項伯口中得知此事後，說服項伯為其說情。鴻門宴上，項羽的亞父范增主張殺掉劉邦，他一再示意項羽發令，但項羽卻猶豫不決，默然不應。范增召項莊舞劍為酒宴助興，乘機殺掉劉邦，項伯為保護劉邦，也拔劍起舞，掩護了劉邦。項羽優柔寡斷，劉邦乘機假裝上廁所，一走了之。如果劉邦沒有忍一時之氣，早已成為項羽的刀下亡魂了。

小不忍則亂大謀

　　要達到自己的目標，成就大事，就要有開闊的胸襟，不要在小事上斤斤計較，懂得忍耐，才能在大事上有一番作為。

項羽認為殺掉劉邦是不義之舉，也違反了自己當初和劉邦定下的盟約，劉邦還不足以構成其奪得天下的威脅，所以在鴻門宴上放掉劉邦。

在鴻門宴刺殺劉邦的計謀失敗以後，具有遠見的范增已經看到項羽的大勢已去，發出「豎子不足與謀，奪項王天下者，必沛公也」的感歎。

小智慧大妙處

人具有四心　孟子說過，人皆有不忍人之心，包含四個方面，即「惻隱、羞惡、辭讓、是非」之心，簡稱為「四心」。這「四心」是「仁義禮智」四種道德規範的發端，或者說「四端」。這「四端」就像剛剛燃燒的火，或剛剛流出的泉水一樣，還需要「擴而充之」才能發揚壯大，不然就會熄滅或枯竭。「擴而充之」也就是後天的培養，也就是「習相遠」。

67. 子曰：「吾猶及史之闕文也，有馬者借人乘之，今亡矣夫！」

【譯文】孔子說：「我還能夠看到史書存疑的地方，有馬的人自己不會調教，先給別人使用，這種精神，現在已經沒有了吧！」

【點評】孔子強調，不論是治學、還是做其他的事情，都要秉持誠實、認真的態度。

68. 子曰：「君子不可小知，而可大受也。小人不可大受，而可小知也。」

【譯文】孔子說：「君子不能讓他們做那些小事，但可以讓他們承擔重大的使命。小人不能讓他們承擔重大的使命，但可以利用小聰明做那些小事。」

【點評】孔子說要知人善任，要懂得如何使用人才，關鍵是要各盡其才。

69. 子曰：「君子貞而不諒。」

【譯文】孔子說：「君子固守正道，而不拘泥於小信。」

【點評】孔子注重「信」的道德準則，必須以「道」為前提，即服從於仁、禮的規定。離開仁、禮的大原則而講什麼「信」，就不是真正的「信」。

濟陽有個商人過河時船沉了，他抓住一根大麻桿大聲呼救，有個漁夫聞聲而至，商人急忙喊：「我是濟陽最大的富翁，你若能救我，給你一百兩金子。」等到商人被救上岸後，卻翻臉不認帳，他只給漁夫十兩金子。漁夫責怪他不守信，出爾反爾，商人說：「你一個打魚的，一生都賺不了幾個錢，突然得十兩金子還不滿足嗎？」漁夫只得快快而去。不料後來那商人又一次在原地翻船了，有人想要救他，那個曾被他騙過的漁夫說：「他就是那個說話不算數的人！」於是再也沒有人願意出手相救，商人被淹死。商人兩次翻船而遇同一漁夫是偶然，但商人的不得好報卻是在意料之中，因為一個人若不守信，便會失去別人對他的信任，所以，當他處於困境，便沒有人再願意出手相救。失信於人者，一旦遭難，只有坐以待斃。

小智慧大妙處

知人善任　一個人為了能夠在社會上生存下來，首先要學習和掌握一門技術和本領。有這個本領，就說明你有生存的實力，實力是一個人事業的基礎。不過，假如你想取得進一步的發展，僅靠個人的才智不足夠。身為一位領導者，希望完成事業，單單重視用人還不行，因為人才有優劣之分，也有合適與不合適之分。好的下屬不僅是自己的左膀右臂，而且能成為一個好參謀，不僅能讓領導者的計劃順利實施，更能讓這個計劃盡善盡美。用人是一門微妙的藝術，因為人的性格、稟賦、能力各有不同，所以既要大膽向下放權，又要小心被下屬蒙蔽；既要讓下屬對自己忠心耿耿，又要善於激勵下屬；既要平衡下屬之間的關係，又要做到知人善任。

知人善任，誠信為人

　　孔子注重「信」，但是它必須服從於禮的規定，這樣才是真正的「信」。一個人如果失去信任，就會處於孤家寡人的地位，很難成功。

守信是立生之本

漁夫聞聲而至，將濟陽最大的富翁救上了船。

我是濟陽最大的富翁，你若能救我，給你一百兩金子。

背信是喪命之源

面對富商的出爾反爾、不守信義，漁夫只得暗暗責怪。

你一個打魚的，一生都賺不了幾個錢，突然得十兩金子還不滿足嗎？

70. 孔子曰：「益者三友，損者三友。友直，友諒，友多聞，益矣。友便辟，友善柔，友便佞，損矣。」

【譯文】孔子說：「有益的朋友有三種，有害的朋友有三種。和正直的人交友，和誠信的人交友，和見聞廣博的人交友，這是有益的。和慣走邪道的人交朋友，和善於阿諛奉承的人交朋友，和慣於花言巧語的人交朋友，這是有害的。」

【點評】孔子講的交友之道，所提出的標準，在現代仍有非常重要的參考價值。交朋友要結交那些正直、誠信、見聞廣博的人，而不要結交那些逢迎諂媚、花言巧語的人。所謂「近朱者赤，近墨者黑」，本質好的朋友，可以幫助自己提升修養，反之，則會養成一些不好的本質。

管仲和鮑叔牙是春秋時代的齊國人，兩人互相照顧，親如手足。齊王有兩個兒子，糾和小白，管仲是公子糾的老師，鮑叔牙是公子小白的老師，後來兩個公子為爭奪王位互相殘殺，公子糾被殺，小白即位，鮑叔牙立刻向齊王小白推薦管仲，說：「管仲是一位有才能的人，請大王聘請他做宰相。主公如果要做出一番大事業，管仲可是個有用之才。」齊王終於採納了鮑叔牙的建議，任命管仲為相。管仲整頓內政、開發資源、發展農業，很快就使齊國強盛起來。

71. 子曰：「鄙夫可與事君也與哉？其未得之也，患得之。既得之，患失之。苟患失之，無所不至矣。」

【譯文】孔子說：「可以和一個鄙夫一起侍奉君主嗎？他在沒有得到官位時，總擔心得不到。已經得到，又怕失去它。這種患得患失的心態令他喪失理智，為了不致喪失既得利益，那他就什麼事都做得出來。」

【點評】孔子在本段裡將那些全心想當官的人斥為鄙夫，這種人在沒有得到官位時總擔心得不到，一旦得到又怕失去。為此，他就會不擇手段去做事情，以致危害他人。當然，這種人是不會有什麼好結局的。

72. 孔子曰：「侍於君子有三愆：言未及之而言，謂之躁；言及之而不言，謂之隱；未見顏色而言，謂之瞽。」

【譯文】孔子說：「侍奉在君子旁邊陪他說話，要注意避免犯三種過失：還沒有問到你的時候就說話，這是急躁；已經問到你的時候卻因怕負責任藉以搪塞，這叫隱瞞；不看君子的臉色而貿然說話，這是瞎子。」

【點評】怎樣說話是一門學問。此段孔子談的是與君子交往過程中，如何說話的經驗，與君子交往要注意不急躁、不隱瞞，從中可以得出言語的規範標準。這些對現今的社會，有一定的參考價值。

近朱者赤，近墨者黑

結交朋友要謹慎，本質好的朋友對自己品格的修養，有很大的幫助，所以交朋友要交那些正直、誠信、見聞廣博的人。朋友對自己的影響是潛移默化的，有時甚至比父母、老師的教導更有影響力。

結交本質好的朋友可提升自己的修養。

交友之道

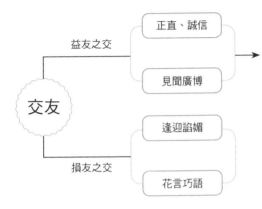

交友 ─┬─ 益友之交 ─┬─ 正直、誠信
      │   └─ 見聞廣博 ──→
      └─ 損友之交 ─┬─ 逢迎諂媚
                 └─ 花言巧語

小智慧大妙處

擇朋選友要慎重 人的一生不可以沒有朋友，但是怎樣交朋友卻是需要慎重選擇的。正直的朋友可以指出你的缺點，誠實的朋友不會暗害你，多聞的朋友可以使你增長見識。而阿諛奉承的朋友會使你忘乎所以，花言巧語的朋友更容易出賣你，更有甚者，會使你走向犯罪的深淵。所以要依照孔子說的「親益遠損」的原則去結交朋友，才有可能得到真正的朋友，而遠離奸詐的小人。

君子之交淡如水

王茂生送來兩壇清水，薛仁貴卻收下，而且連喝三碗。面對眾人的不解，說出君子之交淡如水的原因。

君子之交淡如水，卻最為恆久。

↕

平凡中孕育偉大

↓

大魚大肉和美酒，比不上粗茶淡飯。

237

73. **齊景公有馬千駟，死之日，民無德而稱焉。伯夷、叔齊餓於首陽之下，民到於今稱之。其斯之謂與？**

【譯文】齊景公有馬四千匹，死的時候，百姓們覺得他沒有什麼德行可以稱頌。伯夷、叔齊餓死在首陽山下，百姓們到現在還在稱頌他們。這說明什麼道理呢？

【點評】統治者的歷史評價在於人們的口碑。有良好德行的人，即使死，百姓也會稱頌他們，流芳百世；品德敗壞的人，將會遺臭萬年。這是一種先進的歷史觀。

宋朝紹興七年，張浚要求離開右相的職位，宋高宗趙構問，秦檜是否可代替他的位置，張浚說：「與他共事，才知他不光明磊落。」於是趙鼎接替了張浚的宰相職務。後來張浚受到迫害，趙鼎就與大臣張守面奏趙構，每人都為張浚求情，唯獨秦檜一言不發。原來趙鼎、張浚很合得來，張浚先任宰相，竭力引薦趙鼎，他們曾討論過人才問題，張浚激動地談秦檜「善良」。趙鼎說：「若此人得志，我們就永無寧日。」張浚不以為然，所以也引薦過秦檜，後來知他不光明正大，就不再推崇他。秦檜因此懷恨張浚，用挑撥手法告訴趙鼎說皇上想召用他，而張浚拖延扣留，激怒趙鼎去排擠張浚。趙鼎素來討厭秦檜，經他這一撥弄，趙鼎反而對他深信不疑，最後他們都被秦檜排擠。趙鼎與張浚晚年在福州相遇，談及此事，才知都被秦檜出賣了。道德敗壞的秦檜令人唾棄。

74. **子張問仁於孔子。孔子曰：「能行五者於天下，為仁矣。」請問之。曰：「恭、寬、信、敏、惠。恭則不侮，寬則得眾，信則人任焉，敏則有功，惠則足以使人。」**

【譯文】子張問孔子什麼是仁德的人。孔子說：「躬行五種品行於日常生活，就是做到仁德啊！」子張說請問五種品行是什麼。孔子說：「莊重、寬厚、誠實、勤敏、慈惠。莊重就不致遭受侮辱，寬厚就會得到眾人的擁護，誠信就能得到別人的任用，勤敏就能把握機會建立功勳，慈惠就能夠令人服從。」

【點評】「仁」在《論語》中多次出現，達一百次之多，可見「仁」在孔子心目中的重要性。「恭、寬、信、敏、惠」則是實行「仁」的具體作法。

75. **子曰：「色厲而內荏，譬諸小人，其猶穿窬之盜也與？」**

【譯文】孔子說：「外表嚴厲而內心虛弱，以平常人的行為做比喻，就像是挖牆洞的小偷吧？」

【點評】孔子歷來欣賞光明正大的人，對表裡不一、裝腔作勢的小人十分反感。言行不一，不是君子所為，因此用「小偷」來比喻他們。

良好品德,流芳百世

良好的品德可以得到人們的信任和擁護,留下美名傳天下。而道德敗壞的人將會遺臭萬年、令人唾棄。

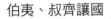
伯夷、叔齊讓國

伯夷、叔齊是商朝末年孤竹國國君的長子和三子,生卒年無考。孤竹國國君在世時,想立叔齊為王位的繼承人,他死後叔齊要把王位讓給長兄伯夷,二人均不想做國君,便都逃走了。

伯夷、叔齊兩個人不羨慕名利地位,棄國君之位而隱居,表現出二人對名利的淡泊。後因不恥周武王滅商,隱居首陽山直至餓死。

老子指出,不斷地追逐外物,就會喪失自己的本性。他認為,繽紛的色彩使人眼花繚亂,嘈雜的聲音使聽覺失靈,豐盛的食物使舌頭不知道味道,馳馬打獵使人心性發狂,貴重的物品使人偷搶。

76. 子曰：「鄉愿，德之賊也。」

【譯文】孔子說：「那種沒有真正是非觀，甘於與流俗合汙的好好先生，是道德的敗壞者。」

【點評】孔子所說的「鄉愿」，就是指那些表裡不一、言行不一的偽君子，好像很有道德，其實是敗壞道德的人。這些人欺世盜名，卻還堂而皇之地自我炫耀。孔子反對「鄉愿」，就是主張以「仁」、「禮」為原則，只有「仁」、「禮」可以使人成為真正的君子。

77. 子曰：「巧言令色，鮮矣仁。」

【譯文】孔子說：「花言巧語，偽裝出一副和善的面孔，這種人是很少仁德的。」

【點評】花言巧語者，一定是為人處世不講原則的，這種人是孔子一向反對的。表面上討好別人，實際上是只圖達到個人目的的小人。他認為，應該注重人的實際行動，強調人的言行一致，力戒空談巧言、心口不一。這種踏實態度和質樸精神，一直深深地影響著中國人，成為中華傳統文化的精華。

唐玄宗（李隆基）的兵部尚書李林甫，論才藝也還不錯，一手字畫都很好，但他做官卻不能公正地辦事，而是一味遷就和迎合玄宗的旨意。不但如此，他還用不正當的方法結交玄宗的親信，因此，他很得玄宗的寵信，一直在朝中做十九年的官。李林甫和一般人接觸，總是表面上和人很友好，非常合作，嘴裡說盡所有好聽的、善意的話，可是實際上，他的性情和表面態度完全相反，他是一個非常狡猾陰險，且常用壞主意來害人的人。但是，壞人雖然有時可以達到害人的目的，逞奸謀於一時，但日子久了，人家就發現他的這種偽善，於是大家在背地裡說他「口有蜜、腹有劍」。誇誇其談，滿口花言巧語，故做殷勤，這樣的人常不夠樸實善良，因而也就不太可靠。

78. 子曰：「古者民有三疾，今也或是之亡也。古之狂也肆，今之狂也蕩；古之矜也廉，今之矜也忿戾；古之愚也直，今之愚也詐而已矣。」

【譯文】孔子說：「古代人有三種偏激行為，現在已經不是這樣了。古代的狂者不過是願望太高，而現在的狂妄者卻是放蕩不羈；古代驕傲的人不過是難以接近，現在那些驕傲的人卻是凶惡蠻橫；古代愚笨的人不過是直率一些，現在的愚笨者卻是偽裝的，懷著欺詐的心理啊！」

【點評】孔子所處的時代，已經與上古時代有所區別，上古時期人們的「狂」、「矜」、「愚」雖然也是缺點，但並非不能讓人接受，而現今人們的這

三種缺點都變本加厲。從孔子時代到現在，又過去兩、三千年，這三種缺點不但沒有改變，反而有增無減，到令人無法理喻的地步，不禁讓人發出今不如昔、人心不古的感歎。這就需要用道德的力量加以懲治，同時也希望有這三種缺點的人要加以警醒。

不畏真小人，只怕偽君子

為人處世不講原則，花言巧語，言行不一致，是孔子一直反對的。很多道貌岸然的偽君子，所做的惡比那些作惡的小人更嚴重，更加卑鄙無恥。

口蜜腹劍

此人不聽李林甫的話，最後被降職到外地做縣令。

最可怕的災害莫過於胸中藏有私心，但是卻不表現出來，笑裡藏刀，心理極其陰暗狹隘。

偽君子

看似道貌岸然，滿口的仁義道德，其實心懷鬼胎，他們利用人們對自己的信任和尊重，在暗地裡透過骯髒的手段，來獲取自己的私欲。

小智慧大妙處

口是心非　心口合一是君子，口是心非即小人。對於小人，大家還曉得要防他，唯有言稱堯、舜，心同桀、紂，口譬山海而心懷陷阱的人，是最難以測度了。這種口是心非的偽君子，事君必定不忠，事親一定不孝，交朋友必定不講信用，對待部屬下人，也一定不講道義。這種人，乃是小人中的小人啊！

79. 子貢曰：「君子亦有惡乎？」子曰：「有惡：惡稱人之惡者，惡居下流而訕上者，惡勇而無禮者，惡果敢而窒者。」曰：「賜也亦有惡乎？」「惡徼以為知者，惡不孫以為勇者，惡訐以為直者。」

【譯文】子貢說：「君子也有厭惡的事嗎？」孔子說：「有厭惡的事：厭惡宣揚別人壞處的人，厭惡身居下位而誹謗在上者的人，厭惡勇敢而不懂禮節的人，厭惡固執而又不通事理的人。」孔子又說：「賜，你也有厭惡的事嗎？」子貢說：「最看不慣那種固執偏見又竊取別人的成績，而自以為聰明的人；憎惡粗暴無禮，而以為自己勇敢正義的人；厭棄那些尖酸刻薄、攻訐別人，卻自以為正直的人。」

【點評】孔子和子貢的對答，揭露和斥責了有悖道德規範的四種人和作風不正的三種人，教育人們要規範自己的行為。

80. 孔子曰：「益者三樂，損者三樂。樂節禮樂，樂道人之善，樂多賢友，益矣。樂驕樂，樂佚遊，樂晏樂，損矣。」

【譯文】孔子說：「有益的喜好有三種，有害的喜好有三種。以禮樂調節自己為喜好，以稱道別人的好處為喜好，以有許多賢德之友為喜好，這是有益的。喜好驕奢淫逸的娛樂，喜歡閒遊，喜歡大吃大喝，這就是有害的。」

【點評】人的興趣愛好應該是健康的、有益身心的。要用禮樂調節自己，多多地稱道別人的好處，快樂由禮來調節，才不會對人產生損害。

春秋時代，楚國的俞伯牙精通音律，琴藝高超，是當時著名的琴師。小時候，他跟一位名叫連城的先生學琴。有一日，老師帶伯牙到東海蓬萊山，他在那邊看到一幅奇景，雲中飛瀑、霧中清泉，水花四濺如珍珠，激音回擋如仙樂。伯牙頓感天眼大開，靈感湧起，便席地而坐，撫琴而成妙曲。

81. 楚狂接輿歌而過孔子，曰：「鳳兮！鳳兮！何德之衰？往者不可諫，來者猶可追。已而！已而！今之從政者殆而！」孔子下，欲與之言。趨而辟之，不得與之言。

【譯文】楚國的狂人接輿唱著歌從孔子的車旁走過，他唱道：「鳳凰啊！鳳凰啊！你的命運怎麼這麼衰弱呢？過去的已經無可挽回，未來的還來得及改正。算了吧！算了吧！今天的執政者都要危亡了！」孔子下車，想同他談談，他卻趕快避開，孔子沒有機會和他交談。

【點評】這篇對後世歸隱山林、躲避政治黑暗的知識分子有深遠影響。

高山流水，心融神洽

人的興趣愛好應該是健康，而且有益身心。用禮樂來調節自己，經此能領悟到萬物合一、物我兩忘的境界。

人生在世，既要活得快樂，也要活得健康，所以要培養自己良好的生活習慣和興趣，才能有益身心；而那些不好的興趣應該摒棄，才不會對人產生損害。

樂道人之善			樂佚遊
樂節禮樂	益者三樂	樂多賢友	樂驕樂

		損者三樂	樂晏樂

俞伯牙學琴

伯牙天資聰明，但是卻很難捕捉到樂曲的神韻，老師把他帶到巍峨蒼鬱的
山野之中，伯牙頓感天眼大開，靈感湧起，便席地而坐，撫琴而成妙曲。

243

82. 子貢曰：「君子之過也，如日月之食焉：過也，人皆見之；
更也，人皆仰之。」

【譯文】子貢說：「君子的過錯好比日月蝕：他犯過錯，人們都看得見；
他改正過錯，人們都敬仰著他。」

【點評】子貢用日、月的陰晴圓缺，生動地讚揚了君子不隱瞞和不掩飾自己
的錯誤，而且還有公開改正過錯的光明磊落態度。

83. 長沮、桀溺耦而耕。孔子過之，使子路問津焉。長沮曰：「夫
執輿者為誰？」子路曰：「為孔丘。」曰：「是魯孔丘與？」
曰：「是也。」曰：「是知津矣。」問於桀溺。桀溺曰：「子
為誰？」曰：「為仲由。」曰：「是魯孔丘之徒與？」對曰：
「然。」曰：「滔滔者天下皆是也，而誰以易之？且而與其
從辟人之士也，豈若從辟世之士哉？」耰而不輟。子路行以
告。夫子憮然曰：「鳥獸不可與同群，吾非斯人之徒與而誰
與？天下有道，丘不與易也。」

【譯文】長沮、桀溺在一起耕種。孔子路過，讓子路去尋問渡口在哪裡。長
沮問子路：「那個拿著繮繩的是誰？」子路說：「是孔丘。」長沮說：「是魯
國的孔丘嗎？」子路說：「是的。」長沮說：「那他是早已知道『渡口』的位置了，
何必問我們。」子路又去問桀溺。桀溺說：「你是誰？」子路說：「我是仲由。」
桀溺說：「你是魯國孔丘的門徒嗎？」子路說：「是的。」桀溺說：「像洪水
一樣的洶湧混濁紛亂，天下離心，你們同誰去改變它呢？而且你與其跟著偏激潦
倒的人徒勞地奔走，怎麼能比得上跟隨著逃避世事的人隱居呢？」說完，仍舊不
停地做田裡的農活。子路回來後把情況報告給孔子。孔子很失望地說：「人是不
能與飛禽走獸合群共處的，如果不同世上的人群打交道，還與誰打交道呢？如果
天下太平，我就不會與你們一道來從事改革了。」

【點評】孔子表明自己對社會改革的主觀願望，和積極的入世思想。儒家不
倡導消極避世的作法，儒家認為，即使不能齊家、治國、平天下，也要獨善其身，
做一個有道德修養的人，孔子就是這樣一位身體力行者。所以，他感到自己有一
種社會責任，正因為社會動亂、天下無道，他才與自己的弟子們不辭辛苦地四處
呼籲，為社會改革而努力，這是一種可貴的憂患意識和歷史責任感。

84. 子路從而後，遇丈人，以杖荷蓧。子路問曰：「子見夫子
乎？」丈人曰：「四體不勤，五穀不分。孰為夫子？」植其

杖而芸。子路拱而立。止子路宿，殺雞為黍而食之，見其二子焉。明日，子路行，以告。子曰：「隱者也。」使子路反見之。至則行矣。子路曰：「不仕無義。長幼之節，不可廢也；君臣之義，如之何其廢之？欲潔其身，而亂大倫。君子之仕也，行其義也。道之不行，已知之矣。」

【譯文】子路跟隨孔子出行，落在後面，遇到一個老丈，用拐杖挑著除草的工具。子路問道：「你看到我的老師了嗎？」老丈說：「我手腳不停地勞作，五穀還來不及播種，哪裡顧得上你的老師是誰？」說完，便扶著拐杖去除草。子路拱著手恭敬地站在一旁。老丈留子路到他家住宿，殺雞，做小米飯給他吃，又叫兩個兒子出來與子路見面。第二天，子路趕上孔子，把這件事向他報告。孔子說：「這是個隱士啊！」叫子路回去再看看他。子路到那裡，老丈已經走了。子路說：「不做官是不對的。長幼間的關係是不可能廢棄的，君臣間的關係怎麼能廢棄呢？想要自身清白，卻破壞根本的君臣倫理關係。君子做官，是為了推行正義大道。至於道的行不通，是早就知道的。」

【點評】過去有一個時期，人們認為老丈所說「四體不勤，五穀不分」是勞動人民對孔丘的批判，這恐怕是理解上和思想方法上的問題。其實，本段的要點不在於此，而在於後面子路所作的總結，即認為，隱居山林不對，老丈與他的兒子的關係仍然保持，卻拋棄君臣之倫，這個觀念儒家向來都不提倡。孔子一生為了天下太平，東奔西走，即使知道「道之不行，已知之矣」，可見孔子仍然百折不撓地要實踐他的主張。

85. 子夏曰：「雖小道，必有可觀者焉，致遠恐泥，是以君子不為也。」

【譯文】子夏說：「雖然都是些小的技藝，也一定有可取的地方，但用它來達到遠大目標就行不通，因此君子不做啊。」

【點評】工作沒有高低貴賤之分，專業知識和崇高理想都是重要的，不能以貴賤的觀點看待社會的分工。

86. 子曰：「唯女子與小人為難養也，近之則不孫，遠之則怨。」

【譯文】孔子說：「只有女子和小人是難以教養的，親近他們，他們就會無禮；疏遠他們，他們就會抱怨。」

【點評】這表明孔子輕視婦女的思想，後來則演變為「男尊女卑」、「夫為妻綱」的男權主義。雖已與當今社會有別，但這是對於當時社會的一種總結。

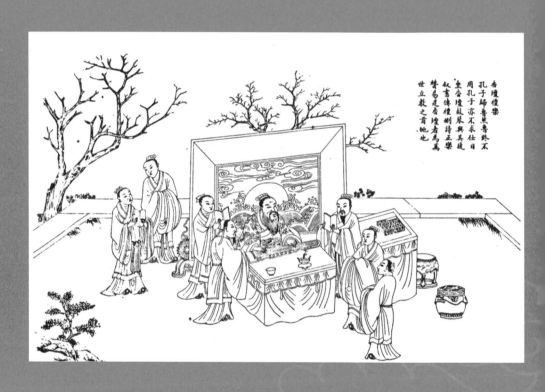

世立教之首也 鼓琴刪詩者為為 鼓琴刪詩者為為 生杏壇鼓琴與其徒 用孔子亦不求仕曰 孔子歸魯魯終不 古壇禮樂

禮樂篇

禮樂結合是中國奴隸社會的特殊文化形態。西周奴隸制鼎盛時期所
產生的「禮樂」制，一開始就包含了深刻的內在矛盾。「禮壞樂崩」，
孔子對正在崩壞的西周禮樂制進行歷史的反思，在對歷史進行批判
總結的基礎上，他重新提出禮樂並舉的思想，對禮樂關係做系統的
闡述，提出禮樂重建的原則：仁──禮樂的思想基礎，審美情感
──禮樂結合的仲介，美善統一──禮樂結合的最高境界。如果說，
西周禮樂制度的形成，在很大程度上是因為傳統，而孔子經過反思
重提這一課題，則是具有充分的人文精神。

1. 曾子曰：「慎終，追遠，民德歸厚矣。」

【譯文】曾子說：「對待父母的喪事要謹慎，祭祀久遠的祖先要恭敬，這樣百姓的道德風尚更為忠厚老實。」

【點評】孔子非常重視喪祭之禮，是因為他把祭祀之禮，看做是一個人孝道的繼續和表現，而孔子對待鬼神的態度是「敬鬼神而遠之」。他是透過祭祀亡靈，來實行教化，希望把人們塑造成忠孝兩全的君子。

2. 子張問：「十世可知也？」子曰：「殷因於夏禮，所損益可知也；周因於殷禮，所損益可知也。其或繼周者，雖百世可知也。」

【譯文】子張問孔子：「今後十世的禮儀制度，可以預先知道嗎？」孔子回答說：「商朝取代了夏朝，對不合時宜的禮儀制度進行了增減修訂是知道的；周朝取代商因時制宜，所廢除的和所增加的內容也是可以知道的。將來有繼承周朝的，也必然發展出完善的修補和增減，就是一百世以後的情況，也是可以預先知道的。」

【點評】這裡孔子講述文明史的繼承與發展的關係，指出其損益規律，損益的含義是增減、興革，即對前代典章制度、禮儀規範等有繼承、沿襲，也有改革、變通。這表明，孔子並不是頑固保守派，他歷來不反對變更，但是他的損益程度是受限制的，一切變革，都在以不改變《周禮》的基本性質為前提下進行，是有跡可循的。由此可見，將來百代之後，情況也是如此，禮儀文化隨著時代的發展代代傳承，合理的內容被保留，不適應發展的被廢除。中國幾千年的文化也要繼承與發展並行，完全拋棄與全盤接受，都是不科學的態度，其他領域也應如此。

3. 子曰：「夷狄之有君，不如諸夏之亡也。」

【譯文】孔子說：「文化落後的國家即使有君主，但卻沒有建立完善的禮儀制度，因而其風俗教化，還不如中原諸國沒有君主呢！」

【點評】在孔子的思想裡，有明確的「夷夏觀」，後世逐漸演變成「夷夏之防」的傳統觀念。孔子是非常重視禮的，而他所重視的這個禮，是遵天子的禮。君臣之間最基本的禮都被破壞，這樣的國家，怎麼能說是一個有著禮樂文明的國家呢？孔子想要表達的是，希望中原地區恢復禮樂文明，並把這種禮樂文明推廣到邊遠地區，使天下呈現文明守禮的景象。

千年禮樂，忠孝兩全

華夏文明源遠流長，隨著時代的發展，對歷史文明要繼承和發展並行，取其精華去其糟粕，把文明推廣並發揚光大。

丁蘭用木頭刻成雙親的雕像，並當成是父母在世一樣供養，時間長了，他的妻子好奇地用針刺木像的手指，而木像的手指居然有血流出。丁蘭回家見木像眼中垂淚，問知實情，遂將妻子休棄。

小智慧大妙處

禮樂制度　西周春秋時代所講究的「禮」，是貴族根據原始社會末期，父系氏族制階段的風俗習慣加以發展和改造，用做統治人民和鞏固貴族內部關係的一種手段。目的在於維護其宗法制度和君權、族權、夫權、神權，具有維護貴族的世襲制、等級制和加強統治的作用。到春秋後期，就出現「禮崩樂壞」的局面。

禮樂制度用來維護宗法制度和君權、族權、夫權、神權。天地代表神權，先祖代表族權，君師代表君權，後來統治者以天、地、君、親、師作為禮拜的主要對象。西周春秋時代貴族講究的禮是比較多的，有籍禮、冠禮、大搜禮、鄉飲酒禮、鄉射禮、朝禮、聘禮、祭禮、婚禮、喪禮等。籍禮是用來監督平民在「籍田」上從事無償的集體勞動，以維護稱為「籍」的辦法。冠禮是授予成年貴族種種特權，以維護貴族的利益和鞏固貴族成員之間的關係。大搜禮具有軍事檢閱和軍事演習性質，整編軍隊、檢閱兵力和加強統治的作用。鄉飲酒禮在於維護一鄉之內貴族的宗法制度和統治秩序。鄉射禮具有以鄉為單位的軍事訓練，和軍事學習的性質。朝禮在於尊重國君的權力和地位。聘禮在維護貴族內部的等級和秩序。祭祀天地和祖先在於維護神權和尊重族權。婚禮和喪禮在於維護宗法制度和族權。到戰國時代，由於農田制度的變革，這時籍禮只是統治者用來表示關心農業生產的禮儀。由於軍隊成分和戰鬥方式的改變，原來的大搜禮就失去作用。由於地方組織的改變，鄉飲酒禮和鄉射禮的性質也不同。這時由於中央集權政體的建立，執政者統治的需要，重視的是即位禮、朝禮、祭禮和喪禮。

4. 孔子謂季氏：「八佾舞於庭，是可忍也，孰不可忍也？」

【譯文】孔子談到季氏說：「他讓六十四個人在自己庭院中舞蹈，這樣的事情他都做得出來，還有什麼事情是他不敢做的呢？」

【點評】這段話是直接針對季氏僭用禮樂的行為有感而發。那時各個諸侯國內部，國君被臣子冒犯與刺殺的事件也時有發生。這段話一方面表達孔子對於季氏違背《周禮》的憤怒，另一方面也表現出對於天下分崩離析的擔憂。「是可忍孰不可忍」這一句，反映孔子性格鮮明的一面，即他對於理想的堅持是有原則的。

5. 三家者以《雍》徹。子曰：「『相維辟公，天子穆穆』，奚取於三家之堂？」

【譯文】魯國孟孫氏、叔孫氏、季孫氏三家在祭祀完祖宗，撤去祭品的時候，唱著《雍》這首詩。孔子說：「《雍》詩中說：『助祭的諸侯，天子莊嚴肅穆地主祭』，這樣的詩句，怎麼適合在這三家的廟堂裡誦唱呢？」

【點評】這段話主要是講述當政者違「禮」的事件，對於越禮犯上的舉動，孔子表現得極為憤慨。因為天子有天子之禮，諸侯有諸侯之禮，各守各的禮，才可以使天下安定。在禮節上冒犯周天子，對於這樣的行為，孔子是不能容忍的，可見，「禮」，是孔子政治思想體系中的重要範疇。

滕定公死的時候，太子派人向孟子請教怎麼辦理喪事，孟子建議他按照古制，實行三年的喪期，穿著粗布做的孝服，喝稀粥。太子決定後，但是滕國的老官吏們反對，他們說歷代君王都沒有這樣做過，如果到太子這一代這樣做，就是改變祖宗的作法，是不應該的。太子為難，便又去問孟子。孟子說：「要堅持這樣做，不可以改變。在上位的人有什麼喜好，下面的人一定就會喜好得更厲害。領導人的德行是風，百姓的德行是草。草受風吹，必然隨風倒。所以，這件事完全取決於太子。」於是，太子在喪廬中住五個月，沒有頒布任何命令和禁令，百官和群眾都認為太子知禮。等到下葬的那天，四面八方的人都來觀看，太子面容悲傷，哭泣得哀傷，使前來弔喪的人都非常敬重他。

6. 子曰：「人而不仁，如禮何？人而不仁，如樂何？」

【譯文】孔子說：「一個人為人沒有仁德，禮儀又能約束他什麼呢？人如果放任自己，歌樂之娛又怎能陶冶他的心靈呢？」

【點評】在古代，樂也是禮的一部分，禮與樂都是制度文明，演奏音樂也要符合禮儀規範，並且禮儀規範也透過各式各樣的音樂來表現。而仁則是人們內心的道德規範，是人文的基礎。沒有仁德之心，是不可能真正懂得遵守禮儀規範，也不可能真正理解音樂。所以，樂反映人們的仁德。

去聲華名利，做正人君子

做事要有禮，守禮才可以使天下安定，才能培養人們的仁德之心，如此就能影響到身邊的人。

作為一個國家的君主，他的所作所為能給國民帶來很大影響，如果把物質的東西看得太重而忽略了精神世界，就成了物質的奴隸，影響自己的一生。

是啊，這件事確實取決於我。

在上位的人有什麼喜好，下面的人一定就會喜好得更厲害。領導人的德行是風，百姓的德行是草，草受風吹，必然隨風倒。所以，這件事完全取決於太子。

小智慧大妙處

禮樂制度 釋奠佾舞簡稱佾舞，又稱丁祭佾舞、祭孔佾舞，依不同編制又分有六佾舞和八佾舞，是祭孔大典的祭禮中所表演的舞蹈。六佾即六佾舞，有六行六列，共三十六人，各朝代祭孔的規模和樂舞均有不同。北魏孝文帝太和十六年（西元 492年），孝文帝時六佾舞中增加「三獻禮」的專案，三獻禮即初獻、亞獻、終獻。唐朝唐玄宗開元二十八年（西元 740 年）的祭孔大祀，是採用六十四人的八佾舞。

佾舞來自宗廟宮庭雅樂舞，舞者稱為「佾生」，佾是隊伍的行列，分祭天子、公侯、大夫、士，又有八佾、六佾、四佾、二佾之分，與宮庭樂舞相同，釋奠佾舞也有文舞和武舞。跳文舞時右手執羽，常用雉尾，左手執籥，即短笛形的竹管，分別有立容、立聲之意。每個動作皆代表一個字，一節樂曲一組動作。武舞又稱干舞。唐朝貞觀年間的祭孔佾舞為文、武舞並用，唐玄宗開元年間曾用八佾。宋朝僅用文舞，表示謙遜禮讓之義。明朝文舞、武舞並用，采六佾，文舞佾生右手執三羽。

釋奠佾舞共有三成，各三個樂章，每個樂章由四言八句（32 字）的詩詞組成，總共有九十六個動作。佾舞自漢朝就有，但現今所存的佾舞舞譜只有明、清兩代。

7. 子曰：「甚矣吾衰也！久矣吾不復夢見周公。」

【譯文】孔子說：「哎呀，我衰老了，我已經好久都沒有夢見周公了。」

【點評】周公是孔子非常推崇的大聖人，孔子提倡的《周禮》相傳就是由周公制定的。在這一段中，孔子說自己衰老，已經很久都沒有夢見周公。孔子為自己好久沒有在夢中見到聖人而感到傷感。人們常說日有所思夜有所夢，孔子一生為恢復《周禮》，孜孜不倦地努力，在夢中遇見周公，大概也是白天念念不忘《周禮》的緣故吧！

8. 子曰：「非其鬼而祭之，諂也。見義不為，無勇也。」

【譯文】孔子說：「祭祀你不應該祭祀的鬼神，這種作法就是諂媚。遇到應該挺身而出的事情卻不去做，這是沒有勇氣的表現。」

【點評】孔子提出「義」和「勇」的概念，都是儒家有關塑造高尚人格的規範。孔子非常重視禮，要求人們的言行舉止要符合禮儀規範。孔子還指出要見義勇為，合乎義的事情，一定要去做。孔子不僅講仁義禮，還重視勇敢這一本質。他教育弟子們要勇敢，要見義勇為，孔子這一思想對於中國人的影響，是十分深遠的。

相傳在古代，閩中有座山叫庸嶺，高山綿延數十里，在山的西北石縫中有一條大蛇，長七、八丈，經常危害百姓。縣官做夢，說蛇精每年要吃十二、三歲童女才能無事，官吏搜求窮人家的女兒用來祭祀，每年如此。那一年，官吏搜尋女子去祭蛇，但沒有找到人。李寄家中有六個姐妹，李寄最小，且無男孩，她雖年幼，但決心應募做祭女，好伺機為民除害。父母見她年幼，不肯讓她去。李寄為民除害之心已決，她偷偷離開家，求得一把好劍和一隻獵犬。到八月時，先將數石米麥用蜜糖拌好，放在蛇的洞穴口，不久，蛇聞到香味出洞來吃，只見其頭大如斗，目大如鏡。李寄全然不懼，先放狗去咬蛇，自己從背後揮劍猛砍大蛇，蛇痛得從洞裡竄到洞外，李寄仍揮劍斬殺，終於殺死大蛇。

9. 季氏旅於泰山。子謂冉有曰：「女弗能救與？」對曰：「不能。」子曰：「嗚呼！曾謂泰山不如林放乎？」

【譯文】季氏去祭祀泰山。孔子問冉有：「你難道不能勸他不要這樣做嗎？」冉有回答說：「不能。」孔子說：「唉！難道泰山神還沒有林放懂禮嗎？」

【點評】在古代，只有天子和諸侯才有祭祀名山大川的資格。季孫氏只是魯國的大夫，他沒有資格去祭祀泰山，季孫氏去祭祀泰山，是一種僭越的行為。孔子認為，泰山之神就不會接受這種僭禮祭祀。

守周公之禮，行仁義之事

孔子一生都在維護周公之禮，依禮行事，他提出的一些信念，對塑造人格有很大的指導意義，對中國人的影響十分深遠。

周公是西周初期一位政治家，他輔助成王攝政，為周朝立下重大功勳，後世尊他為「先賢」。春秋時期的孔子非常崇尚周公的為人，他從小就學習西周流傳下來的六藝知識，掌握西周的典章制度，他對西周的政治制度非常尊崇，認為西周社會是盡善盡美的社會，而周公也成為他心目中最嚮往的人物，以至於常夢到周公。後來孔子從政於魯國，他決心恢復西周的制度，施行仁政，建立西周式的國家。可是他的主張遭到當政權貴的竭力反對，最後，他被迫離開魯國，周遊列國，宣傳、推行自己的主張，結果處處碰壁，只好又回到魯國。

李寄小小年紀就敢和大蛇單打獨鬥，這需要足夠的智慧和膽量。

小智慧大妙處

周代的禮儀制度 中國的禮儀文化源遠流長，周代的禮儀制度被後世奉為「古制」，其基本內容延續了幾千年。《周禮》中確定中國古代禮儀制度的基本結構，將「禮」劃分為五類，稱為「五禮」。吉禮，即祭祀之禮，為敬奉神與鬼的典禮，主要有祭天地、祭社稷、祭宗廟等禮儀活動。凶禮，即有關哀憫、弔唁、憂患的典禮，包括喪禮、遇到饑荒時的荒禮、遇到嚴重自然災害時的弔禮、國內發生動亂時的恤禮、有外敵入侵時的禬禮等。凶禮是在發生不幸事件之後，祈求和平和減輕災禍的禮儀。軍禮，有關軍事活動的禮儀，包括用兵征伐、均土地和徵賦稅、田獵、營建土木工程、定疆封土等活動中的禮儀。賓禮，諸侯見天子，以及各諸侯國之間相互交往時的禮儀，包括朝、聘、盟、會、覲、問、視、誓、同、錫命等禮儀制度。嘉禮，古代禮儀中內容最豐富的部分，上至王位承襲，下至鄉飲酒禮，無所不包，最重要的內容有婚禮、冠禮、射禮、饗禮、宴禮、賀慶禮等。

10. **或問禘之說。子曰：「不知也。知其說者之於天下也，其如示諸斯乎！」指其掌。**

【譯文】有人問孔子關於禘祭的問題。孔子回答說：「不知道。知道禘祭之禮的人，來治理天下，大概就像把東西放在一邊一樣容易吧！」說的時候指著自己的手掌。

【點評】孔子對魯國的禘祭感覺不滿，所以當有人問禘祭的問題時，他不肯回答。孔子認為，在魯國的禘祭中，名分顛倒，不值得一看，只好推說不知道。孔子認為懂得禘祭之禮的人，就有能力治理天下，也就是說懂得禘祭之禮的人，能夠恢復禮制，以禮治天下就容易多了。這就是說，誰懂得禘祭的規定，誰就可以恢復紊亂的「禮」了。

11. **子曰：「夏禮，吾能言之，杞不足徵也；殷禮，吾能言之，宋不足徵也。文獻不足故也。足，則吾能徵之矣。」**

【譯文】孔子說：「夏朝的禮儀制度，我能談一談，夏的後代杞國不能證明；殷朝的禮儀制度，我能說一說，殷的後代宋國不能證明。這都是因為歷史文字資料和熟悉禮的人才不夠的緣故。如果有充足的歷史資料和懂禮的人才，我就能證明杞和宋的禮了。」

【點評】孔子認為，對於夏禮、殷禮的說明，要依賴足夠的歷史典籍和賢人來闡述，而孔子對夏、商、周朝的禮儀制度非常熟悉，依然保持著認真的研究態度。他在掌握大量豐富的文獻資料後，仔細研究，不會輕易下結論。孔子的這一段話，也反映他孜孜不倦研究禮，希望人們能夠遵守禮儀規範，不要去做僭禮的事情。

12. **子曰：「禘自既灌而往者，吾不欲觀之矣。」**

【譯文】孔子說：「實行禘禮，從獻酒開始以後，我就不願意再看下去了。」

【點評】禘是古代一種極為隆重的祭禮，只有天子才有資格舉行這種祭禮，當時魯國舉行禘禮，是一種僭越禮的行為，這是孔子對魯國舉行禘禮是非禮的評論，表現他對現狀的強烈不滿。在孔子看來，一個人的等級名分，不僅活著的時候不能改變，死後也不能改變，生時是貴者、尊者，死後其亡靈也是尊者、貴者。所以當祭禮開始後，祭祀者向受祭者獻酒，孔子已經無法再忍受，這反映出當時禮崩樂壞的狀況，也反映他對現狀的不滿。

守禮規範，嚴謹認真

　　做事要秉著實事求是的嚴謹態度，對不明白、不了解的事情，不要輕易下結論。要按照禮的規定，不要越禮。

> 形聲。從示，帝聲。本義：古代帝王、諸侯舉行各種大祭的總名。

> 大祭也。漢儒說，有三。《爾雅・釋天》

大禘 郊祭祭天

殷禘 宗廟五年一次的大祭，與「祫」並稱為殷祭。

時禘 宗廟四時祭之一。每年夏季舉行，又如：禘郊（天子祭祀始祖和天神的大典）、禘樂（禘祭時所用的音樂）、禘祫（古代帝王祭祀始祖的一種隆重儀禮）。

《春秋左氏傳》中所有的禘禮

受祭者	卒期	行祭期	春秋經	左傳
莊公	莊公三十二年，其後為閔公元年。	閔公二年夏	夏五月乙酉，吉於莊公。	夏，吉禘於莊公，速也。
哀姜	閔公二年，其後為僖公元年。	僖公八年秋	秋七月，禘於大廟，用致夫人。	秋，禘而致哀姜焉，非禮也。
武公		昭公十五年春		十五年春，將禘於武公，戒百官。
襄公	襄公三十一年，其後為昭公元年。	昭公二十五年八月		將禘於襄公，萬者二人，其眾萬於季氏。
僖公	僖公三十三年，曆文(18)宣(18)成(18)襄(31)昭(32)而至定元年。	定公八年冬十月		辛卯，禘於僖公。

13. 子夏問曰：「『巧笑倩兮，美目盼兮，素以為絢兮』，何謂也？」子曰：「繪事後素。」曰：「禮後乎？」子曰：「起予者商也！始可與言《詩》已矣。」

【譯文】子夏問孔子：「『動人的笑容真美啊，美麗的眼睛，黑白分明真明亮啊，樸素的質地，卻散發著絢麗的光彩。』這幾句話怎麼解釋呢？」孔子說：「先有白色底子然後在上面畫畫。」子夏說：「這麼說禮也是後來產生的了？」孔子說：「啟發我的人是商（子夏名商）啊！現在我可以和你談論《詩經》了。」

【點評】孔子說人先具有仁德之心，然後自然產生各種禮儀規範，沒有仁德之心，也就談不上禮了。就倫理學說，這裡的禮指對行為起約束作用的外在形式，即禮節儀式；素指行禮的內心情操。但是關於禮後用什麼情操，孔子沒有直說，這種仁德之心，在於保持自己純樸本真的本心，仁德之心就好比潔白的畫布一樣，有潔白的畫布才能繪出絢麗的圖畫，有仁德之心才能知禮、懂禮、守禮。

14. 祭如在，祭神如神在。子曰：「吾不與祭，如不祭。」

【譯文】祭祀祖先時，要心懷誠敬就好像祖先真的在自己面前，祭祀神的時候，就好像神真的在自己面前。孔子說：「如果我不親自參加祭祀，雖然請他人代為致祭，祭了就和沒有舉行祭祀一樣。」

【點評】孔子這段話表明，舉行祭祀之禮的時候，人需要有誠心，需要莊重嚴肅。如果沒有誠意，那麼也就沒有必要舉行祭祀。

曾子是孔子的弟子，有一次，他在孔子身邊侍坐，孔子就問他：「以前的聖賢之王有至高無上的德行，精要奧妙的理論，用來教導天下之人，人們就能和睦相處，君王和臣下之間也沒有不滿，你知道它們是什麼嗎？」曾子聽完，明白老師孔子是要指點他最深刻的道理，於是立刻從坐著的席子上站起來，走到席子外面，恭恭敬敬地回答道：「我不夠聰明，哪裡能知道，還請老師把這些道理教給我。」在這裡，「避席」是一種非常禮貌的行為，當曾子聽到老師要向他傳授時，他站起身來，走到席子外向老師請教，是為了表示他對老師的尊重。

15. 子曰：「周監於二代，郁郁乎文哉！吾從周。」

【譯文】孔子說：「周朝借鑒了夏和商兩個朝代的禮儀制度，經過周公的增減，就形成如此文采紛呈的盛況！我遵守周朝的禮儀制度。」

【點評】周朝的禮儀制度吸收與借鑒夏朝和商朝兩代的精華，內容豐富多彩，盛大完備，孔子從正面表達對《周禮》的讚歎。在孔子所處的時代，社會動盪，《周禮》已經不能再約束人們。孔子恢復《周禮》的理想一直未能變成現實，遵從《周禮》就是在夏、商二朝之禮的基礎上加以損益，這是孔子的基本態度，但也並非絕對。

自覺自願守禮，敬鬼敬神遠之

　　歷史是各個朝代的接替，而每個朝代的文明都會被下一個朝代繼承沿襲，「禮」就是這樣一代代傳了下來，它不在於形式，而是要求人們發自內心地守禮、懂禮。

　　「禮樂」二字是我們平時談孔子的哲學思想、倫理思想、政治思想、藝術思想、美學思想的一部分，在孔子那裡，它們是不分的，真、善、美合一。這是孔子思想的一大特點。

禮樂 → 哲學思想／倫理思想／政治思想／藝術思想／美學思想 → 真、善、美合一

避席

　　「避席」的歷史傳說：1. 古人席地而坐，離席起立，以示敬意。《呂氏春秋·慎大覽》：「武王避席再拜之，此非貴虜也，貴其言也。」《三國演義》第四回：「允避席問曰：『孟德有何高見？』」2. 指讓席，以示敬意。《莊子·盜蹠》：「謁者復通，盜蹠曰：『使來前！』孔子趨而進，避席反走，再拜盜蹠。」

祭祖

　　祭祖是中國古代社會生活中最重要的祭祀活動，但卻不是唯一的。從遠古時代起，人們就以犧牲祭奠。其實古代祭祀分得很詳細，沒有犧牲的祭奠活動叫做「薦」，殺牲祭奠的才叫「祭」，而在神位有屋且栽樹的廟宇祭奠則叫「祀」。

16. 子入太廟，每事問。或曰：「孰謂鄹人之子知禮乎？入太廟，
　　每事問。」子聞之，曰：「是禮也。」

【譯文】孔子到太廟裡面，每件事情都要問別人。有人說：「是誰說孔子這個人懂得禮儀規範呀？他到太廟裡面，每件事情都要問別人。」孔子聽到這話以後說：「這恰恰正是禮呀！」

【點評】孔子對《周禮》十分熟悉，一生都致力於恢復《周禮》，他來到祭祀周公的太廟裡，卻每件事都要問別人，有人就對他是否真的懂禮產生懷疑。恰恰是這種行為，表現出他並不以「禮學家」自居，而是虛心請教，同時也說明孔子對祭祀大典的誠敬謹慎，不恥下問。

扁鵲是中國古代著名的醫生，扁鵲去見魏王，魏王說：「我聽說你們家兄弟三人都擅長醫術，你跟我說說，你們三個人中，誰的醫術最高明啊？」扁鵲答說：「長兄最好，中兄次之，我最差。」魏王驚訝地問原因，扁鵲答說：「我長兄治病，是治病於病情發作之前。由於一般人不知道他事先能剷除病因，所以他的名氣無法傳出去，只有我們家的人才知道。我中兄治病，是治病於病情初起之時。一般人以為他只能治治輕微的小病，所以他的名氣只及於本鄉里。而我扁鵲治病，是治病於病情嚴重之時，人已經生命垂危的時候才出手，一般人都看到我在經脈上穿針來放血、在皮膚上敷藥等大手術，認為我的醫術高明，名氣因此響遍全國。」

17. 子曰：「《關雎》樂而不淫，哀而不傷。」

【譯文】孔子說：「《關雎》這首詩，快樂而不過分，憂愁而不悲傷。」

【點評】孔子對《關雎》一詩的評價，表現出他「思無邪」的藝術觀。這首詩描寫的是男女愛情、祝賀婚禮，與「思無邪」本不相干，但是孔子卻體會到，快樂是有節制的快樂，哀傷不至於悲痛傷身的中庸思想，認為感情要適度，無論哀與樂都不可過分，這有其可貴的價值。

18. 子貢欲去告朔之餼羊。子曰：「賜也！爾愛其羊，我愛其
　　禮。」

【譯文】子貢想廢掉每個月初一告祭祖廟都要獻一隻羊的規矩。孔子說：「賜啊，你愛惜的是那隻活羊，我愛惜的卻是那種禮啊！」

【點評】根據《周禮》的規定，每年秋冬之際，天子把第二年的曆書頒發給諸侯們，曆書指明每個月的朔日是哪一天，這稱為「告朔」。諸侯們領到曆書，要藏在祖廟裡，每月初一來到祖廟，貢獻一隻羊。告朔是一種祭禮，在當時，這種禮儀制度已經成為形式，因此子貢提出廢除「餼羊」。孔子的話則表明對破壞禮的不滿，表明他重視對古禮的遵循保存。

誠敬謹慎，不恥下問

　　謙虛是一種美好的品德，俗話說「滿招損，謙受益」，不論什麼時候，都要保持謙虛好學的精神，不怕向學問不如自己的人學習，這樣才能有所成就。

　　孔子對《周禮》十分熟悉，他一生都在致力於恢復《周禮》，他來到祭祀周公的太廟裡，卻每件事都要問別人，有人就對他是否真的懂禮產生懷疑。他這種行為，表現出他並不以「禮學家」自居，而是虛心請教，同時也說明孔子對祭祀大典的誠敬謹慎，不恥下問。

關雎

關關雎鳩，在河之洲，
窈窕淑女，君子好逑。
參差荇菜，左右流之。
窈窕淑女，寤寐求之。
求之不得，寤寐思服。
悠哉悠哉，輾轉反側。
參差荇菜，左右采之。
窈窕淑女，琴瑟友之。
參差荇菜，左右芼之。
窈窕淑女，鐘鼓樂之。

　　扁鵲認為在兄弟三個中，自己的醫術最差，兩個哥哥不如自己名氣大，是因為病人在得病之初就被治好，而自己是在病人病入膏肓的時候，才救治，所以把自己說得醫術高明，這表現扁鵲謙虛的精神。

259

19. 子曰：「事君盡禮，人以為諂也。」

【譯文】孔子說：「我根據《周禮》規範去侍奉君主，別人卻認為我在向君主獻媚。」

【點評】當時的君臣關係已經遭到破壞，時臣事君多無禮，所以孔子提倡恢復《周禮》，以禮治國平天下。他身體力行，認真按照《周禮》去侍奉君主，卻被認為是向君主獻媚。孔子這段話，也表現對於禮被破壞的現實，無奈的感歎。

20. 定公問：「君使臣，臣事君，如之何？」孔子對曰：「君使臣以禮，臣事君以忠。」

【譯文】魯定公問：「君主使用臣子，臣子侍奉君主，怎麼樣做才恰當？」孔子回答說：「君主使用臣子要依照禮，臣子侍奉君主要盡忠。」

【點評】孔子認為，君臣之禮，即國君以禮使用臣子，而臣子侍奉國君要盡忠。君臣和諧相處，也要遵循「禮」。從孔子這段話可以看出，孔子對於君臣關係，一方面對於臣子提出盡忠的要求；另一方面也對君主提出要求。

范文程的祖父為明朝的兵部尚書，努爾哈赤攻下撫順後，范文程表達投效之意。努爾哈赤與范文程交談之後，見他見識過人，機智多才，十分愛惜，皇太極即位後，對范文程更為器重。西元 1631 年，清軍招降守城的明軍官兵，但已投降的蒙古兵又起疑心，想謀害他們的將領，皇太極震怒，范文程在旁提醒，要讓他們真心歸降，就要施仁義收取人心，寬恕他們，這樣就能讓敵軍陣營分化，結果他們全部都放下武器。明朝都城被清軍攻克後，多爾袞採納了范文程的建議，為崇禎帝辦喪事，安撫戰亂中的百姓，起用明朝的官吏，重新制定法令。這些措施在攏絡民心上產生相當大的作用，「得人心者得天下」，歷代國君，都不能違背這個道理，而領導者也要有謀略，對臣民的領導策略就是「君使臣以禮」，才使臣忠民順，天下大治。

21. 子曰：「射不主皮，為力不同科，古之道也。」

【譯文】孔子說：「射箭比賽，不是看能不能射穿箭靶，因為每個人的力氣大小是不一樣的，這是自古以來的規則。」

【點評】「射」是周代貴族經常舉行的一種禮節儀式，射也屬於《周禮》，是《周禮》的一部分內容。比賽射箭關鍵不在於是不是射穿箭靶，而在於是不是射中靶心。孔子在這裡所講的射箭，只不過是一種比喻，其意就是只要肯學習有關禮的規定，不管學到什麼程度，都值得肯定。就像學習一樣，只要努力學習，「學而不厭」，不在於學多少，而在於從學的東西裡，領悟出一定的道理。

君使臣以禮，臣事君以忠

君臣以禮相待，和諧地相處，是孔子理想的治理國家的方法之一，也是《周禮》中的一部分。

君使臣以禮

君臣能和諧地相處，為國家的發展奠定良好的基礎。君臣以禮相待，上行下效，全國的百姓就會效仿，能形成良好的社會風氣，則國家政治清明，百姓安居樂業。

臣奉君盡忠

三綱五常

三綱

君臣

父子

夫婦

「三綱」是指「君為臣綱，父為子綱，夫為妻綱」，要求為臣、為子、為妻的必須絕對服從於君、父、夫，同時也要求君、父、夫為臣、子、妻作出表率。它反映封建社會中，存在君臣、父子、夫婦之間，一種特殊的道德關係。

《論語・為政》：「殷因於夏禮，所損益可知也。」何晏集解：「馬融曰：『所因，謂三綱五常也。』」「三綱」即「君為臣綱」、「父為子綱」、「夫為妻綱」；「五常」是指「仁」、「義」、「禮」、「智」、「信」。

「五常」即仁、義、禮、智、信，是用以調整、規範君臣、父子、兄弟、夫婦、朋友等人倫關係的行為準則。

五常

仁　　義　　禮　　智　　信

22. 子曰：「管仲之器小哉！」或曰：「管仲儉乎？」曰：「管氏有三歸，官事不攝，焉得儉？」「然則管仲知禮乎？」曰：「邦君樹塞門，管氏亦樹塞門；邦君為兩君之好有反坫，管氏亦有反坫。管氏而知禮，孰不知禮？」

【譯文】孔子說：「管仲這個人器量小！」有人問：「管仲不節儉嗎？」孔子說：「他有三處住宅，他手下管事的人從不兼職處理事情，這樣怎麼能說是節儉呢？」「那麼管仲懂禮嗎？」孔子說：「國君在大門口建造照壁，管仲在自家門口也設立照壁。國君為了與別的國家友好交往，在會見別的國家國君時在堂上有放置酒杯的臺子，管仲也有這樣的臺子。如果說管仲這樣叫知禮，那麼還有誰是不知禮的呢？」

【點評】孔子對管仲的評價，既有肯定贊同之處，也有批評的地方。在此，孔子指出管仲一不節儉、二不知禮。管仲雖然有治理國家的才能，但在知禮、守禮方面做得不夠，沒有做到以禮治天下。孔子的目的，是宣揚儒家的「節儉」和「禮制」。

23. 子語魯大師樂，曰：「樂其可知也：始作，翕如也；從之，純如也，皦如也，繹如也，以成。」

【譯文】孔子給魯國的樂官講解音樂，說：「音樂是可以理解的：開始演奏時，各種樂器合奏，聲音密集優美；接下來，和諧優美，音節分明，綿延不斷，最後完成。」

【點評】樂是禮的一部分，孔子對樂有較高的造詣。孔子告訴魯國樂官音樂演奏的全部過程，反映孔子的音樂思想，並具有高超的音樂欣賞水準。

24. 儀封人請見，曰：「君子之至於斯也，吾未嘗不得見也。」從者見之。出曰：「二、三子何患於喪乎？天下之無道也久矣，天將以夫子為木鐸。」

【譯文】儀這個地方的地方官來拜訪孔子，說：「凡是有道君子到本地，我從沒有不拜訪的。」孔子的學生領著他去見孔子。出來以後，這個人說：「你們這幾個人何必為沒有官職發愁呢？天下沒有道已經很久了，上天將讓孔夫子來教化天下。」

【點評】孔子在他所處的時代，已經是一個非常有影響力的人。對於孔子的思想，信服的人也很多，儀封人便是其中之一。他在見孔子之後，就認為上天將以孔夫子為聖人號令天下，可見對孔子是佩服至極。

樂禮修身，儉以養德

儒家崇尚節儉、樸素，一個人品德的修養首先要從自身做起，用禮樂來調節身心，培養美好的本質。

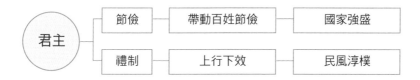

君主 ─┬─ 節儉 ── 帶動百姓節儉 ── 國家強盛
　　　└─ 禮制 ── 上行下效 ── 民風淳樸

山間交談

古時的高士大多居住在山中，他們遠離世俗，吟詩作賦，或是談論風月，追求自然的樸實和恬淡，將自己高潔的本質融入自然，寄情於山水之間。

儉以養德

由於家裡貧窮，蘇軾把賺來的錢有計劃地分成幾份，每次只用其中的一小部分。

25. 子曰：「臧文仲居蔡，山節藻棁，何如其知也？」

【譯文】孔子說：「臧文仲養一隻大龜，他把藏龜的屋子的斗拱雕刻成山的形狀，在短柱上繪出水草花紋，他這樣做怎麼能算是有智慧的人呢？」

【點評】「蔡」是國君用來占卜的大龜，由於蔡這個地方盛產龜，所以把大龜叫做「蔡」。臧文仲在當時被人們稱為「智者」，但是他對禮並不在意，他不顧《周禮》的規定，私藏大龜，把屋子雕刻出山形，在短柱上描繪出水草花紋，這些在孔子看來就是「越禮」之舉，所以，孔子指責他的「不仁智」。

26. 子曰：「觚不觚，觚哉！觚哉！」

【譯文】孔子說：「觚不是觚，這也是觚嗎？這也是觚嗎？」

【點評】觚是古代盛酒的器皿，樣式被改變，孔子對此表示不滿。在這裡孔子用觚不觚，來影射當時君不君、臣不臣、父不父、子不子的禮崩樂壞的社會現實。在孔子的思想裡，《周禮》不應被改變，而《周禮》規定的一切都是盡善盡美的，甚至是神聖不可侵犯的。但是現實社會中一切都變了樣，孔子對這樣的現實感到不能忍受，於是發出這樣的感歎。

27. 林放問禮之本。子曰：「大哉問！禮，與其奢也，寧儉；喪，與其易也，寧戚。」

【譯文】林放問什麼是禮的根本與基礎。孔子說：「你的這個問題意義重大！禮，與其在形式上奢侈豪華，不如儉樸；喪事，與其在儀式上治辦得周到妥善，不如內心真正感到哀痛。」

【點評】孔子在這裡闡述「禮」是以真實為基礎的，而不是虛文浮飾的事物。禮的根本不是形式而是內心，不能只停留在表面儀式上，真實、真誠、真心這些才是禮的根本。孔子說禮與其奢侈，不如儉樸；如果人的內心沒有禮，那麼禮儀規範也就失去它的真正意義。

春秋時期燕昭王剛即位，立志使燕國強大，物色治國的人才，於是親自登門拜訪郭隗，說明來意後，郭隗沉思一下說：「請允許我先說個故事吧。古時候，有個國君，最愛千里馬，他派人到處尋找，三年後有個侍臣找到千里馬，需要一千兩黃金，可當侍臣再次到那裡後，千里馬已病死，於是把馬骨買回來。侍臣對國君說：『人家聽說你肯花錢買死馬，還怕沒有人把活馬送上來？』這個消息一傳開，大家都認為國君真愛惜千里馬。不久，果然從四面八方送來好多匹千里馬。」郭隗講完這個故事，繼續說：「大王一定要徵求賢才，就不妨把我當馬骨來試一試。」燕昭王聽完大受啟發，馬上拜郭隗做老師，各國有才能的人，聽到燕昭王這樣真心誠意招攬人才，紛紛趕到燕國來求見。

求賢若渴，以禮服人

人才是一個國家強盛的必要條件，賢才則是國家興盛的重要因素，而國家的發展則需要禮來規範。

觚，飲酒器和禮器。盛行於商周時期，作用相當於酒杯。造型為圓形細長身，喇叭形大口，侈口，細腰，圈足外撇。抓身下腹部常有一段凸起，於近圈足處用兩段靡稜作為裝飾。商早中期，觚的器身較為粗矮，圈足部有一「十」字孔。商晚期至西周早期，觚身細長，中腰更細，口沿和圈足外撇更甚，圈足上無「十」字孔。這一時期的觚器體厚重，器身常飾有蠶紋、饕餮、蕉葉等紋飾。西周後期，觚逐漸消失。

燕昭王求賢

燕昭王真誠地向郭隗請教物色治國賢才，郭隗用千里馬的故事說明自己願意當馬骨，拋磚引玉，吸引更多的賢才為國效力。

28. 子所雅言，《詩》、《書》、執禮，皆雅言也。

【譯文】孔子有用標準語的時候，當他讀《詩經》、《尚書》和執行贊禮時，都用標準語。

【點評】孔子從事主要活動都要用標準語，由此說明孔子對於傳統文明的尊重。雅言指的是周王朝時候的官話，相當於我們現在說的國語。孔子平時可能說方言，但是在他讀《詩經》、《尚書》和執行贊禮時，就一定用標準話，由此可見孔子的謹慎與認真。

29. 子在齊聞《韶》，三月不知肉味，曰：「不圖為樂之至於斯也。」

【譯文】孔子在齊國聽到《韶》這首樂曲，很長時間吃肉也不覺得香，說：「想不到《韶》這首樂曲如此美妙動聽。」

【點評】《韶》樂是當時流行於貴族當中的古樂，孔子在音樂方面很有造詣，且藝術欣賞水準也很高。孔子痴迷於《韶》這首樂曲，一方面表現出《韶》樂的魅力所在，另一方面也表現出孔子是一個懂得鑒賞音樂的人。

周敬王的大夫萇弘正在自家廳堂裡接待客人，這位來客正是魯國大夫孔子。孔子謙恭說：「丘，喜愛音樂，卻半通不通。《韶》樂和《武》樂的區別在哪裡呢？」萇弘緩緩說：「據弘愚見，《韶》樂，乃虞舜太平和諧之樂；《武》樂，音韻壯闊豪放。」孔子進一步問：「二者在內容上有什麼差別嗎？」萇弘回答說：「從內容上看，《韶》樂側重於安泰祥和，禮儀教化；《武》樂側重於大亂大治，樹功正名。」孔子出於儒家禮儀教化的信念，對《韶》樂情有獨鍾，終日彈琴演唱，常忘形得手舞足蹈。

30. 冉有曰：「夫子為衛君乎？」子貢曰：「諾，吾將問之。」入，曰：「伯夷、叔齊何人也？」曰：「古之賢人也。」曰：「怨乎？」曰：「求仁而得仁，又何怨。」出，曰：「夫子不為也。」

【譯文】冉有說：「老師會贊同衛國國君嗎？」子貢說：「好吧，我會去問問他。」子貢進去問孔子：「伯夷和叔齊是什麼樣的人呢？」孔子說：「是古代的賢人呀！」子貢說：「他們有怨恨嗎？」孔子說：「他們求仁而得到仁，又有什麼怨憤。」子貢出來說：「老師不會贊同衛國國君。」

【點評】衛國國君輒是和父親爭奪後繼承王位的，子貢與冉有想讓孔子發表對這件事情的看法。伯夷和叔齊是賢人，他們兩兄弟互相謙讓不肯繼承王位，這種謙讓，正好與衛國國君父子爭奪王位形成鮮明對比。孔子讚美伯夷和叔齊，子貢由此得知孔子不會贊同衛國國君。孔子對這兩件事，給予評價的標準，就是符不符合禮。

如痴如醉忘形，三月不知肉味

音樂能調節人的情緒，提升人的思想道德修養，對培養人的本質有良好的促進作用。

《韶》樂是上古舜帝之樂，又名《九韶》、《九歌》。據清同治刊《湘鄉縣誌》載：「相傳舜南巡時，奏《韶》樂於此，鳳為之下。」原來舜帝為將中原文化傳入苗地，他南巡來到位於漢、苗交界之地的韶山。舜帝率眾登至一最高峰，忽聽鼓角齊鳴，手執弓矛的苗民土著將其團團圍住達三天三夜，形勢危殆。舜帝於是命人奏起了美妙動聽的《韶》樂，一時間鳳凰來儀，百鳥和鳴。虎視眈眈的苗民在妙不可言的樂聲中，丟下武器伴著節奏跳起舞來，一場干戈化為玉帛。舜帝演奏的樂曲於是叫《韶》樂，奏樂的山峰由此得名「韶山」。

孔子對《韶》樂情有獨鍾，以至於連他一貫喜歡的紅燒肉味也品嘗不出來。

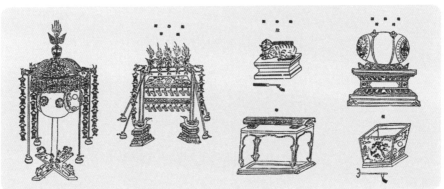

《韶》樂是中國宮廷音樂中等級最高、運用最久的雅樂，由它所產生的思想道德典範和文化藝術形式，一直影響著中國的古代文明，《韶》樂因而被譽為「中華第一樂章」。

31. 子食於有喪者之側，未嘗飽也。

【譯文】孔子坐在有喪事的人旁邊，從來沒有吃飽過。

【點評】孔子遇到有喪事的人，不忍不顧他人悲痛只顧自己填飽肚子，這反映孔子是一個非常有同情心、心地仁厚的人。

宋朝傑出的政治家、文學家范仲淹，少年時家貧但好學，當秀才時就常以天下為己任，有敢言之名。曾多次上書批評當時的宰相，因而三次被貶。他曾研究過古代文人的覽物之情，他們的表現與被貶官的人和失意的文人的態度不同，古代的仁人志士不因為美景而高興，不因為自己的處境不好而哀傷。他們處在宰相那樣的高位，就為自己的百姓憂慮；身處偏僻的江湖上，就替自己的國君憂慮。這就是說，入朝為官憂慮，退居偏僻的江湖之上也憂慮。既然這樣，那麼他們什麼時候才有歡樂呢？如果有人問他們，他們一定說：「先天下之憂而憂，後天下之樂而樂。」這正是范仲淹一生的寫照，他拋下家室與韓琦一起鎮守陝西，屢次擊退了西夏、契丹的侵略，保衛了國家的安全。

32. 陳司敗問：「昭公知禮乎？」孔子曰：「知禮。」孔子退，揖巫馬期而進之，曰：「吾聞君子不黨，君子亦黨乎？君取於吳，為同姓，謂之吳孟子。君而知禮，孰不知禮？」巫馬期以告。子曰：「丘也幸，苟有過，人必知之。」

【譯文】陳司敗問：「魯昭公知道禮嗎？」孔子說：「他知道禮。」孔子退出來後，陳司敗向巫馬期作揖，請他靠近自己，對巫馬期說：「我聽說君子不偏袒，難道君子也偏袒別人嗎？魯國國君在吳國娶一位夫人，和他同姓，因此稱這個夫人為吳孟子。如果說魯國的國君是知道禮的人，還有誰是不知道禮的呢？」巫馬期把陳司敗說的這些話告訴孔子，孔子說：「我孔丘是多麼幸運啊，假如有過錯，別人一定會知道。」

【點評】魯昭公娶同姓女為夫人，這種作法在當時是一種失禮的行為。孔子說魯昭公知道禮，即「為尊者諱」。孔子以維護當時的宗法等級制度為最高原則，所以他自身出現矛盾。陳司敗說孔子在偏袒魯昭公，其實孔子也知道魯昭公失禮，他說「丘也幸，苟有過，人必知之」，也就是委婉地承認魯昭公失禮，只是無法解決這個矛盾而已。

33. 子曰：「師摯之始，《關雎》之亂，洋洋乎盈耳哉！」

【譯文】孔子說：「從師摯的演奏開始，到《關雎》演奏結束，美妙動聽的音樂還在我的耳邊回響。」

【點評】孔子表達對師摯演奏的讚美之情，寄寓孔子的禮樂教化思想。

禮在人先，義居禮後

禮是發自內心的情感，是對生命的一種極高的尊重，懂禮、守禮的人，會按照禮的標準來規範自己的行為，用實際行動來踐行。

范仲淹

范仲淹（西元989～1052年），字希文，蘇州吳縣（今屬江蘇）人。北宋著名的政治家、思想家、軍事家和文學家。他為政清廉，剛直不阿，屢遭奸佞誣謗，數度被貶。西元1052年病逝，當年十二月葬於河南洛陽東南萬安山，諡文正，封楚國公、魏國公。

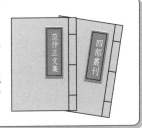

先天下之憂而憂，後天下之樂而樂。

范仲淹鎮守陝西，帶領部隊擊退敵人的侵略。

宓子賤做過單父的地方官。平日，大家只見他整天彈琴作樂，悠閒自得，根本沒見他走出過公堂。然而在他的治理之下，單父這地方人們生活富足，人心安定。後來，宓子賤離開單父，接任他的是亞馬期。亞馬期每天天還沒亮，星星還沒消失就出去，一直忙到夜裡繁星密布才疲憊不堪地返回公堂。亞馬期為了工作，食寢難安，大小事情都要親自處理，好不容易才將單父治理好。亞馬期聽說宓子賤治理簡直不費什麼氣力，可單父也一樣富足，便特意到宓子賤府上求教，探討治理單父的竅門。宓子賤得知亞馬期來意後，

微微一笑，說道：「我哪裡有什麼治理的竅門啊！只不過我治理單父時憑藉大家的力量。而你治理單父時，你用的方法是只用你自己的力量。光依靠自己的力量治理當然辛苦不堪，而我動員了大家的力量，依靠眾人當然使我自己安逸得多。」

34. 子曰：「麻冕，禮也；今也純，儉，吾從眾。拜下，禮也；今拜乎上，泰也。雖違眾，吾從下。」

【譯文】孔子說：「用麻布製造禮帽，這是符合禮的規定；現在都用黑絲綢來製造禮帽了，這和過去比更節省，我贊同大家這樣做。面見君主的時候，先在堂下跪拜，這是合乎禮儀規範的；如今拜見君主，都要在堂上跪拜，這是傲慢的表現。雖然違反了眾人的作法，我還是要先在堂下跪拜。」

【點評】孔子雖然主張恢復《周禮》，但並不是一成不變地實行《周禮》。孔子在某些問題上堅持守舊，在某些問題上則跟隨大家，贊同變革。用麻布來製造禮帽是符合禮的表現，但是現在用黑絲綢來製造禮帽更節省，孔子就贊同用黑絲綢來製造禮帽。但是在拜見君主的禮節上，現在人們的作法顯得很傲慢，孔子就不贊同。這表明孔子不是頑固地要求一切都要合乎《周禮》的規定，而是在他認為的原則問題上堅持己見，不願作出讓步。因跪拜問題涉及「君主之防」的大問題，與戴帽子有根本的區別。

35. 子曰：「奢則不孫，儉則固。與其不孫也，寧固。」

【譯文】孔子說：「奢侈豪華就容易僭禮，節儉就容易顯得寒酸。與其僭禮，寧可鄙陋寒酸。」

【點評】孔子在奢與儉二者的取捨之間，表現出聖者的理智。孔子指出，奢侈豪華，但是不守禮，那還不如節儉寒酸，但是守禮的好。由此可知，孔子依然在提倡與宣揚要守禮，要保持謙虛懂禮，不可因生活豪華奢侈就忘掉禮儀。

司馬光是北宋大臣、史學家，他一生不僅自己生活得十分儉樸，更把儉樸作為教子成才的重要內容，他十分注重教育孩子力戒奢侈，謹身節用，他常說：「平生衣取蔽寒，食取充腹。」但卻「不敢服垢弊以矯俗干名」。他教育兒子，「食豐而生奢，闊盛而生侈。」為了使兒子認識崇尚儉樸的重要，他以家書的體裁寫一篇《訓儉示康》的文章。

36. 子曰：「鳳鳥不至，河不出圖，吾已矣夫！」

【譯文】孔子說：「鳳鳥不再來，黃河中也不再出現圖了，我這一輩子大概也快完了吧！」

【點評】傳說在舜和周文王時代，鳳鳥曾經出現過，這是一種吉祥的徵兆。孔子為恢復禮制而辛苦奔波一生，結果並未如願，他感歎說鳳鳥不來，黃河中也不再出現河圖，恢復《周禮》似乎已經是完全不可能的事情，流露出一種傷時的哀痛之情。

奢儉不忘禮儀，變通才會前進

「由儉入奢易，由奢入儉難」，節儉是中華民族的優良傳統，保持節儉的本質是君子的行為之一，也是禮儀的一部分。

聖人為腹不為目

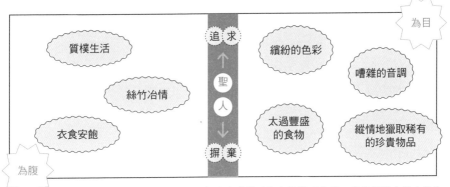

為目

| 追求 | 繽紛的色彩 |
| 嘈雜的音調 |

質樸生活

絲竹冶情

衣食安飽

聖人

摒棄

太過豐盛的食物

縱情地獵取稀有的珍貴物品

為腹

老子以「是以聖人為腹不為目」這句話點出聖人的生活方式。他警醒人們追求享受要懂得適可而止，不可無限制地去滿足自己的欲望，保持內心的清淨滿足，才能自在快樂地生活。

力戒奢侈，謹身節用

司馬光告誡兒子：「侈則多欲。君子多欲則貪慕富貴，枉道速禍；小人多欲則多求妄用，敗家喪身。」

在司馬光的教育下，兒子司馬康從小就懂得儉樸的重要性，並以儉樸自律。

小智慧大妙處

謙卑　從前有一位謙厚的人，姓王名昶，他把哥哥的兩個兒子取名為「默」、「沉」，而把自己的兒子命名為「渾」、「深」，並告誡他們：「我給你們取這四個名字，就是要你們顧名思義，不要違背謙卑的德行。所有急速成長的事物都很快滅亡，大器晚成的人則常能安享晚年。早晨開花的草本植物，到傍晚便已凋謝。長青的松柏，到寒冬也不會衰敗。所以君子力戒鋒芒太露，如果能以受冤屈為伸直，以謙讓為獲得，以柔弱為強盛，則很少會沒有成就。」

37. **子見齊衰者、冕衣裳者與瞽者，見之，雖少，必作。過之，必趨。**

【譯文】孔子看到穿喪服的人、當官的人以及盲人時，即使這些人很年輕，他也一定會站起來。從這些人面前經過時，一定會快步走過。

【點評】孔子對《周禮》十分熟悉，他知道遇到什麼人該行什麼禮，對於尊貴者、家有喪事者和盲者，都應禮貌待之，表明孔子是一個非常懂禮，而且有同情心的人。他推崇禮，以身作則，在實際行動中處處注意遵守禮，以恢復禮治的理想社會。

春秋時，晉國有一名叫李離的獄官，他在審理一件案子時，由於聽從下屬的一面之詞，致使一個人冤死，真相大白後，李離準備以死贖罪，晉文公說：「官有貴賤，罰有輕重，況且這件案子主要錯在下面的辦事人員，又不是你的罪過。」李離說：「我平常沒有跟下面的人說我們一起來當這個官，拿的俸祿也沒有與下面的人一起分享，現在犯錯誤，如果將責任推給下層的辦事人員，我又怎麼做得出來？」他拒絕聽從晉文公的勸說，伏劍而死。正人先正己，做事先做人。管理者希望管好下屬，必須以身作則，嚴格要求自己，做到「己所不欲，勿施於人」。

38. **子疾病，子路使門人為臣。病閒，曰：「久矣哉！由之行詐也。無臣而為有臣。吾誰欺？欺天乎？且予與其死於臣之手也，無寧死於二三子之手乎！且予縱不得大葬，予死於道路乎？」**

【譯文】孔子得了重病，子路派門人去當孔子的家臣。後來孔子病情減輕，說：「仲由喜歡弄虛作假已經很久了，沒有家臣裝成是有家臣，我要欺騙誰呢？欺騙上天嗎？況且我與其在家臣的照料下死去，還不如在你們這些學生們的照料下死去呢！即使我不能被以大夫之禮安葬，難道我能死在路邊嗎？」

【點評】孔子非常重視禮，而葬禮上有嚴格的等級規定，不同等級的人有不同的安葬儀式，違反了規定就是大逆不道。孔子當時沒有官職，不能使用家臣，所以對於子路弄虛作假的行為表示不滿。孔子一生追求仁義道德，門下弟子眾多，他相信自己即使不能被大葬，也一定不會死在路邊無人掩埋。孔子反對學生按大夫之禮為自己辦理喪事，是完全恪守《周禮》的規定。

39. **子曰：「吾自衛反魯，然後樂正，雅頌各得其所。」**

【譯文】孔子說：「我從衛國返回到魯國去，整理樂章，雅樂和頌樂才各有適當的位置。」

【點評】孔子提到自己整理樂章，使雅樂和頌樂各得其所的事情，表現孔子在音樂方面所作出的貢獻。

正人先正己，做事先做人

孔子非常重視禮，總是嚴格按照《周禮》的規定辦事，處處以身作則，在實際行動中處處注意遵守禮，以恢復禮治的理想社會。

李離因聽從屬下的一面之詞，致使一人含冤而死，李離為了贖罪，伏劍而死。

重孝養輕喪葬

小智慧大妙處

重孝養輕喪葬 禮儀研究是孔子一生所從事最重要的工作之一，而喪葬禮儀由於受夏商兩代，以及各諸侯國之間的差異的影響，在周代呈現出豐富而複雜的狀態。中國的厚葬之風早在孔子之前就已經形成，大量的資料可以證明孔子是喪葬禮儀的研究者和傳承者，而不是厚葬的倡導者。孔子從沒提倡過厚葬，相反，他是重孝養輕喪葬的倡導者，但由於禮的自相矛盾和禮的束縛，他反對厚葬的力度，遠不如其他薄葬的倡導者與實踐者。

40. 顏淵死，顏路請子之車以為之椁。子曰：「才不才，亦各言其子也。鯉也死，有棺而無椁。吾不徒行以為之椁。以吾從大夫之後，不可徒行也。」

【譯文】顏淵死，他的父親顏路請求孔子賣掉車子給顏淵買個外椁。孔子說：「雖然顏淵和鯉，一個有才、一個無才，但各自都是自己的兒子。孔鯉死的時候，也是有棺無椁，我沒有賣掉自己的車子給他買椁。因為我還跟隨在大夫之後，是不可以步行的。」

【點評】顏淵是孔子的得意門生。顏淵死，他的父親顏路請孔子賣掉自己的車子，給顏淵買椁。孔子曾經擔任過大夫一級的官員，而大夫必須有自己的車子，不能步行，否則就違背禮的規定。這反應孔子對「禮」，持有一絲不苟的嚴謹態度，要與禮合才可以情合。

41. 顏淵死，門人欲厚葬之。子曰：「不可。」門人厚葬之。子曰：「回也視予猶父也，予不得視猶子也。非我也，夫二三子也。」

【譯文】顏淵死，孔子的學生們想要隆重地安葬他。孔子說：「不能這樣做。」學生們仍然隆重地安葬了他。孔子說：「顏回把我當父親一樣看待，我卻不能把他當親生兒子一樣看待。這不是我的過錯，是那些學生們做的呀。」

【點評】孔子說不能像對待自己親生的兒子那樣，對顏淵予以安葬，但他的學生仍隆重地埋葬顏淵，孔子說，這不是自己的過錯，而是學生們所為。這表明孔子遵從禮的原則，即使是在厚葬顏回的問題上，仍是如此。孔子主張以禮辦事，這是因為孔子把個人情感與社會禮制分得很清楚，他反對任何越禮的行為，這是對社會秩序和禮節的堅守。

42. 陳成子弒簡公。孔子沐浴而朝，告於哀公曰：「陳恆弒其君，請討之。」公曰：「告夫三子。」孔子曰：「以吾從大夫之後，不敢不告也。君曰『告夫三子』者。」之三子告，不可。孔子曰：「以吾從大夫之後，不敢不告也。」

【譯文】陳成子殺害齊簡公。孔子齋戒沐浴以後，隨即上朝去見魯哀公，報告說：「陳恆把他的君主殺害，請你出兵討伐他。」哀公說：「你去報告那三位大夫吧！」孔子退朝後說：「因為我曾經做過大夫，所以不敢不來報告，君主卻說『你去告訴那三位大夫吧』！」孔子去向那三位大夫報告，但三位大夫不願派兵討伐，孔子又說：「因為我曾經做過大夫，所以不敢不來報告呀！」

【點評】孔子出於尊君、正名以維護禮制的立場，要求魯哀公及魯國三家討伐陳恆。因為陳成子殺死齊簡公，在孔子看來真是「不可忍」的事情。儘管他已經退官家居了，但他還是鄭重其事地把此事告訴魯哀公，當然這違背「不在其位，不謀其政」的戒律。他的請求遭到哀公的婉拒，所以孔子心裡一定是很不滿，但又無能為力。

名正言順，堅守禮節

孔子維護禮制，要求名正言順，十分反對越禮的行為，主張「在其位，謀其政」。

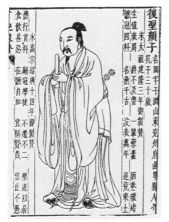

顏路，即顏無繇，字路，因此又被稱作顏路。他是顏回（顏淵）的父親，父子兩人曾先後在孔子門下求學。顏回早逝，顏無繇因家裡窮，就請求孔子把車子賣了來幫他安葬。孔子認為不妥，說：「顏回和孔鯉雖有才與不才的分別，但對我們來說，也都是自己的兒子呀！孔鯉死的時候，也只有一層棺而沒有外槨。我總不能徒步走路，而把車子賣了替他買槨，因為我曾經位居士大夫的行列，照禮是不可以步行的。」唐開元二十七年（西元 739 年）追封顏路為「杞伯」。

明朝時，皇上頒發了禁止宰殺耕牛的禁令。有一次，高要縣的知縣湯奉就收到一老者送來的五十斤牛肉。

張靜齋說不可違反禁令，當年劉伯溫因私自收受金錢，皇上知道後把劉伯溫毒死。要依禮法辦事才能自保。

43. 微生畝謂孔子曰：「丘何為是栖栖者與？無乃為佞乎？」孔子曰：「非敢為佞也，疾固也。」

【譯文】微生畝對孔子說：「孔丘，你為什麼這樣四處奔波遊說呢？你不就是要顯示自己的口才和花言巧語嗎？」孔子說：「我不是敢於花言巧語，只是痛恨那些頑固不化的人。」

【點評】孔子為推行《周禮》，終生忙忙碌碌，周遊列國，一再碰壁，但是他義無反顧，表現出對國家的負責態度，和對理想的執著追求。

44. 衛靈公問陳於孔子。孔子對曰：「俎豆之事，則嘗聞之矣；軍旅之事，未之學也。」明日遂行。

【譯文】衛靈公向孔子問軍隊列陣之法。孔子回答說：「祭祀禮儀方面的事情，我還聽說過；用兵打仗的事，從來沒有學過。」第二天，孔子便離開衛國。

【點評】衛靈公向孔子詢問有關軍事方面的問題，孔子對此很不感興趣，所以孔子回答只知禮儀，不懂軍旅。孔子主張以禮治國，禮讓為國。

東漢末年，曹操成氣候之後，派人去琅邪接父親曹嵩。曹嵩路過陶謙那裡的時候，陶謙招待他，並且派張闓帶軍護送。護送的當天晚上，寄宿在一座古廟，張闓及其士兵睡在外面保護，恰巧天下雨，士兵有怨言，生了搶奪曹家輜重之心，結果曹嵩被殺。曹操認為陶謙縱容手下殺害父親，想報殺父之仇，起兵討伐。陶謙勢力小，求助於孔融，結果孔融沒救成，也被困了。孔融手下太史慈單槍匹馬殺出城，請來劉備的軍隊，替他解圍。劉備和陶謙商議退兵的事，於是劉備寫一封信給曹操，信中說，要以朝廷為重，如果撤回徐州之兵，以救國難，是天下的幸事。曹操得到信，大怒，欲討伐劉備。曹操的謀士郭嘉說：「劉備遠來救援，先禮後兵，主公當用好言答之，以慢備心，然後進兵攻城，城可破也。」

45. 子游曰：「喪致乎哀而止。」

【譯文】子游說：「喪事做到盡哀也就可以了。」

【點評】子游說到喪事，表明一方面要盡喪，另一方面又不宜過於哀痛而傷害身體。儒家宣傳的「過猶不及」就是這個意思。

以禮治國，先禮後兵

禮是孔子一生所追求的，他主張以禮治國，反對武力。

孔子的「禮戰」思想

孔子「禮戰」思想的基礎是「君君、臣臣、父父、子子」，旨在維護社會秩序的和諧，換言之，他要求君臣百姓各守其禮、各安本分，這是孔子所主張的理想社會和「禮戰」的前提。

衡量戰爭最主要的價值限度

使用戰爭最主要也是最重要的依據

治軍的根本

具有制止戰爭、節制戰爭暴力的功能

「禮」的內涵「義」，是戰爭品格「勇敢」的價值限度和準繩

先禮後兵

曹操看到信，大怒，欲討伐劉備。

劉備遠來救援，先禮後兵，主公當用好言答之，以慢備心，然後進兵攻城，城可破也。

46. **邦君之妻，君稱之曰夫人，夫人自稱曰小童；邦人稱之曰君夫人，稱諸異邦曰寡小君；異邦人稱之，亦曰君夫人。**

【譯文】國君的妻子，國君稱她為夫人，夫人自稱為小童，國人稱她為君夫人，對他國人則稱她為寡小君，他國人也稱她為君夫人。

【點評】春秋時代，禮制遭到破壞，諸侯嫡妾稱號混亂，為了維護等級名分制度，以達到「名正言順」的目的，因此孔子提到《周禮》。

戰國時，曾經有人質疑孟子說，你以往在齊國時，曾經拒絕齊王所送的一百鎰黃金，後來宋國及薛地的君主，分別送你七十鎰及五十鎰黃金，你卻都收下來，是否有標準不一、不為人知的道理呢？孟子說：「在宋國時，因為要離開繼續周遊他國，宋君於是送我旅費，以便我完成後續的工作，所以我收下來；而在薛地時，因為有人將對我不利，於是薛君送我金錢，以便我購買防身武器，並預防其他不時之需，所以我也收下來。至於在齊國時，因為彼此並沒有任何贈、受的理由，齊王送我錢，豈非要收買我，幫他歌功頌德，這不是君子所應為的。」孟子的確是一位有智慧的人，真正把「禮」放在心裡，而不是拿在手上。所以說，只要名正言順、師出有名的饋贈，自然符合「禮節」，更不會有違法之虞。

47. **子之武城，聞弦歌之聲。夫子莞爾而笑，曰：「割雞焉用牛刀？」子游對曰：「昔者偃也聞諸夫子曰：『君子學道則愛人，小人學道則易使也。』」子曰：「二三子！偃之言是也。前言戲之耳。」**

【譯文】孔子到武城，聽見彈琴唱歌的聲音。孔子微笑著說：「殺雞何必用宰牛的刀呢？」子游回答說：「以前我聽先生說過，『君子學習禮樂就能愛人，小人學習禮樂就容易指使。』」孔子說：「學生們，言偃的話是對的。我剛才說的話，只是開個玩笑而已。」

【點評】借孔子和子游的玩笑，進而表明禮樂教化對民眾的意義和作用。君子和小人只要學習禮樂，雖然還是有些差別，但是君子能愛人，小人容易指使，能提升民眾的素質。

48. **子曰：「禮云禮云，玉帛云乎哉？樂云樂云，鐘鼓云乎哉？」**

【譯文】孔子說：「禮呀禮呀，只是說玉帛之類的禮器嗎？樂呀樂呀，只是說鐘鼓之類的樂器嗎？」

【點評】這一段表達孔子對當時社會深深的感歎。春秋時期，權貴奢侈成風，禮樂已經成為一種形式，失去禮樂原有的實質性，孔子對此很失望。

孟子以禮行事，不做越禮之事

孟子收金

春秋時期，權貴奢侈成風，而禮樂已經成為一種形式，並失去原有的本質，成為人們享受的主要工具。

孟子接受宋國國君贈送的黃金，有人質疑他標準不一，孟子卻認為自己就是依禮行事，符合禮的要求，並沒有標準不一。

禮樂之教就是和諧人的情性，使君臣、父子、兄弟、夫妻、婆媳均能和睦相處。孔子也十分重視禮樂之教，作為首創私人教育的教育家，他把禮樂之教貫穿於教學的各個環節。

孟子的《盡心上》是推崇健康向上，能鼓舞人、激勵人、教育人之高雅純正的音樂、舞蹈。人的情緒平衡，身心和諧，才會達到以樂養性、以樂怡情的目的，最終使禮樂之教落實。

孟子的禮樂之教

禮樂之教

至情 ← 統一諧和 → 至樂

「至樂」是表達「至情」，作為音樂極點的「至樂」和情感極點的「至情」，正是教化所追求的目標。

49. 子曰：「惡紫之奪朱也，惡鄭聲之亂雅樂也，惡利口之覆邦家者。」

【譯文】孔子說：「我厭惡用紫色（雜色）取代紅色（正色），厭惡用鄭國的聲樂擾亂雅樂，厭惡用伶牙利齒而顛覆國家這樣的事情。」

【點評】在當時混亂的社會狀態下，孔子對當時的理制破壞、是非顛倒、真假混淆的紫色奪朱、鄭聲亂樂、利口覆邦三種突出的社會政治現象，進行了抨擊。

50. 大師摯適齊，亞飯干適楚，三飯繚適蔡，四飯缺適秦，鼓方叔入於河，播鼗武入於漢，少師陽、擊磬襄入於海。

【譯文】太師摯到齊國去，亞飯干到楚國去，三飯繚到蔡國去，四飯缺到秦國去，打鼓的方叔到黃河邊，敲小鼓的武到漢水邊，少師陽和擊磬的襄到海濱。

【點評】孔子重視樂教，對當時樂師的境遇，流露出一種深深的感歎。對魯國樂師在哀公時流散的情況，他表現很擔憂。

51. 子曰：「事君，敬其事而後其食。」

【譯文】孔子說：「侍奉君主，要認真辦事，而把領取俸祿的事放在後面。」

【點評】孔子一生致力於《周禮》的恢復，自己也十分注重禮。這段說的是先人後己，首先要真誠地付出，然後再謙遜地得到，這就是「禮」。

趙廣漢，字子都，西漢時期涿郡蠡吾縣人，曾任守京兆尹、穎川郡太守、京兆尹。在穎川郡任太守，是趙廣漢前期治理的最佳階段，他不畏強權，精明強幹，剛到任的數個月時間，就做兩件大事：一是打擊豪門大族的勢力，緩和社會矛盾；二是加強地方管理，轉變當地的不良風氣，其威名由此流傳。《漢書》本傳中，就把擅長處理政務說成是他的天性。趙廣漢在擔任京兆尹時，表現出高度的責任心，處理各項公務常通宵達旦，並且善於思考，講究辦事效率。在其治理期間，京兆地區政治清明，官屬和百姓無不交口稱讚。

真誠付出，謙遜得到

　　培養高尚的道德情操，先人後己，首先要真誠地付出，然後才能謙遜地得到，這就是「禮」。

廣漢為人強力，天性慧於孝職

　　趙廣漢在擔任京兆尹時，表現出高度的責任心，處理各項公務常通宵達旦，並且善於思考，講究辦事的效率。

　　在潁川郡任太守期間，趙廣漢不畏強權，精明強幹，大力打擊豪門大族的勢力，緩和社會矛盾；並加強了地方管理，而轉變當地的不良風氣。

小智慧大妙處

中國最早的舉報箱　西漢趙廣漢發明「受吏民投書」。漢宣帝時，趙廣漢出任潁川太守，到任後，他發現土豪劣紳結黨營私成風，形成一霸，無人能治，人民群眾敢怒不敢言。為了打擊犯罪，為民除害，趙廣漢受存錢罐的啟發，令手下人製成形狀像瓶子，口很小，可入不可出的器具「受吏民投書」。有這些舉報箱，官吏和群眾紛紛寫信告密。趙廣漢根據得到的線索，組織力量打擊，使奸黨散落，盜賊不敢發，穩定社會。趙廣漢因此名聲大振，升遷為京兆尹。

子曰：
「由，
誨汝知之乎？
知之為知之，
不知為不知，
是知也。」

睦鄰篇

在中國傳統家庭倫理思想中，睦鄰觀是重要的組成部分。中國有「遠
親不如近鄰」之說，講的就是儘管骨肉親情血濃於水，但是空間的
阻隔常使得「遠水救不了近火」，所以鄰里鄉親的重要性便凸顯出
來，因而，「睦鄰」也就成為中國傳統家庭倫理文化中，特別強調
弘揚的美德。

1. 子曰：「從我於陳、蔡者，皆不及門也。」

【譯文】孔子說：「曾跟隨我從陳國到蔡地去的學生，現在都不在我身邊受教了。」

【點評】西元前 489 年，孔子和學生從陳國到蔡地去。途中，他們被陳國的人包圍，絕糧七天，許多學生餓得不能行走，當時跟隨他的學生有子路、子貢、顏淵等人。西元前 484 年，孔子回魯國以後，子路、子貢等先後離開他，顏回也去世，所以，孔子時常想念他們。孔子時常會發出深深的歎息，流露出孔子和弟子間濃厚的感情。

2. 曾子曰：「君子以文會友，以友輔仁。」

【譯文】曾子說：「君子以文章學問來結交朋友，依靠朋友幫助自己培養仁德。」

【點評】曾子繼承了孔子的思想，主張以文章學問，作為結交朋友的方法，以互相幫助培養仁德，作為結交朋友的目的，這是君子之所為。事實上在「五倫」中，儒家對於朋友這一倫，還是比較重視的。

范巨卿是山陽金鄉人，他和汝南人張劭是朋友。張劭，字元伯，兩人同時在太學（朝廷最高學府）學習。後來范巨卿要回到鄉里，約定兩年後去拜見張劭。兩年後，張劭把事情詳細地告訴母親，請母親準備酒菜等待范巨卿，張劭的母親說：「分別了兩年，雖然約定日期，但是遠隔千里，你怎麼能確信無疑呢？」張劭說：「范巨卿是個守信的人，肯定不會違約。」母親說：「如果是這樣，我為你釀酒。」到約好的那日，范巨卿果然到來，大家在大廳一起飲酒，最後開心地分別。後來張劭生病，臨終時，遺憾沒有見到范巨卿。張劭死後，范巨卿夢見了張劭去世，於是騎馬哭號著去參加葬禮。范巨卿到了之後，親自拉著牽引靈柩的大繩，靈柩這才前進，於是，范巨卿住在墳墓旁邊，為他種植墳樹，然後才離開。

3. 顏淵死，子哭之慟。從者曰：「子慟矣。」曰：「有慟乎？非夫人之為慟而誰為？」

【譯文】顏淵死後，孔子哭得極其悲痛。跟隨孔子的人說：「您悲痛過度了！」孔子說：「是悲傷過度了嗎？我不為這個人悲傷過度，又為誰呢？」

【點評】孔子對顏淵之死，感到非常地沉痛並深深地哀悼他，雖然悲痛傷身，但他老人家也顧不了了。

以文會友，以友輔仁

人的一生離不開朋友，而自身素質的提升，也與結交的朋友素質高低有直接關係。

有才德的人，即使居住在深山野林，也會有人慕名前來拜會。
不張揚，不自耀，心憂社稷，身繫天下。

朋友之交

貧賤而地位低下時結交的朋友，叫「貧賤之交」。
情誼契合、親如兄弟的朋友，叫「金蘭之交」。
同生死、共患難的朋友，叫「刎頸之交」。
在遇到磨難時結成的朋友，叫「患難之交」。
情投意合、友誼深厚的朋友，叫「莫逆之交」。
從小一起長大的異性好朋友，叫「竹馬之交」。
以平民身分相交往的朋友，叫「布衣之交」。
不拘於身分、形跡的朋友，叫「忘形交」。
不因貴賤的變化而改變深厚友情的朋友，叫「車笠交」。
在道義上彼此支援的朋友，叫「君子交」。
心意相投、相知很深的朋友，叫「神交」。
輩分不同、年齡相差較大的朋友，叫「忘年交」。
世代有交情的兩家弟子，謁見對方長輩時的禮節，舊時也稱異姓結拜的兄弟，稱「八拜之交」。

4. 閔子侍側，誾誾如也；子路，行行如也；冉有、子貢，侃侃
   如也。子樂。「若由也，不得其死然。」

   【譯文】閔子騫侍立在孔子身旁，一副和悅而溫順的樣子；子路是一副剛強
   的樣子；冉有、子貢是溫和快樂的樣子。孔子高興了。但孔子又說：「像仲由
   這樣，只怕不得好死吧！」

   【點評】孔子與弟子之間有一種深深的仁愛之情。子路這個人有勇無謀，儘
   管他非常剛強。孔子為他的這些學生各有特長而高興，但又擔心子路，唯恐他不
   會有好的結果。師之愛生，人之常情，但他能「得天下英才而教育之」仍是很快
   樂的。

5. 子畏於匡，顏淵後。子曰：「吾以汝為死矣。」曰：「子在，
   回何敢死？」

   【譯文】孔子在匡地受到當地人圍困，顏淵最後才逃出來。孔子說：「我以
   為你已經死呢！」顏淵說：「夫子還活著，我怎麼敢死呢？」

   【點評】此話流露出孔子對弟子的真誠關懷，弟子對孔子的尊敬，以及師生
   之間建立在道義上，真摯而自然的感情。

6. 子路、曾皙、冉有、公西華侍坐。子曰：「以吾一日長乎爾，
   毋吾以也。居則曰：『不吾知也！』如或知爾，則何以哉？」
   子路率爾而對曰：「千乘之國，攝乎大國之間，加之以師旅，
   因之以饑饉，由也為之，比及三年，可使有勇，且知方也。」
   夫子哂之。「求，爾何如？」對曰：「方六、七十，如五、
   六十，求也為之，比及三年，可使足民。如其禮樂，以俟君
   子。」「赤，爾何如？」對曰：「非曰能之，願學焉。宗廟
   之事，如會同，端章甫，願為小相焉。」「點，爾何如？」
   鼓瑟希，鏗爾，舍瑟而作，對曰：「異乎三子者之撰。」子曰：
   「何傷乎？亦各言其志也。」曰：「莫春者，春服既成。冠
   者五、六人，童子六、七人，浴乎沂，風乎舞雩，詠而歸。」
   夫子喟然歎曰：「吾與點也！」三子者出，曾皙後。曾皙曰：
   「夫三子者之言何如？」子曰：「亦各言其志也已矣。」曰：
   「夫子何哂由也？」曰：「為國以禮，其言不讓，是故哂之。」
   「唯求則非邦也與？」「安見方六、七十如五、六十而非邦

也者？」「唯赤則非邦也與？」「宗廟會同，非諸侯而何？赤也為之小，孰能為之大？」

【譯文】子路、曾皙、冉有、公西華四個人圍坐在孔子身邊。孔子說：「我年齡比你們大一些，不要因為我年長而不敢說。你們平時總說：『沒有人了解我啊！』假如有人了解你們，那你們要怎樣去做呢？」子路急忙回答：「一個擁有一千輛兵車的國家，夾在大國中間，常受到別的國家侵犯，加上國內又鬧饑荒，讓我去治理，只要三年，就可以使人們勇敢善戰，而且懂得禮儀。」孔子聽了，微微一笑。孔子又問：「冉求，你怎麼樣呢？」冉求答道：「國土有六、七十里或五、六十里見方的國家，讓我去治理，三年以後，就可以使百姓飽暖。至於這個國家的禮樂教化，就要等君子來施行了。」孔子又問：「公西赤，你怎麼樣？」公西赤答道：「我不敢說能做到，而是願意學習。在宗廟祭祀的活動中，或者在同別國的盟會中，我願意穿著禮服，戴著禮帽，做一個小小的贊禮人。」孔子又問：「曾皙，你怎麼樣呢？」這時曾皙彈瑟的聲音逐漸放慢，接著「鏗」地一聲，離開瑟站起來，回答說：「我想的和他們三位說的不一樣。」孔子說：「那有什麼關係呢？也就是各人講自己的志向而已。」曾皙說：「暮春三月，已經穿上了春天的衣服，我和五、六位成年人，六、七個少年，去沂河裡洗洗澡，在舞雩臺上吹吹風，一路唱著歌走回來。」孔子長歎一聲說：「我也贊成曾皙的想法。」子路、冉有、公西華三個人都出去，曾皙後走。他問孔子說：「他們三人的話怎麼樣？」孔子說：「也就是各自談談自己的志向罷。」曾皙說：「夫子為什麼要笑仲由呢？」孔子說：「治理國家要講禮讓，可是他說話一點兒也不謙讓，所以我笑他。」曾皙又問：「那麼是不是冉求講的不是治理國家呢？」孔子說：「哪裡見得六、七十里或五、六十里見方的地方就不是國家呢？」曾皙又問：「公西赤講的不是治理國家嗎？」孔子說：「宗廟祭祀和諸侯會盟，這不是諸侯的事又是什麼？像赤這樣的人如果只能做一個小相，那誰又能做大相呢？」

【點評】孔子認為，前三個人的治國方法，都沒有談到根本上。他只讚賞曾皙的主張，就是因為曾皙用形象的方法，描繪了禮樂之治下的社會景象，表現出「仁」和「禮」的治國原則，這就談到根本點上。在師生各自述其政治理想和志向的論述中，充溢著愉快熱烈、平等親切的民主氣氛，孔子和學生們自述其政治上的抱負，可以看出孔子的政治理想。

于成龍少有大志，自幼過著耕讀的生活，受過正規的儒家教育。順治十八年，他不顧親友的反對，到遙遠的邊荒之地廣西羅城上任。到羅城後，他採取「治亂世，用重典」的方法，在城鄉建立保甲，嚴懲案犯，大張聲勢地召集鄉民練兵，

討伐經常擾害的「柳城西鄉賊」，從此「鄰盜」再不敢犯境。于成龍十分注重招募流民以恢復生產，農閒時帶領百姓修建民宅、建學校、築城牆，對遷入新居的農家，還親自題寫楹聯。在深得民心之後，他又以剛柔並用的策略，解決了「數大姓負勢不下」的問題，使這些一向桀驁不馴的地方豪強「皆奉法唯謹」。三年之間，他就使羅城擺脫了混亂，得到治理，出現一派百姓安居樂業的新氣象。

7. 子貢問友。子曰：「忠告而善道之，不可則止，毋自辱焉。」

【譯文】子貢問怎樣對待朋友。孔子說：「忠誠地勸告他，恰當地引導他，如果不聽也就罷了，不要自取其辱。」

【點評】朋友之間講究一個「信」字，這是維繫朋友之間關係的重要關鍵。但對待朋友的錯誤，要坦誠布公地勸導他，推心置腹地講明事情的利害關係，如果他堅持不聽，也就作罷。如果別人不聽，你一再勸告，就會自取其辱，這是交友的一個基本準則。清末志士譚嗣同就認為朋友一倫最值得稱讚，他甚至主張用朋友一倫改造其他四倫。

東漢末年，管寧和華歆是好朋友，他們一邊讀書一邊勞作，有一天，華歆、管寧在園中除草，院子中竟然藏著一塊黃金，管寧和華歆平時讀書養性，要求自己摒除人性中的貪念，見了意外之財不能動心。所以管寧就把黃金當成石頭對待，扔在一邊，華歆明知道不該拿，可還是忍不住，拿起來看看才扔掉。管寧勸華歆，不應該貪戀意外之財，華歆雖然表面上接受管寧的勸告，可是心裡還是不服氣。過了幾天，兩人正在屋裡讀書，外面有達官貴人乘著華麗的車馬經過，很熱鬧，管寧像沒聽見一樣，可華歆跑到門口觀看，還羨慕不已。管寧看到後，拿起刀子將兩人同坐的席子從中間割開，說：「我們的志向不同，你不配再做我的朋友了。」

8. 顏淵死，子曰：「噫！天喪予！天喪予！」

【譯文】顏淵死了，孔子說：「哎，老天要我的命啊！老天要我的命啊！」

【點評】孔子的感情比常人更為深厚，這段表示孔子對自己得意門生顏淵的摯愛和痛惜之情。

9. 子夏曰：「大德不逾閑，小德出入可也。」

【譯文】子夏說：「大節上不能超越界限，小節上有些出入是可以的。」

【點評】在有關大節、小節問題的討論上，儒家既堅持仁德的基本原則，又不排斥圓潤變通的思想。儒家向來認為，作為具有君子品格的人，應該顧全大局，而不應在細枝末節上斤斤計較。

欲路上勿染指，理路上勿退步

交朋友要講究「信」字，而對待朋友的錯誤，要開誠布公地勸導，對於義理方面的事情，要有「雖千夫所指，吾往矣」的氣概，絕對不可以因循苟且，畏首畏尾。

管寧

　　管寧（西元 158 ～ 241 年），字幼安，北海郡朱虛（今山東省臨朐）人。管仲後人，三國魏高士，自幼好學，一生不慕名利。與平原華歆、同縣邴原號為一龍，寧為龍尾，三人都是當時的名士，後因厭惡華歆為人，而傳有割席而坐的佳話。

管寧割席

　　對待朋友的錯誤，要推心置腹地講明事情的利害關係，如果他堅持不聽，也就作罷。如果別人不聽，你一再勸告，就會自取其辱。

外頭的街上有達官貴人經過，乘著華麗的車馬，敲鑼打鼓，很熱鬧。

管寧還是像沒聽見一樣，繼續認真讀他的書。

華歆卻坐不住，跑到門口觀看，對著達官的威儀豔羨不已。

華歆貪圖榮華富貴，管寧多次勸說都無濟於事，管寧覺得華歆和自己的志向不同，所以就把兩個人同坐的席子從中間割開。

小智慧大妙處

內心的道德規範　每個人心中都存在著一套道德規範，儘管有人寬鬆、有人嚴謹，但最低的限度總是不傷己損人，但是人常無法抵擋住誘惑，貪圖非分的享樂，使自己墜入痛苦的深淵。

10. 子路問曰：「何如斯可謂之士矣？」子曰：「切切偲偲，怡怡如也，可謂士矣。朋友切切偲偲，兄弟怡怡。」

【譯文】子路問孔子：「怎樣才可以稱為士呢？」孔子說：「互助督促勉勵，相處和和氣氣，可以算是士了。朋友之間互相督促勉勵，兄弟之間相處和和氣氣。」

【點評】子路問孔子有關「士」的問題，孔子告訴他，就是要友好地處理好朋友之間、兄弟之間的關係。

11. 子曰：「民之於仁也，甚於水火。水火，吾見蹈而死者矣，未見蹈仁而死者也。」

【譯文】孔子說：「百姓們對於仁的需要，比對於水的需要更迫切。我只見過人跳到水、火中而死的，卻沒有見過實行仁而死的。」

【點評】孔子主要強調「仁」是人生和社會得以健康發展的根本，有益於人和社會的發展與生存，但是人們常卻不知道「仁」的重要性。

12. 子曰：「道不同，不相為謀。」

【譯文】孔子說：「主張不同，不互相商議。」

【點評】志同道合才能共謀事，兩千多年來，人們在做大事的時候，常需要學習這個理性的原則。

東漢末年，朝廷腐敗，張角率領農民起義，反抗朝廷，起義軍頭戴黃巾作為記號，這就是歷史上有名的「黃巾起義」。東漢皇帝為了鎮壓「黃巾」，下令各地招收新兵。這天，劉備正看招兵的告示，身後擠過來一個黑臉大個兒，劉備見他形貌異常，問他叫什麼，那人回答叫張飛，住在涿郡，賣酒殺豬，專好結交天下豪傑。劉備很高興，邀他一起喝酒，商量一起去參軍。劉備和張飛於是來到一個酒館，他們正喝著酒，一個紅臉大漢進來，喊道：「快給我拿酒來，我急著去參軍呢！」劉備見他身材高大，非常威風，就請他一起喝酒。這人名叫關羽，因為殺害本地的惡霸，才來到這裡。劉備把自己的志向告訴關羽，關羽大喜，劉備說：「我們一起闖出一番事業吧！」三人喝完酒，一起來到張飛的桃園，共商大事，他們在桃園裡對天發誓，結為兄弟。這就是著名的「桃園結義」。

志同道合，切切偲偲

「道不同，不相為謀」，這說明要志同道合才能共事，而「和」是幾千年來，先哲們一直提倡的理想境界，它有益於人和社會的和諧發展。

當年劉備、關羽和張飛三位仁人志士，為了共同成就一番大事業，意氣相投，言行相依，選在一個桃花絢爛的園林，舉酒結義，對天盟誓，有苦同受、有難同當、有福同享，共同實現自己人生的美好理想。

仁的重要性

「仁」是人生和社會得以健康發展的根本，有益於人和社會的發展與生存，但是人們卻常不了解「仁」的重要性。

13. **師冕見，及階，子曰：「階也。」及席，子曰：「席也。」皆坐，子告之曰：「某在斯，某在斯。」師冕出，子張問曰：「與師言之道與？」子曰：「然，固相師之道也。」**

【譯文】樂師冕來見孔子，走到臺階沿，孔子說：「這兒是臺階。」走到坐席旁，孔子說：「這是坐席。」等大家都坐下來，孔子告訴他：「某某在這裡，某某在這裡。」師冕走了以後，子張就問孔子：「這就是與樂師談話的道嗎？」孔子說：「這就是幫助樂師的道。」

【點評】此段具體而生動地描述孔子對盲人的態度，表現他極富有同情心，這種偉大的人道主義精神令人敬佩。

14. **子夏之門人問交於子張。子張曰：「子夏云何？」對曰：「子夏曰：『可者與之，其不可者拒之。』」子張曰：「異乎吾所聞：君子尊賢而容眾，嘉善而矜不能。我之大賢與，於人何所不容？我之不賢與，人將拒我，如之何其拒人也？」**

【譯文】子夏的學生向子張詢問怎樣結交朋友。子張說：「子夏是怎麼說的？」答道：「子夏說：『可以相交的就和他交朋友，不可以相交的就拒絕他。』」子張說：「我所聽到的和這些不一樣：君子既尊重賢人，又能容納眾人；能夠讚美善人，又能同情能力不夠的人。如果我是十分賢良的人，那我對別人有什麼不能容納的呢？我如果不賢良，那人家就會拒絕我，又怎麼談能拒絕人家呢？」

【點評】這段講述的是與人交往之道。面對同一個問題，問不同的人會得到不同的答案，說明孔門能因材施教。

15. **葉公問政。子曰：「近者說，遠者來。」**

【譯文】葉公問孔子怎樣管理政事。孔子說：「使近處的人高興，使遠處的人來歸附。」

【點評】葉國是春秋時期的小國，小國更應該注意與鄰國友好往來，實施仁道，「近說遠來」，這也是社會生活交往的一個規律。

齊宣王請教孟子：「與鄰國建交有什麼原則嗎？」孟子回答說：「有原則。只有懷著仁德的君王，才可以做到處於大國的地位而服侍於小國，所以商湯王曾經服侍過很小的葛國，周文王曾經幫助過很小的昆夷；只有胸懷明智的君王，才可以做到處於小國的地位而幫助大國，勾踐曾經服侍過吳國。處於大國的地位而服侍小國的君王，是善於順從天理的人；出於小國的地位而服侍大國的君王，是害怕悖逆天理的人。順從天理的人能夠安定天下，反之則不能保衛自己的國家。」

孔子的仁道

孔子第一次提出「愛人」的倫理原則和道德理想，試圖在社會中建立一種「泛愛」的心理氛圍，這是歷史進步的潮流，同時也說明，孔子是很重視人與人之間的情感交流。

樂師冕是個盲人，孔子扶著樂師冕走下臺階，並且把所有樂師不方便的事逐一指出來。這說明孔子極富有同情心。

大國與小國

小國應該注意與鄰國友好往來，實施仁道，「近說遠來」，這也是社會生活交往的一個規律。而大國需要擁有仁慈之心，透過自己的力量來改變社會現狀。

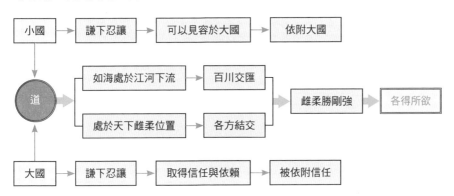

小國 → 謙下忍讓 → 可以見容於大國 → 依附大國

道

如海處於江河下流 → 百川交匯
處於天下雌柔位置 → 各方結交
雌柔勝剛強 → 各得所欲

大國 → 謙下忍讓 → 取得信任與依賴 → 被依附信任

小智慧大妙處

仁的豐富內涵　春秋時，仁常與忠、義、信、敏、孝、愛等並列，被看成是人的重要德行之一。但是，孔子以前，仁並未受到特別的重視，只是到孔子這裡，仁才被從其他德行中超拔出來，並被賦予新的豐富的內涵。春秋時期，禮崩樂壞，世衰道微，這就成為孔子「仁」的思想，得到認同的現實基礎。全新意義上的仁，完全是孔子動心忍性、敏求善思，由自發掘出來的，是孔子述中所作。發現仁，並且把禮樂文化植根於仁的基礎上，這是孔子對中國文化最偉大的貢獻。借助於仁，中國傳統文化順利地實現由上古向中古的轉折；借助於仁，孔子之前數千年和孔子之後數千年的文化血脈，得以溝通連接，沒有中絕斷裂。

泰山問政

孔子適齊過泰山間
婦人哭而哀曰此一
似重有憂者使子貢
問之婦人曰昔舅死
於虎夫與子亦然死
貢曰何不去婦人曰
無苛政故子貢以告子
曰苛政猛於虎也

論賢篇

先秦儒家的尚賢觀和用親觀，並不是從一開始就對立，而是在時代
的發展中，逐漸尖銳衝突起來。尚賢即崇尚賢能，尚賢思想對人才
的開發與培養，具有重大作用。尚賢思想在中國源遠流長，最早可
以追溯到原始社會末期，其在春秋戰國時期，更是備受推崇，這與
儒家學說的影響不無關係。孔子的思想在儒家學派極具代表性，而
儒家尚賢觀的形成，正是一個動態破除家族影響的歷史過程，尚賢
和用親二者，其實有一個互相包容的階段，它們是在歷史的進程中，
逐漸走向對立的。

1.　子謂公冶長：「可妻也。雖在縲絏之中，非其罪也。」以其子妻之。

【譯文】孔子評論公冶長說：「可以把女兒嫁給這個人。他雖然有過牢獄之災，但並不是他的過錯。」於是孔子把自己的女兒嫁給他。

【點評】孔子對自己的學生公冶長給予較高的評價，認為他是值得信任的人，孔子把女兒嫁給他，由此表明公冶長具備仁德，同時展現孔子在評價人的時候，不會被世俗的觀點左右。公冶長進過監獄，孔子認為這並不是公冶長的過錯，可見孔子評價別人時，更看重本質，而不是拘泥於表面形式，用很多的條律規範來定評價標準。孔子是古人，相比之下，很多現代人在選擇人的事情上，做得還不如古人。孔子的這種擇人觀，值得我們借鑒。

2.　子謂南容：「邦有道，不廢；邦無道，免於刑戮。」以其兄之子妻之。

【譯文】孔子評價南容說：「國家政治清明的時候，他勝任自己的職務不會被罷官；在國家政治黑暗的時候，他能夠保全自身，免受刑罰。」於是把自己的侄女嫁給南容。

【點評】孔子把自己的侄女嫁給南容，這表明南容的賢明與仁德。孔子認為他在亂世能夠保全自己，在治世能夠有所作為，這種作法是值得提倡的。南容處世比較圓通，無論是亂世還是治世，都能較好地生存。這種處世哲學，影響比較深遠，為歷代很多讀書人、為官的人所推崇。

三國時期的政治家和軍事家諸葛亮，在年幼時父親就去世了，他在襄陽城西的隆中置購一點田產，蓋草堂，一面耕地一面讀書。諸葛亮在隆中居住十多年，閱讀大量的經史和諸子百家的著作，又注意研究當時的政治形勢，形成獨具特色的政治見解。當時，劉備正依附荊州牧劉表，需要有智謀的人輔佐。後來，他聽說司馬徽在襄陽很有名聲，便去拜見他，並問他對當今天下大事的看法。司馬徽說：「能認清天下大勢的人才是傑出的人物。只有諸葛臥龍是這樣的人才。」

3.　子謂子賤：「君子哉若人，魯無君子者，斯焉取斯。」

【譯文】孔子評價子賤說：「這個人是君子啊，魯國如果沒有君子，那麼子賤的君子品行是從哪裡學來的呢？」

【點評】孔子對自己的學生子賤做評價，認為子賤是一個君子。接下來孔子又說，如果魯國沒有君子的話，子賤的良好品行怎麼能形成。言下之意，魯國還是有君子的，子賤向有道的君子學習，使自己也成為君子。由此可見，孔子很重視向有道的君子學習。

由表至裡，探其本質

評價一個人不能只看外表，或是抓住某一件事情不放，了解一個人要挖掘其根本的內在，由此及彼、由表及裡，才能看清一個人的本質。

公冶長（西元前 519 年～前 470 年），公冶氏，名長，字子長、子芝。春秋時齊國人，亦說魯國人。孔子的女婿，為孔子弟子，七十二賢之一，名列二十。自幼家貧，勤儉節約，聰穎好學，博通書禮，德才兼備，終生治學不仕祿。相傳通鳥語，並因此無辜獲罪。公冶長一生治學，魯君多次請他為大夫，但他一概不應，而是繼承孔子遺志，教學育人，成為著名文士。因德才兼備，深為孔子所賞識。

諸葛亮的賢德

劉備一直在物色有見識的人才，去拜訪在襄陽很有名的司馬徽，問他對當今天下大事的看法。司馬徽認為，能認清天下大事的人非臥龍莫屬。

諸葛亮在襄陽城西的隆中置了一點田產，蓋了幾間草堂，一面耕地一面讀書。這期間他讀了大量的經史和諸子百家的著作，獲得豐富的政治、軍事、歷史等方面的知識，他又注意研究當時的政治形勢，逐步形成一套獨具特色的政治見解。

4.　　子貢問曰：「賜也何如？」子曰：「汝，器也。」曰：「何
　　　器也？」曰：「瑚璉也。」

【譯文】子貢問孔子：「老師看我這個人怎麼樣？」孔子說：「你啊，就像一個器具。」子貢問：「是什麼器具呢？」孔子說：「是瑚璉啊！」

【點評】此是孔子評價人的標準。瑚璉是宗廟裡盛黍稷的祭器，貴重而華美，孔子把子貢比作瑚璉，對子貢的評價較高，認為他有治理國家的才能。一個人才華橫溢，但是要有節制，不可處處占上風，應採取謹慎的態度。

曹操出兵漢中進攻劉備，被困於斜谷界口，進退兩難。正好廚師端進一碗雞湯，見碗中有雞肋，因而有感於懷。此時夏侯惇入帳，稟請夜間口號，曹操隨口答道：「雞肋！雞肋！」。行軍主簿楊修聽到口號，便叫隨行軍士收拾行裝，準備歸程。夏侯惇大驚，遂請楊修至帳中問道：「為何收拾行裝？」楊修說：「從今夜的號令來看，便可以知道魏王不久便要退兵回國。雞肋，吃起來沒有肉，丟失又可惜。現在，進兵不能勝利，退兵恐人恥笑，在這裡沒有益處，不如早日回去，明日魏王必定班師還朝，所以先行收拾行裝，免得臨走時慌亂。」曹操知道後，怒斥楊修造謠惑眾、擾亂軍心，便把楊修問斬。

5.　　子曰：「道不行，乘桴浮於海，從我者，其由與！」子路聞
　　　之喜。子曰：「由也好勇過我，無所取材。」

【譯文】孔子說：「大道不能實行，我乘著木筏子漂洋過海，能夠跟隨我的，大概是仲由吧！」子路聽這話很高興。孔子說：「仲由的勇敢超過我，其他方面就沒有什麼可取的才能。」

【點評】孔子對仲由的感歎，表明對學生仲由的信任和深厚的情感。孔子主張用道德教化來治理國家，以禮治國，這在當時無法實現，孔子因此感歎「道不行」，甚至產生泛舟海外的念頭，又說跟隨自己的恐怕只有子路。子路為老師對自己的信任感到高興，孔子接下來評價子路勇敢可嘉，別的方面就沒有什麼特別的才能了。孔子對於自己的弟子，不吝讚美，也不會隱藏批評意見。

6.　　子使漆雕開仕。對曰：「吾斯之未能信。」子說。

【譯文】孔子讓漆雕開去做官。漆雕開回答說：「我還沒有信心做一個好官。」聽這話孔子很高興。

【點評】孔子的教育思想是「學而優則仕」，學好知識，就去為官做事，因此孔子鼓勵學生去從政為官，積極入世。漆雕開是孔子的弟子，孔子讓他去做官，漆雕開回答說還沒有信心做好官，還要繼續學習。由此可見，孔子對漆雕開謙虛且誠實的態度很欣賞。

守口須密，防意須嚴

常言道「病從口入，禍從口出」，可見一張嘴對於我們的身家性命是何等重要，所以才有「守口如瓶」、「沉默是金」之說。

楊修

　　楊修（西元 175～219 年），字德祖，弘農華陰（今陝西華陰東）人，東漢建安年間舉為孝廉，任郎中，後為漢相曹操主簿。後被曹操殺害，卒時方 45 歲。

楊修一生著作頗豐

《答臨淄侯箋》
《節遊賦》
《神女賦》
《孔雀賦》

　　有人送曹操一盒酥，曹操想考大家才智，便在盒蓋上豎著寫「一盒酥」，楊修見後讓眾人分食，之後曹操心生厭惡。

楊修自作聰明，口無遮攔，最終導致自己被殺

　　行軍中，曹操傳夜間口令「雞肋」，楊修聽後，告知眾人收拾行囊準備回家，曹操惱怒，把他殺害。

7. 　或曰：「雍也仁而不佞。」子曰：「焉用佞？御人以口給，
　　屢憎於人，不知其仁。焉用佞？」

【譯文】有人說：「冉雍有仁德但不善於說話。」孔子說：「能言善辯有
什麼用呢？口齒伶俐地和別人辯論，常惹來別人的憎惡，這樣的人不知道他是不
是有仁德。能言善辯有什麼用呢？」

【點評】孔子向來不贊成花言巧語的佞人，儒家崇尚質樸，伶牙俐齒與能言
善辯都不值得讚揚。孔子欣賞腳踏實地、有仁德、謹慎穩重的人，在孔子看來，
做事情比能說會道更為重要。一天，孔子正在為學生講課，一個年輕人提著寶劍
衝了進來，只見他的帽子上插著鮮豔的羽毛，手中舞動著一把長劍，有幾次差點
刺到孔子。孔子鎮定地看他舞完劍，然後對他說：「你的劍法真不錯，我收你做
我的學生吧！」誰知那年輕人竟板著臉說：「我才不想讀書呢！您瞧我的身體，
就像一支利箭，讀書對我有什麼用呢？」孔子笑著說：「讀了書才會有知識，就
像在竹箭前面安了金屬箭頭，這樣一來，箭不就更鋒利了嗎？」年輕人看到孔子
說話謙遜有禮、舉止溫文爾雅，心中甚是羨慕，於是跪下來拜孔子為師，這個年
輕人就是子路。後來在周遊列國的途中，子路一直都忠心地保護著孔子，他性情
爽直，敢於向孔子提出不同意見，也敢於直接批判孔子做得不對的地方，是孔子
最看重的弟子之一。

8. 　孟武伯問：「子路仁乎？」子曰：「不知也。」又問，子曰：
　　「由也，千乘之國，可使治其賦也，不知其仁也。」「求也
　　何如？」子曰：「求也，千室之邑，百乘之家，可使為之宰
　　也，不知其仁也。」「赤也何如？」子曰：「赤也，束帶立
　　於朝，可使與賓客言也，不知其仁也。」

【譯文】孟武伯問孔子：「子路是有仁德的人嗎？」孔子回答說：「我不
知道。」孟武伯又問了一次，孔子說：「仲由啊，一個擁有千輛兵車的國家，可
以讓他負責軍事，我不知道他是不是有仁德。」孟武伯又問：「冉求怎麼樣？」
孔子說：「冉求啊，一個有千戶人家的邑，或者一個有百輛兵車的采邑，可以讓
他來當總管，我不知道他是不是有仁德。」孟武伯又問：「公西赤怎麼樣？」孔
子說：「赤啊，可以讓他穿上禮服，站在朝廷上，招待賓客，我不知道他是不是
有仁德。」

【點評】孔子對自己的三個學生進行評價，認為他們各有專長，其評價標準
就是仁。雖然三個學生各有專長，但這些專長都必須服務於禮制、德治，必須以
具備仁德情操為前提。透過孔子對三個學生的評價，可以看出孔子對他們的了解

與認識還是比較深的，但是對於他們是不是有仁德，孔子卻回答說不知道。從這裡可以看出，成為一個有仁德的人，不是件容易的事情，孔子把「仁」放在更高的地位。

9. 子謂子貢曰：「汝與回也孰愈？」對曰：「賜也何敢望回？回也聞一以知十，賜也聞一以知二。」子曰：「弗如也。吾與汝弗如也。」

【譯文】孔子問子貢：「你和顏回比，誰勝誰負？」子貢回答說：「我怎麼敢和顏回比呢？顏回聽到一件事可以推知十件事，我只能做到聽說一件事而推知兩件事。」孔子說：「是比不上他啊，我同意你說的比不上他。」

【點評】顏回是孔子的得意弟子，為人聰慧，學習勤奮，而且肯獨立思考，能做到聞一知十，推知全體，融匯貫通。孔子對他大加讚揚，希望弟子們能像顏回那樣，刻苦學習，舉一反三，由此及彼，在學業上盡可能地做到事半功倍。從子貢對孔子的回答中，也可以看出，子貢並沒有因為不如顏回而自卑，而是表達對顏回的欽佩。

 崇尚質樸，由此及彼

儒家崇尚質樸，不贊成花言巧語的人，要求人們做事要腳踏實地、謹慎穩重。

冉雍（西元前 522 ～ ？年），字仲弓，今菏澤市冉賢集人。為孔子弟子，與冉耕（伯牛）、冉求（子有）皆在孔門十哲之列，世稱「一門三賢」，當地人稱為三冉。冉雍乃少昊之裔，周文王之後。曹叔振鐸數傳至冉離，世居「菏澤之陽」。家貧，以牧為業，人稱「犁牛氏」。《冉氏族譜》稱離娶顏氏，生長子耕，次子雍。顏氏死，又娶公西氏，生求。後公西氏聞孔子設教闕里，命三子往從學焉。

冉雍曾做過季氏私邑的長官，他為政「居敬行簡」，主張「以德化民」。但是在季氏「仕三月，是待以禮貌，而諫不能盡行，言不能盡聽，遂辭去，復從孔子。居則以處，行則以遊，師文終身。」冉雍在孔門弟子中以德行著稱，孔子對其有「雍也可使南面」之譽，這是孔子對他的最高評價。孔子臨終時在弟子們面前誇獎他說：「賢哉雍也，過人遠也。」所以後世對冉雍的評價甚高。及孔子卒，恐失聖道之傳，他與閔子諸賢，共著《論語》120 篇，又獨著 6 篇，謂之《敬簡集》。自經秦火，書已不存在。

10. 宰我晝寢，子曰：「朽木不可雕也，糞土之牆不可杇也，於
予與何誅！」子曰：「始吾於人也，聽其言而信其行；今吾
於人也，聽其言而觀其行。於予與改是。」

【譯文】宰我在白天睡覺，孔子說：「腐朽的木頭無法用來雕刻，骯髒的牆
壁無法再粉刷。對於宰我這個人責備他還有什麼用呢？」孔子說：「從前我對於
別人，是聽他說的話就相信他的行為；如今我對於別人，不僅要聽他講的話還要
觀察他的行為。由於宰我，我改變了解別人的方式。」

【點評】孔子的學生宰我在大白天睡覺，孔子對此不滿，對他大加非難，說
一段批評宰我的話。孔子提出要了解一個人，不僅要聽他說的話，還要觀察他
的行為如何，要看這個人是不是言行一致，即聽其言而觀其行。孔子提出這種認
識他人的方法，具有積極意義。孔子對宰我的批評，表現他希望弟子更加努力用
功，珍惜時間精進學業的願望。

西漢時期的匡衡，在小時候因為家裡窮，買不起書，只好借書來讀。匡衡在
農忙的時節，給有錢的人家打工，不要工錢，只要借書給他看就行。他一天到晚
在農田裡耕種，只有中午休息的時候，才有時間看一點兒書，所以一卷書常要十
天半月才能夠讀完。匡衡很著急，晚上沒有蠟燭照明看不了書，一天晚上，匡衡
躺在床上背白天讀過的書，背著背著，突然看到東邊的牆壁上透過來一絲光，於
是匡衡就在牆壁鑿一個洞，使鄰家的光亮透過來，照在書上。匡衡就是這樣刻苦
地學習，後來成為一個很有學問的人。

11. 子路有聞，未之能行，唯恐有聞。

【譯文】子路聽到一些事情，還沒有去行動的時候，唯恐又聽到新的事情。

【點評】急躁、果斷的性格表現出子路急切率直，勇於力行。聽到一件可以
去做的事情，子路就會馬上去做，唯恐又聽到新的事情，致使現在這件事情做不
成功。這種做事情果斷、快速行動的能力，值得借鑒。當然在做事情之前，最好
能夠仔細思考一番，這樣才能夠避免犯錯。

12. 子曰：「晏平仲善與人交，久而敬之。」

【譯文】孔子說：「晏平仲善於和別人交往，相處時間久了，別人會更加尊
敬他。」

【點評】孔子對於齊國大臣晏嬰進行評價，他在這裡稱讚齊國大夫晏嬰善於
跟人交朋友。和晏嬰交往時間久了，與他交往過的人會更加尊敬他，由此可知晏
嬰是一個道德品行優良的人。所謂「路遙知馬力，日久見人心」，贏得別人一時
的尊敬不難，使別人長久地尊敬自己，就需要有切實的美德。

朽木不可雕也，糞土之牆不可杇也

　　一個人在遇到困難的時候，要勇敢地面對與接受現實帶來的磨難，這樣就不會受命運的擺布。

　　匡衡很愛讀書，但他的家裡很貧窮，在艱苦的條件下，匡衡克服困難，利用一切有利條件學習，最終成為一個有學問的人。

　　漢元帝喜愛《詩經》，曾多次親自聽匡衡講《詩》，對匡衡的才學十分讚賞，因此，任匡衡為御史大夫。建昭三年（西元前36年）丞相韋玄成病逝，匡衡又代為丞相，封樂安侯，輔佐皇帝，總理全國政務。匡衡可算是因明經而位及人臣的典型了。

孔子講學

　　作為一代聖人的孔子，他的弟子遍布天下，當時前來聽他講學的人，有的身居國家要職，有的只是販夫走卒，但是他們的目標都一致，對孔子的尊敬也相同。在這裡，孔子開始擁有自己獨特的天下。

303

13. 子曰：「雍也可使南面。」

【譯文】孔子說：「冉雍可以去做官。」

【點評】古時坐北朝南的位置是尊貴者的位置，孔子說「冉雍可以南面」，也就是認為他可以去從政做官治理國家，認為他具有做官的基本條件。孔子教育學生，有能力者可以從政為官。學習優異就可以出去從政做官，這是儒家積極入世的表現，對於儒家弟子而言，學習不僅是要豐富自己的文化，培養自己良好的道德本質，更要積極入世。學習成績優異者，就要讓自己的所學發揮作用，去從政為官治理國家，這是孔子推行「學而優則仕」的典型事例。

14. 子曰：「寧武子，邦有道則知，邦無道則愚，其知可及也，其愚不可及也。」

【譯文】孔子說：「寧武子在國家政治清明的時候，表現出自己的聰明才智；當國家政治黑暗的時候，他就裝傻。他的聰明才智別人比不上，就是他裝傻的本領別人也不如他。」

【點評】這段表現孔子的一個基本思想：既積極進取，又潔身自保。孔子對寧武子的處世之道是贊同的：在國家政治清明的時候，要發揮自己的聰明才智為國家效力；在國家政治黑暗的時候，要善於保全自身，這是一種智慧，這種大智若愚的思想對後世影響十分深遠。

春秋時期，楚莊王即位已達三年之久，卻仍沉溺於酒色，不認真處理國政，他為了制止別人勸諫，頒布一道命令：「誰敢來勸諫，一律處死！」大夫伍舉是個忠心耿耿的臣子，為此十分憂心，於是，他決心求見楚莊王，巧言進諫。一日，伍舉對楚莊王說：「大王，臣有一個謎語，想請您猜猜。」楚莊王覺得十分新鮮，就說：「哦？說來聽聽。」伍舉說：「有一隻大鳥，停在楚國的大山上已有三年，牠不飛也不叫，請問這是隻什麼鳥？」楚莊王一聽，頓時明白伍舉是把自己比做那隻大鳥，便笑著說：「此鳥不飛則已，一飛沖天；不鳴則已，一鳴驚人。」就是說三年不飛的鳥，一飛必定沖天；三年不鳴叫的鳥，一鳴必定驚人。伍舉聽後深感安心，在伍舉和蘇從的忠諫下，楚莊王終於痛改前非，從此勵精圖治，使楚國逐步發展成為南方最強大的國家。

15. 子於是日哭，則不歌。

【譯文】孔子在白天哭泣過，這一天就不再唱歌。

【點評】從這一段的描述中，可以看出孔子是一個感情真摯的人，傷心時哭泣，愉悅時歌唱，並不是只會板著面孔說教的人。

古代的方位與尊卑

在古代，一個人所處的方位，就代表了他身分的尊卑。君王會晤，一旦疏忽了落座時的方位，嚴重的話還會引發戰爭。

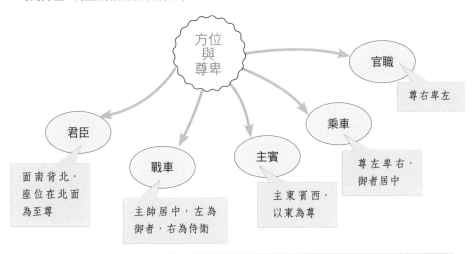

方位與尊卑

官職
尊右卑左

乘車
尊左卑右，
御者居中

主賓
主東賓西，
以東為尊

戰車
主帥居中，左為
御者，右為侍衛

君臣
面南背北，
座位在北面
為至尊

偏見害心，聰明障道

一個人在面對名利、欲望誘惑時，只要意志堅定，就不會對他產生任何的影響。因此，處世之道是涉世保全自己的一種智慧，對後代影響深遠。

「不鳴則已，一鳴驚人」，真正有才智的人不會輕易去做事情，一旦他決定做事，就一定能夠成功。

楚莊王執政的前三年，他沒有發布過任何命令，也不處理任何政事，右司馬侍座很是著急，於是用隱語勸莊王，莊王則告訴他「不鳴則已，一鳴驚人」。

16. 子曰：「賢哉，回也！一簞食，一瓢飲，在陋巷。人不堪其憂，回也不改其樂。賢哉，回也！」

【譯文】孔子說：「本質高尚啊，顏回！一簞飯，一瓢水，住在簡陋的小巷子裡。別人都不能忍受那種清苦的生活，顏回卻能夠不改變他樂觀好學的態度。本質高尚啊，顏回！」

【點評】透過孔子對顏回的高度讚美，可看出顏回的賢品。孔子認為顏回在清苦的生活環境中，能夠保持良好的本質，謙虛好學的態度，是非常可貴的。這種貧賤不能移的精神，包含了具有普遍意義的道理，即人為了自己的理想，就要不斷追求，即使生活清苦困頓也自得其樂。

南北朝思想家范縝，自幼聰明過人，十八歲就成為鄉里有名的才子。有一年，他向劉瓛先生求學，穿著布衣草鞋，徒步走了兩天才到。在劉瓛招收的幾十名學生中，大多數都是達官貴人的子弟，他們穿著華麗的衣服，看到范縝穿著帶補丁的衣服，腳上穿草鞋，吃的是粗茶淡飯，就經常嘲笑范縝。范縝假裝沒看見也沒聽見，他知道學好，比吃好、穿好更重要。劉瓛很喜歡范縝，他對朋友說雖然范縝吃得儉省，穿得寒酸，可將來最有出息的也是他。雖然物質生活很匱乏，但是精神世界卻很充實，透過對自身的道德修養，達到一種極高的人生境界。

17. 子曰：「回也，其心三月不違仁，其餘則日月至焉而已矣。」

【譯文】孔子說：「顏回啊，他能夠做到長時間內心中不違背仁德，其他的學生則能夠做到短時間內不違背仁德而已。」

【點評】顏回是孔子非常讚賞的學生，孔子對他的評價比較高，認為他能夠做到長時間內不違背仁德。顏回對孔子以「仁」為核心的思想有深入的理解，而且將「仁」貫穿於自己的行動與言論中。其他學生也能做到，但是保持的時間沒有顏回長，孔子讚揚顏回「三月不違仁」。孔子鼓勵自己的弟子們要保持仁義道德，時刻不能忘記。

18. 哀公問：「弟子孰為好學？」孔子對曰：「有顏回者好學，不遷怒，不貳過，不幸短命死矣。今也則亡，未聞好學者也。」

【譯文】魯哀公問孔子：「你的弟子們誰是最愛學習的？」孔子回答說：「從前有顏回非常好學，他從不遷怒於別人，也從不犯同樣的錯誤，很不幸他短命死了。現在沒有那樣的人，沒有聽說誰是好學的。」

【點評】孔子深深讚許顏回的好學。孔子說顏回非常好學，而且具有君子品行，不遷怒於人，也從不犯同樣的錯誤。自從顏回去世以後，孔子說自己再也沒

有見過像他那樣愛好學習的人。孔子看重的不僅是顏回的好學精神，顏回身上那種君子風範，則更為孔子所推崇。他特別談到不遷怒、不貳過這兩點，也從中可以看出孔子教育學生，重在培養他們的道德情操。

心如止水，苦中作樂

不論處在什麼環境中，都要平和地對待，努力培養自己的優良品格，即使生活窮苦困頓，也要不斷地追求自己的理想。

范縝（西元約 450 ～ 515 年），字子真，祖籍順陽（今河南淅川境內）人，六世祖汪，移居江南。南北朝時期著名的唯物主義思想家，傑出的無神論者。

范縝求學

范縝去劉瓛那裡求學，歷盡千辛萬苦，不管別人怎樣嘲笑他，他依然努力學習，終於有所成就。

19. 季康子問：「仲由可使從政也與？」子曰：「由也果，於從政乎何有？」曰：「賜也可使從政也與？」曰：「賜也達，於從政乎何有？」曰：「求也可使從政也與？」曰：「求也藝，於從政乎何有？」

【譯文】季康子問孔子：「仲由這個人可以讓他來從政管理國家嗎？」孔子說：「仲由果斷堅決，處理政事有什麼困難呢？」季康子問：「端木賜這個人可以讓他來從政管理國家嗎？」孔子說：「端木賜為人通達，處理政事有什麼困難呢？」季康子問：「冉求這個人可以讓他來從政管理國家嗎？」孔子說：「冉求多才多藝，處理政事有什麼困難呢？」

【點評】孔子所培養的人才，就是要能夠輔佐君主或大臣從事政治活動的人。孔子對仲由、端木賜和冉求三個學生分別給予較高的評價，認為他們各具才能，在從事國務活動和行政事務方面，各有其特長。孔子認為，他們果敢、通達，已經具備擔任重要職務的能力，而這些特長會在這三個學生的職務上，發揮一定的正面效益。

20. 子游為武城宰。子曰：「汝得人焉爾乎？」曰：「有澹臺滅明者，行不由徑。非公事，未嘗至於偃之室也。」

【譯文】子游做武城的長官。孔子說：「你在那裡得到什麼優秀的人才了嗎？」子游說：「有一個叫澹臺滅明的人，做事情光明磊落，從不走邪僻小路。沒有公事，從不到我的房間裡來。」

【點評】孔子十分重視發掘人才，子游的回答則表現出子游善於發現人才。

晉獻公滅虞，俘虜虞公及其大夫井伯、百里奚，將他們作為穆姬的媵人陪嫁到秦國。百里奚不願忍受奴隸的生活，逃到宛，被楚國人捉去。秦穆公胸懷大志，卻苦於無賢才輔佐。有人告訴他，穆姬媵人百里奚是不可多得的人才，他喜出望外，急忙去請，卻得知百里奚已經逃到楚國。秦穆公願以重金贖回百里奚，於是派使者到楚，說：「敝國的媵奴百里奚逃到貴國，請允許我方用五張公羊皮將他贖回。」楚國國君一看百里奚如此不值錢，就答應秦的要求。當百里奚被押回秦國時，秦穆公親自為他打開桎梏，與他商談國是，並對百里奚說：「虞君不用你，才致使你被擄，並不是你的過錯。」再以百里奚為國相。

21. 鄉人儺，朝服而立於阼階。

【譯文】鄉里人舉行迎神驅鬼的宗教儀式時，孔子總是穿著朝服站在東邊的臺階上。

【點評】記述孔子在儺祭時穿著朝服恭立，保持敬畏的態度。

求賢若渴，強盛之國

國家強盛，需要有賢能之人輔助，這是一個國家走向富強的必要條件。只有重視人才的國家，才有可能稱王稱霸。

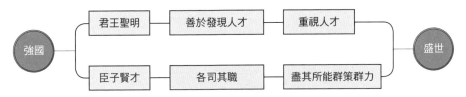

羊皮贖相

秦穆公知道百里奚是個難得一見的人才，又怕被楚成王知道，故意用五張公羊皮的奴隸價格，把百里奚換了回來，並予以重用。

當七十餘歲的百里奚被押回秦國時，秦穆公親自為他打開桎梏，與他商談國是。百里奚說：「我是亡國之臣，哪裡值得君公垂詢？」穆公說：「虞君不用你，才使你被擄，並不是你的過錯。」穆公堅持向百里奚討教，並以百里奚為國相。

22.　伯牛有疾，子問之，自牖執其手，曰：「亡之，命矣夫，斯人也而有斯疾也！斯人也而有斯疾也！」

【譯文】伯牛生病了，孔子去看望他，從窗戶外面握著他的手說：「失去這個人，這是命吧！這樣的人竟有這樣的病啊，這樣的人竟有這樣的病啊！」

【點評】孔子這一段話，表達對愛徒的關切之情。賢德的人，卻得了惡疾，孔子認為這是天命，悲痛不已卻又無可奈何。

23.　子曰：「伯夷、叔齊不念舊惡，怨是用希。」

【譯文】孔子說：「伯夷和叔齊這兩個人不記舊恨，別人對他們的怨恨也就很少。」

【點評】孔子對伯夷、叔齊「不念舊惡」進行稱讚。孔子認為伯夷、叔齊不記舊恨，以寬容的態度對待別人，是儒家所推崇的處世之道。

宋代著名的宰相王安石，中年喪妻，後來娶一位年僅十八歲的女子姣娘為妾，此女是大家閨秀，才貌雙全。王安石因公務繁忙，無暇回家，久而久之，他聽到妻子與僕人私通的傳聞。有一天晚上他回到家，正巧碰上妻子與僕人偷情，他氣得渾身發抖，但他很快冷靜下來，心生一計，用竹竿把自家樹上的老烏鴉趕得亂飛亂叫，而後悄然離去。中秋節時，遊玩間王安石口出一詩曰：「日出東來還轉東，烏鴉不叫竹竿捅。鮮花摟著棉蠶睡，撇下乾薑門外聽。」姣娘一聽自然是心知肚明，知道私情暴露。她羞怯地跪地祈求寬恕，並當即對詩一首：「日出東來轉正南，你說這話夠一年。大人莫見小人怪，宰相肚裡能撐船。」王安石聽畢，不僅歎服妻子的過人才華，也更加欽佩她的坦率真誠。隨即忍痛割愛，送千兩白銀與姣娘，讓她和僕人成婚遠走他鄉去。

24.　子溫而厲，威而不猛，恭而安。

【譯文】孔子溫和且嚴厲，有威嚴但不兇猛，恭敬且安詳。

【點評】這一段是孔子的學生對於孔子最全面、最深刻的評價。孔子的樣貌神態符合中庸之道，無過之也無不及，親切、莊重、威嚴，但我們都覺得他十分平易近人，這其實是極難達到的一種境界。孔子認為人的各種私欲，是順其自然的，但人所有的情感與欲求，都必須合乎「中和」之道。「厲」、「猛」等都有些「過」，而「不及」同樣不可取。孔子的這些情感與實際表現，可以說正是符合中庸的原則。

寬容是金，原其初心

人的道德修養主要表現在為人要寬容，要以德報德，以直報怨，這樣才能打動別人，才能使人際關係和諧。

伯牛生病了，孔子去看他，十分悲痛。賢德的人得了惡疾，卻無能為力，孔子悲痛不已，卻又無可奈何。

王安石的寬容

王安石寬恕了姣娘的過錯，隨即忍痛割愛，送千兩白銀與姣娘，讓她和僕人成婚，遠走他鄉去。

有一天晚上，王安石回家，正巧碰上妻子與僕人偷情，他用竹竿把自家樹上的老烏鴉趕得亂飛亂叫，然後悄然離去。

25. 子曰：「泰伯，其可謂至德也已矣。三以天下讓，民無得而稱焉。」

【譯文】孔子說：「泰伯這個人，可以說是品德最高尚的人。他多次把王位讓給季歷，百姓都找不到恰當的話語來讚美他。」

【點評】孔子認為泰伯所具有的謙讓精神，是一種可稱為道的美德。

傳說古公亶父認為孫子姬昌有聖德，想把王位傳給姬昌，因此打算先把王位傳給姬昌的父親季歷。長子泰伯知道父親的想法後，就和二弟仲雍隱居到吳地。古公亶父死後，泰伯也不回來奔喪，斷髮文身，以示自己終生不再回去。泰伯把王位讓給季歷，季歷後來又傳給姬昌，姬昌就是有盛德的周文王。孔子對於泰伯這種謙讓大度的風範，很是讚賞。

孔融小時候聰明好學，才思敏捷，巧言妙答，大家都誇他是奇童。四歲時，他已能背誦許多詩賦，並且懂得禮節，父母非常喜愛他。一日，父親的朋友帶了一盤梨子，父親叫孔融他們七兄弟，從最小的小弟開始自己挑，小弟首先挑走一個最大的，而孔融挑選一個最小的梨子說：「我年紀小，應該吃小的梨，剩下的大梨就給哥哥們吧！」父親聽後十分驚喜，又問：「那弟弟也比你小啊？」孔融說：「因為我是哥哥，弟弟比我小，所以我也應該讓著他。」孔融讓梨的故事很快傳遍曲阜，並且一直流傳下來，成為許多父母教育子女的例子。

26. 子曰：「巍巍乎，舜禹之有天下也，而不與焉！」

【譯文】孔子說：「多麼高大啊！舜和禹得天下後，不是為自己享受，而是為了百姓。」

【點評】孔子表達自己對舜和禹的讚美之情。舜和禹的天下，是透過前一個君主禪讓得來的，而不是透過搶奪等不正當的手段取得的。孔子透過對古人的讚美，對當時社會你爭我奪的現象，進行有力的抨擊。

27. 子曰：「大哉，堯之為君也！巍巍乎！唯天為大，唯堯則之。蕩蕩乎，民無能名焉。巍巍乎，其有成功也！煥乎，其有文章！」

【譯文】孔子說：「真偉大啊！堯這樣的君主。多麼崇高啊！只有天最高大，只有堯才能效法天的高大。他的恩德多麼廣大啊！百姓們真不知道該用什麼語言來表達對他的稱讚。他的功績崇高！他制定的禮儀制度多麼光輝啊！」

【點評】孔子用豐富激昂的言辭，讚美賢君堯，表達對先王的敬仰與尊敬。堯是中國遠古時代的聖君，孔子用極美好的語言稱讚他，尤其讚美他的禮儀文明，同時也抒發出一種自己理想不能實現的心情。

謙讓有禮，胸懷天下

謙讓是一種美德，要培養高尚的道德情操，就要每日反省自己，不斷地學習新的知識，來提升自己的內在素質，達到一種很高的境界。

海因為處於百川之下，所以才會浩瀚無窮；而有道的聖君，唯有禮賢下士，才可以獲得賢者異士的輔佐，而成就功業。姜太公在渭水之濱直鉤垂釣，等待賢德的君主到來，而周文王為求賢才親身前往，最終在姜尚的輔佐之下，成為歷史上的一代聖君。

泰伯讓王位

不想活的魚兒們啊，你們願意的話，就自己上鈎吧！

傳說古公亶父認為孫子姬昌有聖德，想把王位傳給姬昌，因此打算先把王位傳給姬昌的父親季歷。長子泰伯知道父親的這一想法後，就和二弟仲雍隱居到吳地。

泰伯（一作太伯），吳國第一代君主。姬姓，商末岐山（在今陝西）周部落首領古公亶父（即周太王）長子。太王欲傳位季歷及其子昌（即周文王），泰伯乃與仲雍讓位於三弟季歷，出逃至荊蠻。

28. 曰：「禹，吾無間然矣。菲飲食，而致孝乎鬼神；惡衣服，而致美乎黻冕；卑宮室，而盡力乎溝洫。禹，吾無間然矣。」

【譯文】孔子說：「禹這個人，我對他沒有什麼好挑剔的。他自己飲食簡陋，卻盡力去孝敬鬼神。他自己穿著粗陋的衣服，祭祀時候穿的禮服卻盡力華美。他自己住的房子低矮簡陋，卻致力於修建溝渠治理水患。禹這個人，實在是無可挑剔的了。」

【點評】孔子對大禹給予很高的評價，大禹的所作所為是無可挑剔的，對他所處的時代充滿了嚮往。孔子從幾方面列舉出大禹是一位公事為先，把個人私利放在後面，生活條件簡陋，卻辦事能力很強的優秀君主。

29. 子畏於匡，曰：「文王既沒，文不在茲乎？天之將喪斯文也，後死者不得與於斯文也；天之未喪斯文也，匡人其如予何？」

【譯文】孔子在匡地被人們圍困住，孔子說：「周文王已經去世，文化禮樂不都在我這裡嗎？上天如果要消滅文化禮樂，那我這個後死的人，就不可能掌握文化禮樂了；如果上天不打算消滅這種文化，那麼匡人能把我怎麼樣呢？」

【點評】孔子外出，在匡地被人們圍困，在困境中，孔子相信上天不會讓他滅亡。當孔子屢遭困厄時，把人的尊嚴等同於天，表明他強烈的自信。

春秋時，秦軍包圍趙國都城邯鄲。平原君趙勝，去楚國求兵解圍，他把門客召集起來，想挑選二十個文武全才一起去，到最後還缺一個人。這時，門客毛遂自我推薦，平原君勉強同意了。到楚國，楚王聲明只見平原君，兩人談了一天還沒有結果，毛遂遠遠地大叫：「出兵的事，非利即害，非害即利，為何議而不決？」楚王非常生氣，毛遂見楚王發怒，反而手按寶劍說：「如今十步之內，大王性命在我手中！」楚王見毛遂那麼勇敢，便聽從毛遂講話。毛遂把出兵援趙有利楚國的道理，做非常精闢的分析，說得楚王心悅誠服，答應馬上出兵。平原君回趙後，感歎地說：「毛先生一至楚，楚王就不敢小看趙國。」

30. 達巷黨人曰：「大哉孔子！博學而無所成名。」子聞之，謂門弟子曰：「吾何執？執御乎？執射乎？吾執御矣。」

【譯文】達巷黨這個地方有人說：「孔子真是偉大啊！他博學多才卻沒有可以使他成名的專長。」孔子聽這話以後，對弟子門人說：「我學習哪項專長好呢？駕車呢？還是射箭呢？我還是學習駕車吧！」

【點評】有人說孔子雖然偉大，學識淵博，但是孔子並沒有什麼特別出眾的才能使他成名。孔子聽這話以後，頗為幽默地說：「我該學什麼好呢？還是學習駕車吧！」

嚴於律己，人定勝天

要教導好下屬首先要樹立好榜樣，嚴於律己，從自身做起。相信人格的力量，只要努力就會取得成功。

毛遂自薦

毛遂自薦跟隨平原君出使楚國。

我不過今天才請求進到囊中罷。如果我早就處在囊中，就會像錐子那樣，整個鋒芒都露出來，不僅是尖梢露出來而已。

賢能的人處在世界上，好比錐子處在囊中，它的尖梢立即就會顯現出來。你在我門下已經三年，沒聽到過讚語，這是因為先生沒有什麼才能的緣故。所以先生不能一道前往，請留下！

直言利弊

毛先生一至楚，楚王就不敢小看趙國。

在楚國，毛遂用自己的智慧和膽識，詳細地分析楚國出兵的好處，促使楚國答應出兵。

出兵的事，非利即害，非害即利，簡單而又明白，為何議而不決？如今十步之內，大王性命在我手中！

315

31. 子罕言利，與命與仁。

【譯文】孔子很少談論利益，讚許天命與仁德。

【點評】對利的問題，孔子不經常提到。在他的思想體系中，「仁」很重要內容，關於命，孔子也常提到，但「子罕言利」，說明孔子對「利」的輕視。在《論語》中，我們也見到他談「利」的問題，但基本上主張「先義後利」、「重義輕利」，可以說孔子很少談「利」。此外，本段說孔子贊同「命」和「仁」，表明孔子對此十分重視。孔子講「命」，常將「命」與「天」相連，即「天命」，這是孔子思想中的一個組成部分。「仁」則是其思想的核心。

32. 太宰問於子貢曰：「夫子聖者與？何其多能也？」子貢曰：「固天縱之將聖，又多能也。」子聞之，曰：「太宰知我乎？吾少也賤，故多能鄙事。君子多乎哉？不多也。」

【譯文】太宰問子貢：「孔夫子是一個聖人吧？他怎麼有那麼多才能啊？」子貢說：「這本是上天要他成為聖人，使他多才多藝啊！」孔子聽說這件事後，說：「太宰了解我嗎？我年少的時候貧賤，所以學會很多卑賤的技能。君子有這麼多技藝嗎？不會有這麼多的。」

【點評】太宰對於孔子的多才多藝表示仰慕，認為孔子是一個聖人。子貢說自己的老師是一個天才，天生具有很多才能。孔子不同意他們的說法，強調一個君子大概是不會有這麼多卑賤的技藝，這表示孔子的誠實和偉大。

宋朝丞相張知白向朝廷推薦年輕的晏殊，朝廷召晏殊來到宮殿，正逢真宗皇帝殿試，就命令晏殊參加考試。晏殊見到試題後說：「這首賦我在十天前已作過，請皇上另出別的試題。」他的誠實博得了真宗的喜愛。之後，晏殊擔任官職，有一天，太子東宮缺官，內廷批示授晏殊擔任。主事官不知道是何原因，第二天皇上對主事官說：「近來聽說館閣裡的巨僚沒有一個不宴樂玩賞的，只有晏殊與兄弟埋頭讀書，如此謹慎持重，正可以擔任東宮官。」晏殊接受任命，皇上又當面說明任命他的原因，晏殊聽後，說：「臣下不是不喜歡宴樂和遊玩，只不過是因為貧窮而無法負擔玩樂啊！臣下如有錢，也想去遊玩。」皇上對他的誠實備加讚賞。宋仁宗時，他終於做了宰相。

33. 牢曰：「子云，『吾不試，故藝』。」

【譯文】子牢說：「孔子說過，『我沒有得到國家任用去做官，所以掌握許多技藝』。」

【點評】孔子不認為自己是天才，他承認自己的技能才藝，都是透過努力學習而掌握。

先義後利，誠實勤奮

孔子注重的是「仁」，他主張「先義後利，重義輕利」，可見孔子對「利」的輕視。人要勤奮學習，不要以利益為追求的目標。

仁 ──

欲仁	「欲」，含有明確的目的，是知性的、功利性的，欲的背後為意志。
好仁	「好」，喜好，表現為對事物攫取的態度。
樂仁	「樂仁」是對仁的最高態度。

孔子說：「知之者不如好之者，好之者不如樂之者。」可見「樂仁」不僅高於「欲仁」，也高於「好仁」。何謂「樂仁」？樂，首先，它是情感性的，不是一般的情感，而是喜悅的情感。這種喜悅，不同於「好」，「好」主要是生理性的貪求，如好色，它含有情，但此情為情的低級層面。「樂」是心理性的喜好，屬情的高級層面。生理性的「好」，雖有喜，主要是自然性的傾向，不含理性的內涵；心理性的「樂」，則是社會性的傾向，含有理性的內涵。這理性的內涵，就是對「仁」的認識。

晏殊的真誠

真宗命令晏殊參加考試，晏殊見到試題後，表明自己幾天前作過這個試題，要求重新出題，真宗很欣賞他這種誠實的態度。

晏殊擔任東宮官後，皇上向他說明任用他的原因，是因為他勤奮好學，謹慎持重，不像別的臣像喜歡宴樂玩賞。晏殊說，不是自己不喜歡宴樂和玩賞，是因為貧窮玩不起。皇上對他的誠實倍加讚賞。

34. 子與人歌而善，必使反之，而後和之。

【譯文】孔子和別人唱歌，如果別人唱得好，他一定會要求這個人再唱一遍，然後自己和他一起唱。

【點評】孔子很熱愛音樂。孔子注重生活的藝術化，作為音樂愛好者，音樂也是他授課的內容之一。上音樂課時，他同樣平易近人。

35. 子曰：「語之而不惰者，其回也與！」

【譯文】孔子說：「聽我講話能始終不懈怠的人，只有顏回吧！」

【點評】孔子說能夠始終保持飽滿精神，聽老師講話的學生，大概就只有顏回一個人吧！孔子認為顏回很勤奮，讚美顏回的好學精神。

孔子的母親在他剛滿三歲的時候，就教他讀書識字，到四歲的時候，他已會念百餘字了。有一天，他的母親說：「昨天我教你的字會背嗎？」孔丘說：「都記住了。」母親說：「那好，明天一早我考考你。」這天晚上，他對哥哥說：「我已經練了很多遍，也許都記住了，可又沒有把握，明天一早娘要考我，若有不會的，娘一定非常傷心和難過。我一定要起來再多練幾遍。」哥哥被他這種刻苦學習的精神感動，心疼地說：「天氣轉涼，就在我的肚子上寫吧！我也好對你寫的做個檢查。」於是，小孔丘就在哥哥的胸口上寫起來，當他寫完最後一個字就睡著了。第二天在母親考核時，他一次就通過，母親驚喜道：「這孩子真聰明，前天教他那麼多字，只過了一天，就如此滾瓜爛熟，將來準能成就大事業啊！」孔丘高興地笑了。哥哥知道在他超人的天賦背後，更多的是弟弟刻苦勤奮的付出，還有他在學習上的那股鍥而不捨的毅力。

36. 孔子於鄉黨，恂恂如也，似不能言者。其在宗廟、朝廷，便便言，唯謹爾。

【譯文】孔子在鄉里溫和恭順，像是不會說話的人。他在宗廟與朝廷上，善於言辭，只是說得非常謹慎。

【點評】孔子在鄉里表現得很沉默，在宗廟與朝廷上侃侃而談，謹慎而健談。在該說的時候健談，在不需要多話的時候表現沉默，可見孔子是一個端莊穩重的人。對於無意義的閒談，表現沉默，對於國家大事等重要事情，就要積極發表自己意見，這種表現與孔子的一貫主張一致。

學習不論在什麼時候都不能懈怠，正所謂「活到老，學到老」，更難的是一輩子都在學習，而不知足。

學而不厭，誨人不倦

孔子說過「學而不厭，誨人不倦」。孔子成為聖人，這與他從小學習就有著鍥而不捨的精神有關。

母親誇獎小孔丘在短時間內記住許多字，其實在他超人的天賦背後，飽含了孔子辛勤的汗水，和一股鍥而不捨的毅力。

讀書破萬卷，下筆如有神

「讀書破萬卷，下筆如有神」出自《奉贈韋左丞丈二十二韻》，形容讀書很多，學識淵博。它是唐代大詩人杜甫的名句。

清代仇兆鰲的《杜詩詳注》對「讀書破萬卷」中的「破」字舉有三說：一曰「胸羅萬卷，故左右逢源而下筆有神。」二曰「書破，猶韋編三絕之意。蓋熟讀則卷易磨也。」三曰「識破萬卷之理。」這三說，集中地反映對「破」字的不同理解，概括起來就是：突破、磨破、識破。

讀書破萬卷
下筆如有神

37. 子曰：「衣敝縕袍，與衣狐貉者立，而不恥者，其由也與？『不忮不求，何用不臧？』」子路終身誦之。子曰：「是道也，何足以臧？」

【譯文】孔子說：「穿著破舊的棉袍，和穿著狐貉皮袍的人站在一起，卻不會感覺到羞恥的人，大概只有仲由吧！《詩經》上說：『不嫉妒，不貪求，有什麼不好呢？』」子路反覆誦讀這幾句詩。孔子說：「這樣做，怎能算是很好呢？」

【點評】孔子讚揚子路，站在富貴的人旁邊，而不以自己的貧賤為恥辱，這樣的品德值得稱讚。接著孔子又指出只做到這一步還不夠，他希望子路能達到《詩經》上所說：「不嫉妒且不貪求」的境界。他希望子路不要滿足於目前已經達到的水準，僅是不貪求、不嫉妒還不夠，還要有更高、更遠的志向。

38. 子謂顏淵曰：「惜乎！吾見其進也，未見其止也。」

【譯文】孔子評價顏淵說：「可惜啊！我看見他不斷前進，從沒有見過他停止啊！」

【點評】孔子談到顏淵勤奮好學，只求上進，從不止步，他對生活方面，幾乎沒有什麼要求，而是全心用在學問和道德修養方面。孔子以此來激勵其他學生，希望其他學生能夠以顏淵為榜樣，不斷要求進步，在學業與品德修養上取得更大進步。

晉代時，孫康從小好學不倦，因家境貧困，沒有多餘的錢買燈油，晚上不能看書，只能早早睡覺。他覺得讓時間這樣白白跑掉，非常可惜。他曾經嘗試在月光下讀書，但是太暗，眼睛容易疲勞。一天半夜，他從睡夢中醒來，把頭側向窗戶時，發現窗縫裡透進一絲光亮，原來，那是大雪映出來的。他忽然發現，書上的字在雪地裡看得很清楚，孫康非常高興，於是他倦意頓失，立即穿好衣服，取出書，來到屋外。寬闊的大地上映出的雪光，比屋裡要亮得多。孫康不顧寒冷，立即看起書來，手腳凍僵了，就起身跑一跑，同時搓搓手指，此後，每逢有雪的晚上，他就不放過這個好機會，孜孜不倦地讀書。憑藉這種苦學的精神，他的學習突飛猛進，終於成為飽學之士，最後官拜御史大夫。

39. 朝，與下大夫言，侃侃如也；與上大夫言，誾誾如也。君在，踧踖如也，與與如也。

【譯文】孔子在朝堂上，和下大夫們說話，侃侃而談、從容自在；和上大夫們說話，正直又溫和。國君在的時候，恭敬小心、舉止合度。

【點評】在面對不同的人時，孔子的態度與表現有區別，一舉一動，合乎禮儀規範，話語得體、舉止合度。

讀萬卷書，行萬里路

　　勤奮好學，只求上進從不止步，是對學習的痴迷，這樣將會在道德修養的基礎上，提升到較高的層次。

　　孔子對子路說的「不忮不求，何用不臧」這八個字很難做到。對人不嫉妒、不貪求，心裡恬淡、平靜，確實不易做到。不貪求，有可能，但內心卻總是多多少少有些嫉妒，所以，氣質高雅，需要內心有修養與風度。

不忮不求，何用不臧？

仲由為親負米

　　仲由是孔子的得意弟子，性格直率勇敢，十分孝順。早年家中貧窮，自己常採野菜做飯食，卻從百里之外負米回家侍奉雙親。

學習如爬山

　　學習如爬山，爬山必有難，難中必有苦，苦中必有甜。只要鍥而不捨地往學業的最高峰攀岩，雖然會有些辛苦，但是收穫頗豐。

　　孫康在雪地裡映著雪讀書，憑著這種刻苦的學習精神，學習突飛猛進，最後成為一名有學問的人。

40. **君召使擯，色勃如也，足躩如也。揖所與立，左右手，衣前後，襜如也。趨進，翼如也。賓退，必復命曰：「賓不顧矣。」**

【譯文】國君召孔子去招待賓客，孔子的神色立刻變得莊重嚴肅起來，加快腳步。向和他站在一起的人作揖時，左右拱手，衣裳隨著前後擺動，整齊不亂。快步走的時候，像鳥兒展開翅膀一樣。賓客走後，必定會向國君報告說：「賓客們已經不回頭看了。」

【點評】孔子在為國君招待賓客時，所表現出來行為舉止，都要根據一定的禮儀規範來完成。

41. **入公門，鞠躬如也，如不容。立不中門，行不履閾。過位，色勃如也，足躩如也，其言似不足者。攝齊升堂，鞠躬如也，屏氣似不息者。出，降一等，逞顏色，怡怡如也。沒階，趨進，翼如也。復其位，踧踖如也。**

【譯文】孔子走進朝堂大門，態度恭敬又謹慎，好像沒有容身之地。站立不會站在門中間，走路不會踩著門坎。經過國君的座位時，他的神色變得嚴肅又莊重，加快腳步，說話低聲細語好像力氣不夠。他提起衣服下擺走上堂去，恭敬謹慎，屏住氣好像不呼吸一樣。退出來，走下一級臺階，臉色舒展，怡然自得。走完了臺階，快步走，像鳥兒展開翅膀一樣。回到自己的位置上，又表現出恭敬、小心的樣子。

【點評】孔子在朝堂之上的神色樣貌與行動舉止，恭敬而又不失禮。

42. **鄉人飲酒，杖者出，斯出矣。**

【譯文】行鄉飲酒的禮儀結束後，孔子一定要等老年人先出去，然後再出去。

【點評】從前有個老人與兒子、兒媳和孫子住在一起，老人由於年紀太大，甚至連路都走不動了，無法照料自己，每當他坐在餐桌前吃飯的時候，湯匙也拿不穩，常會把菜湯撒在桌上或地上，兒子和媳婦都嫌棄他，經常斥責老人。吃飯時，他們把他趕到竈後的角落裡，給他一個瓦盆，瓦盆裡只有一點飯菜，老人每頓飯都吃不飽，還得經常挨罵。有一天，老人的手顫抖得連那個瓦盆都端不穩了，瓦盆掉到地上打碎了。兒媳婦不停地訓斥他，後來，兒子為老人做了個木碗。沒多久，老人四歲的小孫子跑過來，他把碎木片拾掇到一起，說：「我要把這些碎木片也做成一個木碗，留著它，等我長大，就把它拿出來給爸爸、媽媽吃飯用。」聽到這話，兒子和媳婦相互對視一下，哭了起來。他們似乎終於明白，自己的所作所為，兒子都看在眼裡，記在心上。從此，他們不再將老人趕到角落裡吃飯，對老人愈來愈恭敬。

恭敬有禮，恰如其分

中華民族素有「禮儀之邦」的美稱，什麼場合需要什麼禮節，是幾千年來，文人志士總結下來的精華，值得我們細細品味。

禮的表現	招待賓客	莊重嚴肅，加快步伐
	在朝堂上	恭敬謹慎
	對待老人	謙讓有禮

禮節表現中華文化的博大精深，同時也表現對待不同的人，應該用不同的禮節，要恰如其分，多一分則長、減一分則短。

言傳身教

夫婦兩人終於明白，自己的所作所為，都被兒子看在眼裡，記在心上。從此，他們不再將老人趕到角落裡吃飯，對老人愈來愈恭敬。

我要把這些碎木片做成一個木碗，留著它，等我長大，就把它拿出來給爸爸和媽媽吃飯用。

父母是孩子的第一任老師，父母的言行將深深地影響孩子以後的發展，所以，要注意自己的言行給孩子帶來的影響，從小培養孩子敬老、愛老等良好的品德。

43. **君子不以紺緅飾，紅紫不以為褻服。當暑，袗絺綌，必表而出之。緇衣，羔裘；素衣，麑裘；黃衣，狐裘。褻裘長，短右袂。必有寢衣，長一身有半。狐貉之厚以居。去喪，無所不佩。非帷裳，必殺之。羔裘玄冠不以吊。吉月，必朝服而朝。**

【譯文】君子不用深青透紅或黑中透紅的布做衣服裝飾，不用紅紫色的布做在家穿的衣服。夏天穿用粗葛布或細葛布做的單衣，一定要穿在內衣外面。黑色羔羊皮袍配黑色罩衣，白色鹿皮袍配白色罩衣，黃色狐皮袍配黃色罩衣。在家裡穿的皮袍要做得長一些，右邊袖子要做得短一些。睡覺必須要有睡衣，長度是人身長的一倍半。狐貉的厚毛皮用來做坐墊。服喪期滿以後，各種飾物都可以佩戴。如果不是上朝和祭祀時穿的禮服，一定要對它進行裁剪。吊喪時不能穿黑色羔羊皮袍和戴黑色禮帽。每個月初一，一定要穿禮服去朝拜。

【點評】透過對服飾的論述，反映出中國服飾文化的發達。在不同的場合要穿不同的衣服，不同的衣服有不同的搭配，這些都要遵守禮儀規範中的規定。祭祀時、服喪時和平時所穿的衣服都有區別，如單衣、罩衣、麻衣、皮袍、睡衣、浴衣、禮服、便服等，都有不同的規定。這一段論述，既可以用做研究中國服飾文化的史料，又可以讓我們了解服飾方面的禮樂文化。

44. **齊，必有明衣，布。齊，必變食，居必遷坐。**

【譯文】齋戒沐浴的時候，必須要有浴衣，用布剪裁而成。齋戒的時候，要改變平時的飲食，居住要改換平時的臥室。

【點評】這一段講的是在齋戒的時候，需要遵守與注意的禮儀規範。

45. **食不厭精，膾不厭細。食饐而餲，魚餒而肉敗，不食。色惡，不食。臭惡，不食。失飪，不食。不時，不食。割不正，不食。不得其醬，不食。肉雖多，不使勝食氣。唯酒無量，不及亂。沽酒市脯，不食。不撤薑食，不多食。**

【譯文】糧食不嫌樁得精細，魚和肉不嫌切得細。糧食放的時間長變味，魚和肉腐爛了，都不吃。顏色不好看，不吃。氣味難聞，不吃。烹調不當，不吃。不應季的食物，不吃。切割得不端正，不吃。沒有適合的醬料，不吃。肉雖然多，但吃得不要比糧食多。只有酒不限量，但不喝醉。從外面買來的酒和肉乾，不吃。每次進餐都有薑，但也不多吃。

【點評】在飲食衛生方面，孔子認為有害健康的食物不吃，不符合禮儀規範

的食物也不吃，保持健康的飲食習慣，這對於後人養生，具有很好的借鑑作用。

　　康熙平素不僅熟諳養生之道，而且對中醫、西醫都有涉獵，注重養生，不濫用補藥。他五十七歲時，頦下有幾根白鬚，曾有大臣進獻滋補肝腎的烏鬚丸，而康熙認為乃多此一舉，笑而拒之。對於心理的調節，康熙多透過練書法以求寬懷舒心，他總結出一條經驗，叫做「寬懷只有數行字」。康熙一生勤於治理朝政，深知體質的重要，他認為「恆勞而知逸」，在日理萬機之暇，還在宮內種植蔬菜。在秋高氣爽之時，舒展筋骨，增強體質。

衣食講究，修身養性

　　中華文化源遠流長，不論文化知識還是衣食住行，處處透露著先人的智慧。

寬懷只有數行字

康熙說：「朕用膳後必談好事，或寓目於所作珍玩器皿。如是則飲食易消，於身有益也。」從生理學的角度來看，這番話很有道理。

康熙精於養生之道，曾多次批判好逸惡勞的思想，他說：「世人皆好逸而惡勞。朕心則所謂人恆勞而知逸。若安於逸則唯不知逸，而遇勞即不能堪矣。聖人以勞為福，以逸為禍也。」

康熙賞賜給大臣史貽直和陳元龍各一枝水晶桿的煙袋，幫助他們戒煙。只要一吸，火星順著透明的煙桿直往上冒，發出更響的爆裂聲。史、陳二人這才明白康熙的真正用意，兩人再也不敢吸煙，從此戒除煙癮。

46.　祭於公，不宿肉。祭肉不出三日，出三日，不食之矣。

【譯文】參加國家祭祀典禮，分到祭肉，不能讓肉過夜。祭祀用過的肉不超過三天時間，超過三天，就不再吃它了。

【點評】孔子對於禮的遵循與貫徹，主要表現在出使別國時，與國君和其他大臣們見面言談時，要講究禮儀規範，行為舉止要得體。在衣食住行等生活問題上，也要遵循禮。祭祀用的肉，放的時間較長，容易腐壞變質，所以要及時吃掉，如果沒有及時吃掉，寧可不要，以免危害身體健康。俗話說病從口入，所以對於腐壞的食物寧可丟掉。

47.　執圭，鞠躬如也，如不勝。上如揖，下如授。勃如戰色，足蹜蹜，如有循。享禮，有容色。私覿，愉愉如也。

【譯文】孔子出使他國，舉著圭，恭敬謹慎，就像是舉不動的樣子。朝上舉著圭好像在作揖，向下拿著圭好像在遞東西。臉色莊重，戰戰兢兢，小步走路，好像沿著一條直線向前走。在獻禮物的時候，和顏悅色。和外國君臣私下見面時，輕鬆愉快。

【點評】孔子在出使別國時，神色莊重而又謹慎，態度恭敬有禮，不卑不亢。

48.　子曰：「孟之反不伐，奔而殿。將入門，策其馬，曰：『非敢後也，馬不進也。』」

【譯文】孔子說：「孟之反不愛在人前誇耀自己，撤退的時候他留在後面掩護大家。將要進城門的時候，他抽打著自己的馬說：『不是我敢走在後面啊，是我的馬跑不動啊。』」

【點評】孔子講述孟之反的故事。西元前484年，魯國與齊國打仗。魯國右翼軍敗退的時候，孟之反在最後掩護敗退的魯軍。孔子說孟之反這個人不愛自我誇耀，他掩護大家撤退，還特意說這不是自己勇敢，而是自己的馬跑不快。孔子給予高度評價，宣揚他提出的「功不獨居，過不推諉」的學說，他理想中的君子就具有這種本質。不在人前誇耀自己的功勞，謙虛質樸，這是做人的美德之一。

辛棄疾是南宋出名的愛國詞人，詞作豪放激昂、慷慨深沉、風格多樣。有一次在宴會上，一位歌女詠唱辛棄疾的兩首新作，眾人一齊喝彩，讚揚辛棄疾的詞寫得好。辛棄疾得意之餘，請在座者提供意見，在一片頌揚聲中，年少氣盛的岳珂（岳飛的孫子）猛然站起來，批評辛棄疾的詞用典太多，辛棄疾很有雅量，高興地說：「你真是一語道破。」謙虛的人因為看得透，所以不躁；因為想得遠，所以不妄；因為站得高，所以不傲；因為行得正，所以不懼。

功不獨居，過不推諉

　　謙虛為人，低調做事，是先哲們一直提倡的修生養性之道。功利都是過眼雲煙，把功利看得淡點，不在人前誇耀自己的功勞，這是做人的美德之一。

　　圭是中國古代在祭祀、宴饗、喪葬以及征伐等活動中使用的器具，其使用的規格有嚴格的等級限制，用以表明使用者的地位、身分、權力。

辛棄疾的謙虛

辛棄疾寫兩首新作，要求在座者提供意見。

岳珂站起來，毫不客氣地批評辛棄疾所作詩詞的不足之處，辛棄疾很謙虛地接受。

49. 問人於他邦，再拜而送之。

【譯文】孔子託人，向在其他諸侯國的朋友問候送禮，便向受託者拜兩次送行。

【點評】孔子時時處處以正人君子的標準要求自己，使自己的言行儘量符合禮的規定。他認為「禮」是至高無上的，是神聖不可侵犯的，那麼，一投足、一舉手都必須依照禮的原則。這一方面是孔子個人修養的具體反映，另一方面也是他身體力行地向學生們傳授知識和仁德的表現。

魏國時候，信陵君去拜訪隱士侯嬴，用誠心感動侯嬴，他說：「今日嬴之為公子亦足矣！」後來秦軍圍攻邯鄲，趙國危在旦夕，平原君和夫人向魏王和信陵君求救。魏王派出大將晉鄙前去救援，卻又迫於秦國的威脅讓他停下來觀望，信陵君和他的門客多次催促魏王都未能奏效，在無計可施的情況下，信陵君就想率門客前去跟秦軍拚命。在此關鍵時刻，侯嬴為信陵君獻計，讓他取得兵符，奪取晉鄙軍隊的指揮權，解除趙國之圍。侯嬴因年邁不能隨信陵君前往，就在信陵君到達晉鄙軍營的日子，面向北方自殺。侯嬴認為，儘管自己為信陵君出主意，但還不夠，應該到前線去為他效命，以報答他的知遇之恩，既然不能到前線去，就要以死來表明自己的耿耿忠心。這就是「義」。

50. 康子饋藥，拜而受之，曰：「丘未達，不敢嘗。」

【譯文】季康子給孔子贈送藥品，孔子拜謝之後接受，說：「我對藥性不了解，不敢嘗。」

【點評】這說明孔子對服藥之事，歷來都十分慎重。

51. 雖疏食菜羹，瓜祭，必齊如也。

【譯文】雖然是粗糙的糧食和菜湯，食用之前也要取出一些來祭祀祖宗，必須要像齋戒時那樣莊重恭敬。

【點評】即使是粗糙的食物，在享用之前，也要祭祀一番，態度要恭敬真誠。

行君子之禮，立崇高人格

孔子處處以君子之禮嚴格要求自己，使自己儘量向君子靠攏，以身作則，不敢有半點越禮的行為。

正人君子 — 做事依禮 / 言行合禮 — 君子做事都是依禮的，而對君子的要求之一，就是言行要符合禮的規定。孔子身體力行，從各個方面為學生傳授知識和仁德。

侯嬴的忠義

秦軍圍攻邯鄲，趙國危在旦夕，侯嬴為信陵君獻策，讓他得到兵符，才會解趙國之圍。

小智慧大妙處

低調做人，高調做事　在人的一生中，能夠自身根基的事不外乎兩件：一件是做人，一件是做事。的確，做人之難，難於從躁動的情緒，和欲望中穩定心態；成事之難，難於從紛亂的矛盾和利益的交織中，理出頭緒。而最能促進自己、發展自己和成就自己的人生之道，便是低調做人，高調做事。低調做人，高調做事，就是把自己調整到以最佳心態，踏踏實實做人，正事、做好事，同時要樹立信念、勇敢進取、以誠待人、公正處事、努力學習、成熟思考、積極行動、持之以恆。唯有如此，則事必成。做人和做事常是相互聯繫，只有彼此相互配合，才能在人生道路上一步一步的走下去。

52. **君賜食，必正席先嘗之。君賜腥，必熟而薦之。君賜生，必畜之。侍食於君，君祭，先飯。**

【譯文】國君賜給熟食，孔子一定擺正座席先嘗一嘗。國君賜給生肉，一定煮熟了，先給祖宗上供。國君賜給牲畜，一定要飼養起來。和國君一同吃飯，在國君舉行飯前祭禮的時候，一定要先嘗一嘗。

【點評】古時候君主吃飯前，要有人先嘗一嘗，君主才吃。孔子對國君十分尊重，他在與國君吃飯時，都主動嘗一下，表明他對禮的遵從。

53. **朋友之饋，雖車馬，非祭肉，不拜。**

【譯文】朋友饋贈物品，即使是車馬，不是祭肉，孔子在接受時也是不拜的。

【點評】孔子把祭肉看得比車馬還重要，因為祭肉關係到「孝」的問題。用肉祭祀祖先之後，這塊肉就不僅是一塊可以食用的東西，而是對祖先盡孝的一個重要物品，可見儒家十分注重孝。

舜是傳說中的遠古帝王，五帝之一，姓姚，名重華，號有虞氏，史稱虞舜。相傳他的父親瞽叟及繼母、異母弟象，多次想害死他，例如讓舜修補穀倉頂時，在穀倉下縱火，舜手持兩個斗笠跳下逃脫；讓舜掘井時，瞽叟與象卻下土填井，舜掘地道逃脫。事後，舜對他們毫不嫉恨，仍對父親恭順，對弟弟慈愛。舜以孝心感動天帝，他在歷山耕種，大象替他耕地，鳥代他鋤草。帝堯聽說舜非常孝順，有處理政事的才能，並把女兒娥皇和女英嫁給舜；經過多年觀察和考驗，選定舜做他的繼承人。舜登天子位後，去看望父親，仍然恭恭敬敬，還封弟弟象為諸侯。

54. **君命召，不俟駕行矣。**

【譯文】國君召見孔子，他不等車馬駕好就先步行走去。

【點評】孔子的一言一行，都表現對禮制的遵守和敬畏。

祭祀表孝心，尊禮示敬畏

祭祀也是屬於「孝」的種類之一，它表達對逝去的人的懷念之情。

孔子遵禮	君賜食	要先嚐一嚐，表示尊守禮儀。
	朋友之饋	雖車馬非祭肉，不釋重孝。
	君命召，不俟駕行矣	對禮制的敬畏

孝是禮的具體表現

舜以孝著稱，感動上天。堯帝聽說舜很有才能，而選定舜作為他的繼承人。

相傳舜在小的時候，他的父親和弟弟想將他害死。

舜成為帝王後，還是像以前那樣去看望自己的父親和弟弟。

禮的含義

禮制，指全社會的等級制度和倫理秩序。

禮儀，指具體的禮節儀式。

禮貌，指一個人在待人接物時，所表現出來的道德修養，如恭敬、和順、謙讓。

331

55. 朋友死，無所歸，曰：「於我殯。」

【譯文】孔子的朋友去世，沒有親屬來斂埋，孔子說：「喪事由我來辦吧！」

【點評】此段表示孔子對亡友的情誼，和他見義勇為的人道主義精神。

魯達和李忠、史進來到潘家酒樓，酒喝得正酣，忽然聽到隔壁有人啼哭。魯達是性情急躁的人，氣憤地讓酒保叫來啼哭的人問原因。沒多久，進來一對賣藝的父女。原來他們姓金，東京人，父女兩人流落到此靠賣藝為生，財主「鎮關西」看中金姑娘的美貌，強娶她為小妾，寫有賣身契標價三千貫，但是並沒有給錢，後來又趕走了她，還要金氏父女還三千貫錢。魯達聽之後，氣從心來，想這殺豬的鄭屠欺人太甚，於是，魯達和李忠、史進掏出一些銀子給金氏父女當盤纏，魯達又護送金氏父女回店收拾行李回東京。等金氏父女走遠後，魯達來到狀元橋找鄭屠，不斷地為難他。鄭屠生氣，拿起尖刀來刺魯達，魯達衝上去就勢踢倒鄭屠，踏住胸脯，猛打三拳，打得鄭屠只有出的氣沒有進的氣，動彈不得。魯達沒有想到三拳會打死鄭屠，拔步便走，邊走邊罵道：「你詐死，我等會兒再收拾你！」魯達回到住處，收拾好行李，奔出南門，一溜煙地走了。

56. 疾，君視之，東首，加朝服，拖紳。

【譯文】孔子病了，國君來探視，他便頭朝東躺著，身上蓋上朝服，拖著大帶子。

【點評】孔子患了病躺在床上，國君來探視他，他無法起身穿朝服，這似乎對國君不尊重，有違於禮，於是他就把朝服蓋在身上。這反映出孔子即使在病榻上，也不會失禮於國君。

57. 寢不尸，居不客。

【譯文】孔子睡覺不像死屍一樣挺著，平日家居也不像做客或接待客人時那樣莊重嚴肅。

【點評】孔子是一個通達的人，在居家之時放鬆悠閒地休息，與他外出或待客之時的恪守禮儀、恭謹持重並不一樣。

小智慧大妙處

張弛有度　張是緊張、繃緊的意思，弛是放鬆、鬆懈的意思。張弛有度字面上的意思，是鬆緊有度，收放自如。這通常用來形容一個人比較會生活，兼顧嚴肅活潑，該工作的時候工作，該休息的時候休息，瀟灑自如；有度說明有節制能力。中國傳統說法中，也常說過猶不及，凡事有度。高興的時候不瘋狂，沮喪的時候不長期委靡不振，做任何事情都保持平衡，包括自己的工作、生活，只有知節制的生活才能帶來健康身體。

放鬆自然居家，恭謹持重待客

居家之時，要放鬆悠閒地休息；外出或待客之時，要恪守禮儀、恭謹持重，這是君子的一貫表現。

魯提轄拳打鎮關西

善忍善存

李靖

李靖（西元 571 ~ 649 年），京兆三原（今陝西三原縣東北）人。出生於官宦之家，唐初傑出的軍事家。

李靖身為將軍，雖然立下赫赫戰功，身居高位，但是從不居功自傲，是眾人學習的典範。

李靖閒暇時，在家過著平淡、樸素的生活。

58. 見齊衰者，雖狎，必變。見冕者與瞽者，雖褻，必以貌。凶服者式之。式負版者。有盛饌，必變色而作。迅雷風烈必變。

【譯文】孔子看見穿喪服的人，即使是關係很親密的，也一定要嚴肅起來。看見當官的和盲人，即使是常在一起的，也一定要有禮貌。在乘車時遇見穿喪服的人，便俯伏在車前橫木上以示同情。遇見背負國家圖籍的人，也這樣做以示敬意。做客時如果有豐盛的筵席，就神色一變，並站起來致謝。遇見迅雷大風，一定要改變神色以示對上天的敬畏。

【點評】孔子是心智敏銳、富有同情心、對人都十分尊重、很懂禮貌的人。

西元前 521 年，孔子徒步前往守藏史府去拜望老子。老子聽說孔丘前來求教，急忙放下手中的筆，整頓衣冠出迎。孔子恭敬地向老子行禮，老子問孔子為何事而來，孔子離座回答：「我學識淺薄，對古代的『禮制』一無所知，特地向老師請教。」老子見孔子這樣誠懇，便闡述自己的見解。回到魯國後，孔子對學生們說：「老子博古通今，通禮樂之源，明道德之歸，確實是我的好老師。」還打比方讚揚老子，他說：「鳥兒，我知道牠能飛；魚兒，我知道牠能游；野獸，我知道牠能跑。善跑的野獸，我可以結網來逮住牠，會游的魚兒，我可以用絲條縛在魚鉤上，把牠釣上來，高飛的鳥兒，我可以用鋒利的箭把牠射下來。至於龍，我卻不知道牠是如何乘風雲而上天。老子，其猶龍邪！」

59. 升車，必正立執綏。車中，不內顧，不疾言，不親指。

【譯文】上車時，一定先直立站好，然後拉著扶手帶上車。在車上，不回頭，不高聲說話，不用自己的手指指點點。

【點評】以上這各段都在講述孔子遵從《周禮》的方式。在許多舉動上，他都能按禮行事，對不同的人、不同的事、不同的環境，應該有什麼表情、什麼動作、什麼言語，他都一絲不苟，準確而妥貼。所以，孔子的學生們在談起這些事時，津津樂道，極其佩服。

60. 色斯舉矣，翔而後集。曰：「山梁雌雉，時哉！時哉！」子路共之，三嗅而作。

【譯文】一群野雞在那兒飛，飛翔了一陣落在樹上。孔子說：「這些山梁上的母野雞，得其時啊！得其時啊！」子路向他們拱拱手，野雞便叫了幾聲飛走了。

【點評】這裡似乎是在遊山觀景，孔子其實是有感而發。他感到山谷裡的野雞能夠自由飛翔，自由落下，這是「得其時」，而自己卻不得其時，東奔西走，也沒有獲得普遍回應。因此，他看到野雞時，神色微動，隨之發出這樣的感歎。

持身不可輕，用意不可重

孔子十分遵從《周禮》，在許多舉動上，他都能按禮行事，對不同的人、不同的事、不同的環境，應該有什麼表情、什麼動作、什麼言語，他都一絲不苟，準確而妥貼。

禮是道德的表現

孔子前往周朝京都洛陽向周朝守藏史老子請教「禮制」，對老子恭敬有加。

老子博古通今，通禮樂之源，明道德之歸，確實是我的好老師。

不管處於什麼樣的地位，對待別人都要恭敬有加，這才能展現你的道德。

孔子回到魯國後，向弟子講解老子的學識時，對老子讚揚有加。

335

61. 德行：顏淵、閔子騫、冉伯牛、仲弓。言語：宰我、子貢。政事：冉有、季路。文學：子游、子夏。

【譯文】德行好的有：顏淵、閔子騫、冉伯牛、仲弓。善於辭令的有：宰我、子貢。擅長政事的有：冉有、季路。通曉文獻知識的有：子游、子夏。

【點評】孔子對弟子們的才能、特點瞭若指掌，並能因材施教。

62. 子曰：「回也非助我者也，於吾言無所不說。」

【譯文】孔子說：「顏回不是對我有幫助的人，他對我說的話沒有不心悅誠服的。」

【點評】顏回是孔子的得意門生之一，在孔子面前始終是服服貼貼、畢恭畢敬的，對於孔子的學說深信不疑、全面接受，所以，孔子多次讚揚顏回。這裡，孔子說顏回「非助我者」，並不是責備顏回，而是得意地讚許他。

63. 子曰：「孝哉閔子騫！人不間於其父母昆弟之言。」

【譯文】孔子說：「閔子騫真是孝順啊！人們對於他的父母兄弟和稱讚他的話，沒有什麼異議。」

【點評】當孔子稱讚閔子騫時，說明孝道有巨大的感召力，能鼓舞人，從感情上深入人心。

閔損，字子騫，春秋時期魯國人，是孔子的弟子，在孔門中的德行與顏淵並稱。孔子在《論語‧先進》曾讚揚他：「孝哉，閔子騫！」他生母早死，父親娶了後妻，又生兩個兒子。繼母經常虐待他，冬天，兩個弟弟穿著用棉花做的冬衣，卻給他穿用蘆花做的棉衣。一天，父親出門，閔損牽車時因寒冷打顫，將繩子掉落地上，遭到父親的斥責和鞭打，蘆花隨著打破的衣縫飛出來，父親方知閔損受到虐待。父親返回家，要休逐後妻，閔損跪求父親饒恕繼母，說：「留下母親，只是我一個人受冷，休了母親，則三個孩子都要挨餓受凍。」父親十分感動，就依從他。繼母聽說後，覺得自己那樣對待子騫，子騫不但不記恨，還為自己說情，悔恨知錯，從此對待他如親子。

退即是進，與即是得

進退得當

曹操一生征戰

曹操非常愛惜關羽，經常設宴款待，並贈與戰袍和赤兔馬，使關羽非常感激。

西元 184 年	曹操參與了天下諸侯討伐董卓的戰爭，後獨自發展自身勢力，先後戰勝了關中李傕、徐州呂布、淮南袁術，並接受張繡的投降。
西元 200 年	曹操在官渡以少勝多挫敗河北袁紹。
西元 207 年	北伐三郡烏桓，徹底剷除了袁氏殘餘勢力，基本統一了中原地區。
西元 208 年	曹操就任東漢帝國丞相。七月，曹操南征荊州劉表，在赤壁與孫權軍作戰，失利。
西元 215 年	攻占陽平關，擊敗、降服了漢中張魯，至此，三國鼎立之勢基本形成。
西元 220 年	曹操於洛陽逝世，享年六十六歲，諡號「武王」，死後葬於高陵。

觀滄海

東臨碣石，以觀滄海。
水何澹澹，山島竦峙。
樹木叢生，百草豐茂。
秋風蕭瑟，洪波湧起。
日月之行，若出其中。
星漢燦爛，若出其裡。
幸甚至哉，歌以詠志。

赤壁之戰，曹操狼狽敗走華容道，關羽念及其恩情，將其放走。

64. 南容三復白圭，孔子以其兄之子妻之。

【譯文】南容反覆誦讀「白圭之玷，尚可磨也；斯言之玷，不可為也」，孔子把侄女嫁給他。

【點評】儒家從孔子開始，極力提倡「慎言」，不該說的話絕對不說。因為，白玉被玷汙，還可以把它磨去，而說錯話，則無法挽回，希望人們言語要謹慎。孔子把自己的侄女嫁給南容，表明他很欣賞南容的慎言。

北宋著名的政治家王旦平時謹言慎行，善斷大事，考慮問題周密。西元1004年冬，契丹入侵，王旦隨真宗親征至澶淵。因生病，真宗命王旦留守東京。當日王旦就起身馳還京師，到汴京後，直入禁中，並下令不得走漏消息。當真宗駕車從澶淵歸來時，王旦家人還以為王旦也一同回來，就到郊外去迎接，豈料王旦率領人馬正從身後趕來迎接皇帝，家人這才知道王旦早已回來。在國事緊急之時，既冷靜又謹慎，可見其謀略之深，在外事處理上，王旦有大家風度，而且不失民族氣節，考慮事情長遠周密。大中祥符元年四月，契丹奏請宋朝在歲給之數外，另借錢幣。王旦建議在三十萬之外，另借三萬，並通報契丹在明年額內扣除。次年王旦吩咐有司仍按原數撥給契丹，今後永不為例。王旦如此巧妙地處理，在東封臨近之際，使契丹無隙可乘。

65. 季康子問：「弟子孰為好學？」孔子對曰：「有顏回者好學，不幸短命死矣。今也則亡。」

【譯文】季康子問孔子：「你的學生中誰是好學的？」孔子回答說：「有一個叫顏回的學生很好學，不幸短命死了。現在再也沒有像他那樣的了。」

【點評】這段表示孔子對顏回的讚許，也表達孔子對顏回深深地遺憾。

66. 子曰：「由之瑟，奚為於丘之門？」門人不敬子路。子曰：「由也升堂矣，未入於室也。」

【譯文】孔子說：「仲由彈瑟，為什麼在我這裡彈呢？」孔子的學生們因此都不尊敬子路了。孔子便說：「仲由嘛，他在學習上已經達到升堂的程度，只是還沒有入室罷。」

【點評】這一段文字記載了孔子對子路的評價。他先是用責備的口氣批評子路，當其他門人都不尊敬子路時，他便改口說子路已經登堂但尚未入室。孔子對學生的態度應該是比較客觀的，有成績就表揚，有過錯就批評，既讓學生認識到自己的不足，同時又樹立起信心，爭取更大的進步。

謹言慎行，錯而改之

謹慎說話，謹慎辦事，是一個君子處世的基本標準，並能言出必行，光明磊落，有錯就改。

蘇軾初見佛印的時候，非常無禮，以為自己才華出眾，最後受到羞辱才反省，與佛印成為好友，最終自己也取得很大成就。

你貶低和尚，他不僅沒生氣，反而把你讚揚了一番，你說誰有修養？沒有學問哪來的修養？你還自以為自己比別人強，羞死你你都不知道！

你是一個很有學問，有修養的人，老衲自愧不如！

你在一般人眼裡看來是有本事，但那是因為他們淺薄，實際上你每天故弄玄虛，沒有真才實學，是個騙子而已！

為學與為道

老子講述為學和為道的不同，提倡人們應該奉行無為所提倡的不妄為，合乎道的德行，合乎自然規律的不妄為，也就是無所不為。

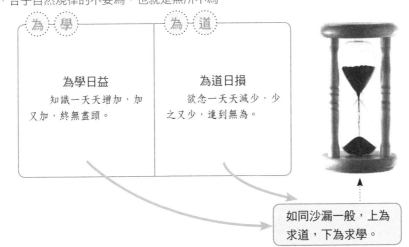

為 學 ──── 為 道

為學日益
知識一天天增加，加又加，終無盡頭。

為道日損
欲念一天天減少，少之又少，達到無為。

如同沙漏一般，上為求道，下為求學。

67. 柴也愚，參也魯，師也辟，由也喭。

【譯文】高柴生性拙厚，曾參顯得魯鈍，顓孫師孤僻，仲由性情急躁豪爽。

【點評】孔子認為，他的這些學生各有所偏。有的偏於志，有的偏於勇，都不合中行，所以對他們的本質和德行必須加以糾正。這一段同樣表達孔子的中庸思想。孔子揭示事物發展過程的這一狀態，並概括為「中庸」，在中國古代認知史上作出重大貢獻。

68. 子曰：「片言可以折獄者，其由也與！」子路無宿諾。

【譯文】孔子說：「只聽單方面的供詞就可以判決案件的，大概只有仲由吧！」子路履行自己的諾言從不拖延逾期一天。

【點評】仲由可以「片言」而「折獄」，這說明：一、子路明決，憑單方面的陳述就可以作出判斷；二、子路為人忠信，人們都十分信服他，有糾紛在他面前從來不講假話，所以憑一面之辭就可以明辨是非。但無論哪種解釋，都可以證明子路在刑獄方面有卓越才能，更重要的是信譽卓著。

漢朝韓信幼時家裡很貧窮，常衣食無著，他跟哥哥、嫂嫂住在一起。韓信白天幫哥哥耕種，晚上刻苦讀書，刻薄的嫂嫂認為讀書耗費燈油，又沒有用處，於是韓信只好流落街頭，過著衣不蔽體、食不果腹的生活。有一位在河畔洗衣服的老婆婆很同情他，支援他讀書，還每天給他飯吃。面對老婆婆的一片誠心，韓信很感激，他對老人說：「我長大一定要報答您。」老婆婆笑著說：「等你長大後我就入土了。」後來韓信成為著名的將領，被劉邦封為楚王，他仍然惦記著那位曾經給他幫助的老人。他找到那位老人，將老人接到自己的宮殿裡，像對待自己的母親一樣對待她。

69. 子謂衛公子荊，善居室。「始有，曰：『苟合矣。』少有，曰：『苟完矣。』富有，曰：『苟美矣。』」

【譯文】孔子認為衛國大夫公子荊，維修居室的作法，是深有喻意的。「剛開始有一點可以居住的房間，他便說：『差不多也就足夠。』人口增多，住不下時，就在旁邊加蓋了一小間，他說：『差不多可以住就行了，不必要求太完備。』更多一點時，他說：『已經相當好，不必再奢求太好。』」

【點評】本段是孔子對衛公子荊的讚美，孔子認為，為政者應該在自己的生活上知足，在仁德上知不足。

忠信而卓越，知足知不足

在道德方面要謹守儒家的思想，忠於國家，信守承諾；在學習方面要不知足，學而不厭；而在自己生活方面要節儉，懂得知足。

1. 忠於國君
2. 竭盡全力輔助君主
3. 施展自己的才華報效國家

臣子 ─ 忠信 ─ 君王

1. 收服民心
2. 小國仰慕歸順朝拜
3. 國家欣欣向榮

臣子忠信，就能竭盡全力輔助君主，施展自己的才華報效國家，忠於國君。君王忠信能收服民心，小國仰慕歸順，國家欣欣向榮。

待善修德

一飯千金，知恩圖報

　　韓信在窮困潦倒的時候，曾受過一位在河畔洗衣服老婆婆的幫忙，給他飯吃。後來韓信幫劉邦打天下，立下顯赫戰功，受封為「淮陰侯」。當他功成名就後，回到家鄉，設法找到當年那位對他有一飯之恩的老婆婆，用千金來報答老婆婆的恩情。

341

70. 子曰：「苟有用我者，期月而已可也，三年有成。」

【譯文】孔子說：「如果有人任用我主持國家政事，一年的時間便可以初具規模，三年可見到成效。」

【點評】據《史記‧孔子世家》記載，這是孔子在衛國時有感而發。此段孔子表達自己對從政的信心。

71. 南宮适問於孔子，曰：「羿善射，奡盪舟，俱不得其死然。禹稷躬稼而有天下。」夫子不答，南宮适出。子曰：「君子哉若人！尚德哉若人！」

【譯文】南宮适問孔子：「羿善於射箭，奡善於水戰，最後都不得好死。禹和稷都親自種植莊稼，卻得到天下。」孔子沒有回答，南宮适出去後，孔子說：「這個人真是個君子啊！這個人真尊重道德！」

【點評】孔子是道德主義者，他鄙視武力和權術，崇尚樸素和道德。後代儒家發展了這一思想，提出「恃德者昌，恃力者亡」的主張，要求統治者必須以德治天下。

春秋戰國時，魯國的季文子是宣公和成公的國相，但婢女不穿綢緞，馬不給糧食吃，仲孫它勸文子說：「您身為魯國上卿，給兩位君主當過國相，而婢女不穿綢緞，馭馬不吃糧食，別人認為您這是吝嗇，也會讓國家臉上無光。」文子說：「我也希望婢女穿得好，馭馬吃得好，但是我見到國都裡，吃得粗糙穿得破爛的人家還很多，所以我才不敢隨心所欲。國人吃得粗糙，穿得破爛，而我卻讓婢女和馭馬穿好的、吃好的，這恐怕不是國相該做的吧？再說，我只聽說過道德高尚能為國爭光，沒有聽說因為婢女穿得好、馭馬吃得好能使國家光彩的。」文子把這次的談話告訴仲孫它的父親仲孫蔑，他把兒子關了七天，從此，仲孫它給婢女穿粗布，給馭馬吃野草。文子聽說後，便推薦仲孫它擔任魯國的上大夫。

72. 子曰：「為命：裨諶草創之，世叔討論之，行人子羽修飾之，東里子產潤色之。」

【譯文】孔子說：「鄭國制定法令，先由裨諶起草，然後交由世叔組織討論，並提出意見，再由外交官子羽加以修飾，最後經過住在東里的子產，做最終的修改潤色，然後定稿公布。」

【點評】孔子對子產的外交能力大加讚賞，講述一道行政文書，需要經過多人來完成，表明從政之人要謹慎。

恃德者昌，恃力者亡

孔子崇尚道德，鄙視武力和權術，要求統治者以德治天下。

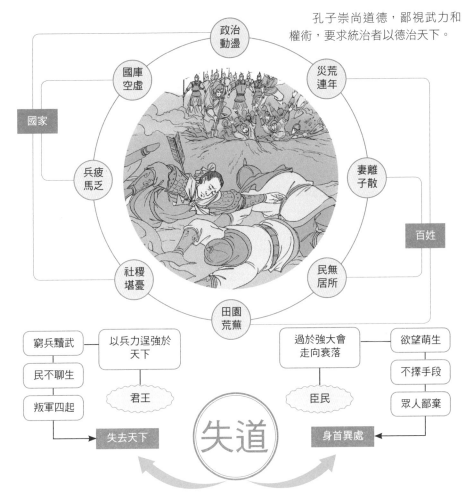

政治動盪

國庫空虛

災荒連年

國家

兵疲馬乏

妻離子散

百姓

社稷堪憂

民無居所

田園荒蕪

窮兵黷武 ← 以兵力逞強於天下

民不聊生

叛軍四起

君王

失去天下 ←

失道

身首異處 ←

過於強大會走向衰落 → 欲望萌生

不擇手段

臣民

眾人鄙棄

孔子的處世觀

「臨大難而不懼者，聖人之勇也」，這是孔子面對困苦的時候，告訴弟子的話語，可見他是一個對待人生坦然自若的勇者。

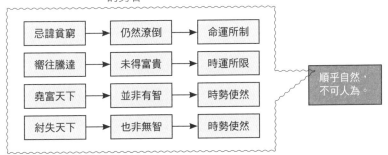

忌諱貧窮	→ 仍然潦倒	→ 命運所制
嚮往騰達	→ 未得富貴	→ 時運所限
堯富天下	→ 並非有智	→ 時勢使然
紂失天下	→ 也非無智	→ 時勢使然

順乎自然，不可人為。

343

73. 或問子產。子曰：「惠人也。」問子西。曰：「彼哉！彼哉！」問管仲。曰：「人也。奪伯氏駢邑三百，飯疏食，沒齒無怨言。」

【譯文】有人問子產是個怎樣的人。孔子說：「是個對國家和百姓有恩惠的人。」又問子西是怎樣的人。孔子說：「他啊！他啊！」又問管仲是怎樣的人。孔子說：「他是個有才能的人。他奪走伯氏駢邑的三百家，使伯氏以粗疏的飯食維持生計，可他直到老死也沒有怨言。」

【點評】此段是孔子針對子產、子西及管仲的政績，分別做不同的評價。

74. 子問公叔文子於公明賈，曰：「信乎，夫子不言、不笑、不取乎？」公明賈對曰：「以告者過也。夫子時然後言，人不厭其言；樂然後笑，人不厭其笑；義然後取，人不厭其取。」子曰：「其然，豈其然乎？」

【譯文】孔子向公明賈問到公叔文子，說：「確實是這樣嗎？夫子輕易不說什麼，喜怒不形於色，不拿取不屬於自己的東西嗎？」公明賈回答道：「這是因為傳話人說得過頭了。公叔文子老先生到該說時才說，因此別人不厭惡他說話；快樂時才笑，因此別人不厭惡他笑；合乎禮要求的財利他才取，因此別人不厭惡他取。」孔子說：「是這樣嗎？難道真是這樣嗎？」

【點評】孔子闡釋「義然後取」的思想，只要合乎義、禮，公叔文子並非不說、不笑、不取錢財，這就是有高尚人格者之所為。

有一次子路出門，一個孩子在河邊玩，不小心腳下一滑跌入河中，子路看到，急忙跳進水中，把孩子救起來。事後，孩子的家長萬分感謝，送禮給子路，子路毫不推辭地收了下來。有人看到，說：「子路救人，符合『仁』的道理，可是他還收了人家的禮，似乎不符合『仁』的道理吧？」孔子聽了則十分高興，說子路做得對，這樣以後魯國人必定樂於拯救溺水之人。得救的人有謝金，救人的人有回報，真是件兩全其美的事情啊！

75. 子曰：「臧武仲以防求為後於魯，雖曰不要君，吾不信也。」

【譯文】孔子說：「臧武仲犯罪出逃到自己的封地防邑據守避難，請求魯君封立其兒孫永遠為當地的長官。雖然他嘴上說不是要挾君主，但我不相信。」

【點評】臧武仲因得罪孟孫氏逃離魯國，後來回到防邑，向魯君提出以立臧氏之後為卿大夫，作為自己離開防邑的條件。孔子認為他以自己的封地為據點，要挾君主，犯上作亂，犯不忠的大罪，所以他說了上面這段話。此事在《春秋》中也有記載。

施恩與人，義然後取

論賢篇

「送人玫瑰，手留餘香」，即在幫助別人的同時，自己的思想也得到昇華。孔子一直重義輕利，但如果義的行為對他人有幫助，並不反對接受利益。

子路收禮

孩子家長送禮給子路，子路毫不推辭地收了下來。

一個孩子溺水，子路急忙投水相救。

子路救了人還收禮，似乎不符合「仁」的道理。孔子則說子路做得對，從此魯人必樂於拯救溺水之人，如此得救的人有謝金，救人的人有回報，可算是兩全其美。

問禮漁夫

知識是無窮盡的，因為每個人所處的環境不同，所以各自的見識也不相同。知識無貴賤之分，所以做人應該謙虛禮讓，要具有「水甘於處下」的品德。有才德的人，即使是撐船的漁夫，都可以成為他請教的對象，孔子的謙和正是畫中所要傳達的訊息。

小智慧大妙處

聖人求職多磨難 孔子奔楚，想在楚地尋得實現理想的機會。孔子喜歡拜訪高人，他卻在道家領袖老萊子那兒碰壁。孔子拜見老萊子，講述他的為政理想，卻被老萊子訓導一番。萊子說：「你對世人的痛苦感到哀傷，卻輕視你的作為給萬代子孫帶來的禍患，這究竟是貧乏無知，還是無法達到目的呢？與其讚譽唐堯而非議夏桀，倒不如把兩者忘掉，放棄對他們是非曲直的評說。反乎必有損傷，不安不靜必生邪惡。做人做事從容隨物，故常成功。每次都想謀求成功，就會成為你的包袱。」老萊子還說：「孔丘，去掉你自以為是的賢能，修養容知胸懷，這才能成為正人君子啊！」孔子並不以為然，老萊子又打個比喻說：「你看我的牙齒還在嗎？」孔子答：「沒有。」又問：「我的舌頭呢？」「還在。」老萊子說：「牙齒堅剛，上下摩擦，故容易脫落；而舌頭柔軟，故長存，明此道理，方可事君啊！」老萊子勸說孔子放棄儒家學說，改奉道家無為，兩人道不同，孔子想在老萊子這兒「嚶其鳴矣，求其友聲」的願望破滅。

76. 子曰：「晉文公譎而不正，齊桓公正而不譎。」

【譯文】孔子說：「晉文公詭詐而不正派，齊桓公正派而不詭詐。」

【點評】孔子站在尊王和維護《周禮》的立場上，主張「禮樂征伐自天子出」，這是對世人違禮行為的指責。晉文公稱霸後召見周天子，這對孔子來說是不可接受的事，所以他說晉文公詭詐。齊桓公打著「尊王」的旗號稱霸，孔子認為他的作法合乎禮的規定。所以，他對晉文公、齊桓公作出上述評價。

77. 子路曰：「桓公殺公子糾，召忽死之，管仲不死。」曰：「未仁乎？」子曰：「桓公九合諸侯，不以兵車，管仲之力也。如其仁，如其仁！」

【譯文】子路說：「齊桓公殺害公子糾，召忽自殺以殉，但管仲卻沒有追隨赴死。」說：「管仲是不仁義吧？」孔子說：「桓公多次召集各諸侯國會盟，不用武力，都是管仲的力量啊！這就是他的仁德，這就是他的仁德！」

【點評】孔子提出「事君以忠」。公子糾被殺，召忽自殺以殉其主，而管仲卻沒有死，不僅如此，他還歸服其主的政敵，擔任宰相，這樣的行為應該屬於不忠。但孔子卻認為管仲幫助齊桓公召集諸侯會盟，是依靠仁德，值得稱讚。

78. 子貢曰：「管仲非仁者與？桓公殺公子糾，不能死，又相之。」子曰：「管仲相桓公，霸諸侯，一匡天下，民到於今受其賜。微管仲，吾其被髮左衽矣。豈若匹夫匹婦之為諒也，自經於溝瀆而莫之知也。」

【譯文】子貢問：「管仲不能算是仁人吧？桓公殺害公子糾，他不但不能為公子糾殉死，而且又輔佐齊桓公。」孔子說：「管仲輔佐桓公，稱霸諸侯，匡正了天下，百姓到今天還享受到他的好處。如果沒有管仲，我們恐怕早就披散著頭髮，衣襟向左開。哪能像普通百姓那樣恪守小節，以至於自殺在小山溝裡而不為人知啊！」

【點評】孔子也曾在別的章節中說到管仲，整體來說，肯定管仲有仁德。根本原因在於管仲提出「尊王攘夷」的口號，反對使用暴力，而且阻止齊魯之地被「夷化」的可能。孔子認為，像管仲這樣有仁德的人，不必像匹夫那樣，斤斤計較他的節操與信用。齊桓公三十四年，周襄王即位，派人送祭肉給桓公，以示嘉獎。桓公在葵丘召集各諸侯國會盟，舉行受賜典禮，並依據管仲的建議，訂立盟約。至此，齊桓公在管仲輔佐下，先後主持了三次武裝會盟、六次和平會盟，還輔助王室一次，史稱「九會諸侯，一匡天下」，齊桓公成為公認的霸主。

事君以忠，德治天下

忠君治國得天下，君臣同心，用道德感化臣民，這樣才能使民心歸向，國家就會呈現太平盛世的繁榮景象。

臣子 ── 事君以忠 ── 忠心耿耿，君臣同心。

> 作為臣子就應該盡忠，但是臣子的忠心是有條件的，這個條件就建立在君主的禮義之上，無條件的盡忠，不是君臣大義。

君王 ── 德治天下 ── 提升自身修養，民心歸復。

> 以德治國是孔子政治思想的核心。「德」長期被看做管理國家、統治天下的基本原則和主要法寶，對於治國來說，它是政治的根本和泉源。這一切都必須建立在「禮」的基礎之上。

管仲之仁

尊王攘夷

> 「尊王」即尊崇周王的權力，維護周王朝的宗法制度。西元前 655 年，周惠王有另立太子的意向。齊桓公會集諸侯國君於首止，與周天子盟，以確定太子的正統地位。次年，齊桓公因鄭文公首止逃會，率聯軍討伐鄭國。數年後，齊桓公率多國國君與周襄王派來的大夫會盟，並確立周襄王的王位。

> 「攘夷」即對遊牧於長城外的戎、狄和南方楚國對中原諸侯的侵擾進行抵禦。西元前 664 年，山戎伐燕，齊軍救燕。西元前 661 年，狄人攻邢，齊桓公採納管仲「請救邢」的建議，打退了毀邢都城的狄兵，並在夷儀為邢國建立新都。

尊王

陳

宋

尊王

晉

> 管仲打出「尊王攘夷」的旗幟，以周天子的名義驅逐外夷，保全弱小國家的領土，得到各諸侯國的支援。他的辦法是聯合諸侯，把弱小諸侯的力量集中起來，攻打外夷，伐山戎以救燕，伐狄以救衛邢。這是一種用合力政策，把外夷各個擊破的策略。

> 齊桓公實行的「尊王攘夷」政策，使其霸業更加合法合理，同時也保護了中原經濟和文化的發展，為中華文明的存續作出巨大貢獻。

攘夷

79. 公叔文子之臣大夫僎，與文子同升諸公。子聞之曰：「可以為『文』矣。」

【譯文】公叔文子的家臣僎和文子一同做衛國的大夫。孔子知道這件事以後說：「公叔文子是可以封他『文』的諡號。」

【點評】春秋時，晉平公問祁黃羊說：「派誰去當南陽縣的縣長比較合適呢？」祁黃羊毫不遲疑地回答說：「叫解狐去，最合適了。」平公驚奇地問他：「解狐不是你的仇人嗎？你為什麼還要推薦他呢？」祁黃羊說：「你只問我什麼人能夠勝任，並沒有問我解狐是不是我的仇人啊！」於是，平公就派解狐到南陽縣去上任了。解狐到任後，把當地治理得很好。過了一些日子，平公又問祁黃羊說：「現在朝廷裡缺少一個法官，誰能勝任這個職位呢？」祁黃羊說：「祁午能夠勝任。」平公又奇怪地問：「祁午不是你的兒子嗎？你推薦你的兒子不怕別人講閒話嗎？」祁黃羊說：「你只問我誰可以勝任，並沒問我祁午是不是我的兒子啊！」平公就派了祁午去作法官。祁午當上了法官，審法公正，很受人們的歡迎與愛戴。孔子聽到這兩件事，十分稱讚祁黃羊。孔子說：「祁黃羊推薦人，完全是拿才能做標準，不因為是自己的仇人，心存偏見，不推薦他；也不因為是自己的兒子，怕人議論，便不推薦。像祁黃羊這樣的人，才算是『大丈夫』。」

80. 蘧伯玉使人於孔子。孔子與之坐而問焉，曰：「夫子何為？」對曰：「夫子欲寡其過而未能也。」使者出。子曰：「使乎！使乎！」

【譯文】蘧伯玉派使者去拜訪孔子。孔子讓使者坐下，然後問道：「先生讓你來有什麼事嗎？」使者回答說：「先生想要減少自己的錯誤，但未能做到。」使者走了以後，孔子說：「這才是真正的使者啊！這才是真正的使者啊！」

【點評】此段塑造出不卑不亢、反應敏捷、忠誠正直、謙遜有禮的使者形象。

81. 子曰：「莫我知也夫！」子貢曰：「何為其莫知子也？」子曰：「不怨天，不尤人，下學而上達。知我者其天乎！」

【譯文】孔子說：「沒有人了解我啊！」子貢說：「怎麼能說沒有人了解您呢？」孔子說：「我不埋怨命運，也不責備人，下學人事禮樂而上達天命，了解我的只有天吧！」

【點評】《史記·孔子世家》中說，孔子七十一歲時，魯君狩獵，獲得一隻怪獸，孔子認為是麟，不禁流淚，他感歎自己的政治理想不能實現，但是不怨天不尤人，顯示偉大的人格力量。

舉賢貢能，國運昌盛

賢才是一個國家發展的核心，即便國君再賢明，如果沒有好的賢臣輔助，也無濟於事，終究還是要依靠眾人的力量。

以死相諫

士會

士會（西元前 660 ~ 前 583 年），即范武子（隨武子），春秋時期晉國大夫，士蔿之孫。祁姓，士氏，名會，字季，因封於隨，稱隨會；封於范，又稱范會；以大宗本家氏號，又為士會。因迎公子雍之事流亡秦國，河曲之戰中為秦國獻計，成功抵禦晉軍。後被趙盾用計迎回晉國。

士會以死相諫，保全了晉國大將荀林父的性命，同時也保全了晉國的實力。

愛卿說得很對，我險些枉殺一位晉國的功臣。

● 荀林父是我們晉國的棟梁之才，屢建奇功，進則盡忠，退則思過，如果把他殺害，我們的敵人只會拍手稱快。陛下，我願意一死，以求您赦免荀林父。

82. 子路宿於石門。晨門曰：「奚自？」子路曰：「自孔氏。」曰：「是知其不可而為之者與？」

【譯文】子路隨從孔子周遊列國，在石門這個地方過夜。看門的人問：「從哪裡來？」子路說：「從孔子那裡來。」看門的人說：「是那個明知做不到卻還要去做的人嗎？」

【點評】「知其不可而為之」是因為有著堅定的信念支援，所以不畏懼，這是一種持之以恆的精神。在生活中，所有的成功都是經過艱苦奮鬥，和堅持不懈努力得來的。孔子「知其不可而為之」，反映出他孜孜不倦的執著精神。從這位看門人的話中，我們也可以看出當時人們對孔子的了解、同情及讚歎之情。

83. 子擊磬於衛。有荷蕢而過孔氏之門者，曰：「有心哉，擊磬乎！」既而曰：「鄙哉！硜硜乎！莫己知也，斯己而已矣。深則厲，淺則揭。」子曰：「果哉！末之難矣。」

【譯文】孔子在衛國擊磬自樂，有一位背扛草筐的人從孔子門前走過，說：「這個擊磬的人有心思啊！」一會兒後又說：「聲音充然有力，真可鄙啊！沒有人了解自己，只為自己就是了。好像涉水一樣，水深就穿著衣服走過去，水淺就撩起衣服走過去，何必固執不化。孔子說：「說得真乾脆，沒有什麼可以責問他。」

【點評】這段說明孔子知難而進，為了理想「知其不可而為之」。這種精神，在當今仍有很重要的意義。

84. 陽貨欲見孔子，孔子不見，歸孔子豚。孔子時其亡也，而往拜之，遇諸塗。謂孔子曰：「來！予與爾言。」曰：「懷其寶而迷其邦，可謂仁乎？」曰：「不可。」「好從事而亟失時，可謂知乎？」曰：「不可。」「日月逝矣，歲不我與。」孔子曰：「諾，吾將仕矣。」

【譯文】陽貨想見孔子，孔子不見，他便贈送給孔子一隻熟小豬，想要孔子去拜見他。孔子打聽到陽貨不在家，往陽貨家拜謝，卻在半路上遇見了。陽貨對孔子說：「來，我有話要跟你說。」孔子走過去，陽貨說：「把自己的本領藏起來而聽任國家迷亂，這可以叫做仁嗎？」孔子回答說：「不可以。」陽貨說：「喜歡參與政事而又屢次錯過機會，這可以說是智嗎？」孔子回答說：「不可以。」陽貨說：「時間一天天過去，年歲不等人。」孔子說：「好吧，我將要去做官。」

【點評】這段記載孔子和魯國的權奸陽貨的一段交往經歷。孔子不見陽貨，表示他不想與本質不好的人交往，而送東西的路上見到陽貨時，卻又說將要去做官，表現孔子高度的正義原則性和處事的靈活性。

三國時，曹操請劉備喝酒，曹操問劉備英雄的標準，他說：「夫英雄者，胸懷大志，腹有良謀，有包藏宇宙之機，吞吐天地之志者也。」接著指劉備，後指自己，說：「天下的英雄，只有我和你兩個人！」劉備聽畢，驚慌失措，手中的筷子掉在地上，心裡生怕曹操了解自己的政治抱負。正巧當時突然下大雨，雷聲大作，劉備急忙說自己是被雷聲嚇掉筷子。曹操大笑不止地說：「大丈夫也怕雷嗎？」劉備說：「連聖人對雷風也會失態，我還能不怕嗎？」劉備經過巧妙掩飾，使曹操認為自己是個胸無大志、膽小如鼠的庸人。曹操從此放鬆對劉備的警惕。

知其不可而為之

每個人都有自己的理想，在實現理想的過程中都會遇到困難，孔子教育我們，在遇到困難的時候不要知難而退，要勇敢地拼搏，要有「知其不可而為之」的精神。

當今天下英雄，只有你和我兩個人！

積極上進是人必須具備的本質，但是在某些特殊的時期，在與他人的利益有所衝突的時候，退讓一步，常是為了保全自己，讓自己有更好的發展。

「世事洞明皆學問，人情練達即文章」。待人處事需要智慧，更需要心計，為人處世留一點智慧，是為了保護自己免受傷害。智慧不可用來害人，但可以用來保護自己，正所謂「害人之心不可有，防人之心不可無」。人情冷暖，世態炎涼，社會中的事情錯綜複雜，要留有智慧，才能維護自己的利益。

85. 齊人歸女樂，季桓子受之，三日不朝。孔子行。

【譯文】齊國人贈送了一些女樂舞藝人給魯國，季桓子接受，三天不上朝。孔子便離開了。

【點評】孔子雖然一直致力於以禮治國，但是還是有原則的，那就是對於昏庸無道的君主，孔子覺得沒有必要跟他宣傳禮。

86. 子曰：「直哉史魚！邦有道，如矢；邦無道，如矢。君子哉蘧伯玉！邦有道，則仕；邦無道，則可卷而懷之。」

【譯文】孔子說：「史魚真是正直啊！國家有道，他的言行像箭一樣，正直無私；國家無道，他的言行也像箭一樣，正道直行。蘧伯玉真是一位君子啊！國家有道就出來做官，國家無道就辭退官職，把自己的主張收藏在心裡，退隱深居。」

【點評】史魚與伯玉是有所不同的。史魚在國家有道或無道時，都同樣直行；而伯玉能審時度勢，只在國家有道時出來做官。所以，孔子說史魚是「直」，伯玉是「君子」。

87. 微子去之，箕子為之奴，比干諫而死。孔子曰：「殷有三仁焉。」

【譯文】微子離開紂王，箕子淪為奴隸，比干因勸諫被殺死。孔子說：「這是殷朝的三位仁人啊！」

【點評】孔子將微子、箕子、比干憂國憂民的仁者之心，和為國獻身的精神，稱為仁。

比干幼年聰慧，勤奮好學，二十歲就以太師高位輔佐帝乙，又受託孤重輔帝辛。比干從政四十多年，主張減輕賦稅徭役，鼓勵發展農牧業生產，提倡冶煉鑄造，富國強兵。商末帝辛紂王暴虐荒淫，橫徵暴斂，比干歎曰：「主過不諫非忠也，畏死不言非勇也，過則諫不用則死，忠之至也。」遂至摘星樓強諫三日不去。紂問何以自恃，比干曰：「恃善行仁義所以自恃。」紂怒曰：「吾聞聖人心有七竅信有諸乎？」遂殺比干剖視其心，終年六十四歲。

忠君愛國，為民請命

處世要有原則，違背道義的事情不能做，與志同道合的人共謀事，這樣才能實現自己的理想。

比干（西元前 1125 ～前 1063 年），姓子名干。比干是殷朝的政治家，是殷朝王室的重臣，曾在國王左右輔佐國政。比干忠君愛國，為民請命，敢於直言勸諫，要求君主改善政治，被稱為「亙古第一忠臣」，受到人民的尊敬和愛戴。

天下第一仁

比干是歷史上第一個以死諫君的忠臣。比干是商紂王的叔父，又是他的丞相，比干對紂王倒行逆施的暴虐統治不滿，多次向他諫阻，紂王不聽，比干最後只好以死相諫，死後葬在新鄉衛輝。

天下第一廟

比干廟是中國第一座墓、廟合一的建築，始建於北魏，我們現在看到的建築群，是明代弘治七年重建的。

天下第一墓

天葬墓是第一座史有記載的墳丘式墓葬。沿比干廟中心甬道穿過三門可見比干墓，為周武王所封，距今已有三千餘年的歷史了。北魏太和十八年（西元 494

年）魏孝文帝因墓建廟，稱為天葬墓。相傳比干死後，天降大風，飛沙走石，捲土將比干屍骨埋於此處，故稱其墓穴為天葬墓。

天下第一碑

比干廟裡有個石碑，是孔子用劍刻的碑，上書「殷比干莫」四個字，因為這是孔子留在世上的唯一真跡，被稱為「天下第一碑」。因為碑下就是土地，所以孔子寫個「莫」字，而不是「墓字」。

88. 柳下惠為士師，三黜。人曰：「子未可以去乎？」曰：「直道而事人，焉往而不三黜？枉道而事人，何必去父母之邦？」

【譯文】柳下惠當典獄官，三次被罷免。有人說：「你不可以離開魯國嗎？」柳下惠說：「按正道侍奉君主，到哪裡不會被多次罷官呢？如果不按正道侍奉君主，為什麼一定要離開本國呢？」

【點評】柳下惠是個正直、有能力的賢才，孔子對他的評價很高。可是這樣的賢才卻被罷官三次，這裡孔子以十分沉痛的語氣，道出當時官場的腐敗。

柳下惠是春秋時期著名的大學問家，他寬容大度，老實厚道，不因官職卑微而辭官不做。柳下惠在魯國做典獄官，掌管刑罰訴訟。當時魯國王室衰敗，朝政掌握在一些權貴手中，柳下惠性格耿直，不會對那些權貴們卑躬屈膝，更不會阿諛奉承，因此他經常得罪權貴，竟然接連三次被罷免官職。雖然他多次受到排擠，做官不順利，心中的志向更是無法實現，但是他的道德學問卻名滿天下，各國的諸候都以高官厚祿爭著聘請他，他都逐一拒絕。有人問他：「你怎麼不離開魯國呢？」他長歎一聲，說道：「我在魯國多次遭受罷免，是因為我堅持做人的原則，如果一直堅持下去，到哪裡也免不了被罷免。如果我放棄做人的原則，在魯國也可以得到高官厚祿，何必離開我的故鄉到別的國家去呢？」

89. 齊景公待孔子曰：「若季氏，則吾不能；以季、孟之閒待之。」曰：「吾老矣，不能用也。」孔子行。

【譯文】齊景公講到對待孔子的禮節時說：「像魯君對待季氏那樣高的待遇，我做不到，只能介於季氏孟氏之間。」又說：「我老了，沒有什麼作為了。」孔子離開齊國。

【點評】齊景公在任用孔子的態度上，反覆無常，孔子自知「道」不行，只好離開。表現孔子對恢復《周禮》不成功的無奈。

90. 子曰：「臧文仲其竊位者與！知柳下惠之賢，而不與立也。」

【譯文】孔子說：「臧文仲是一個竊居官位的人吧！他明知道柳下惠是個賢人，卻不舉薦他一起做官。」

【點評】這是孔子對臧文仲的批評指責，指責臧文仲以不正當的手段獲取地位，同時希望有賢能者在位。

大道當前，任重道遠

　　「道」的實行並不是短時間就能實現，需要更多的仁人志士為之奮鬥，並長久地持續下去，這其中道路雖然坎坷，但前途卻是光明的。

柳下惠三次被罷官

西元前 692 魯莊公二年，29 歲黜師職。

西元前 685 魯莊公九年，36 歲黜師職。

西元前 680 魯莊公十四年，41 歲復黜師職。

　　柳下惠（西元前 720 ～ 前 621 年），展氏，名獲，字禽，春秋時期魯國人，是魯孝公的兒子公子展的後裔。「柳下」是他的食邑，「惠」則是他的諡號，所以後人稱他「柳下惠」。據說他又字「季」，所以有時也稱「柳下季」。他做過魯國大夫，後來隱遁，成為「民」。柳下惠被認為是遵守中國傳統道德的典範，《孟子》中說「柳下惠，聖之和者也。」所以他也有「和聖」之稱。柳下惠還是中國柳姓的始祖。

　　柳下惠性格耿直，不屑與那些權貴同流合汙，被連續三次罷免官職，仍然不放棄理想。

柳下惠坐懷不亂

　　柳下惠「坐懷不亂」的故事告訴我們，只有道德高尚的人，才會被稱為君子，才會被人們學習和敬仰。

91. 逸民：伯夷、叔齊、虞仲、夷逸、朱張、柳下惠、少連。子曰：「不降其志，不辱其身，伯夷、叔齊與！」謂：「柳下惠、少連，降志辱身矣，言中倫，行中慮，其斯而已矣。」謂：「虞仲、夷逸，隱居放言，身中清，廢中權。我則異於是，無可無不可。」

【譯文】避世隱居的高人有：伯夷、叔齊、虞仲、夷逸、朱張、柳下惠、少連。孔子說：「不降低自己的意志，不屈辱自己的身分，保持著高貴尊嚴的是伯夷、叔齊吧！」說：「柳下惠、少連是被迫降低自己的意志，屈辱自己的身分，但說話合乎倫理，行為合乎人心，那也是可以諒解的啊！」說：「虞仲、夷逸過著隱居的生活，說話很隨便，能潔身自愛，離開官位合乎權宜。我卻同這些人不同，進退仁隱優遊自如，沒有什麼是可以的，也沒有什麼是不可以的，無所拘泥。」

【點評】這是孔子對歷史和當代幾位「逸民」作出的評價。他特別讚許伯夷、叔齊「不降其志，不辱其身」的精神，反映他讚賞獨立人格。

王安石變法失敗後，醉心於禪宗，他尤其重視《維摩詰經》和《法華經》這兩部經典，在他看來，佛法雖然義理紛紜，但是沒有本質的差別，就好比水牛也能生出象牙一樣。因此，他勸導僧眾不要執著於佛所說的無量義理，要追求領悟「一切法無差」的實相。王安石不僅研究佛經，而且還善於用生活中的具表現象，來抒發內心盎然的心境。尤其在晚年，王安石閒居鍾山，讀經參禪頗多體會，他對閒適淡泊生活情趣的嚮往和追求，一發不可收拾，寫出《遊鍾山四首》之一：「終日看山不厭山，買山終待老山間。山花落盡山長在，山水空流山自閒。」《兩山間》：「山花如水淨，山鳥與雲閒。我欲拋山去，山仍勸我還。」這些山水風雲、花鳥草蟲的詩句，表露出王安石閒適淡泊的人生意趣。

92. 子游曰：「吾友張也，為難能也，然而未仁。」

【譯文】子游說：「我的朋友子張，是十分難得的人才，但是修養仍然沒有達到仁德的境界。」

【點評】子游認為子張的儀表和德業都非常的出眾，但是還沒有達到仁的境界，其目的還是在鼓勵朋友。

93. 曾子曰：「堂堂乎張也，難與並為仁矣。」

【譯文】曾子說：「子張外表堂堂，難於和他一起做到仁德的標準。」

【點評】曾子對子張的評價，與子游對他的評價相同。

來去自如，融通自在

　　人心貴在自知和自然，不屬於自己的東西不要強求。無論你處在什麼樣的環境中，只要內心能夠排除世俗的雜念，自己的心態自然就會清靜起來。

晚年，王安石閒居鍾山，讀經參禪頗多體會，對閒適淡泊生活情趣的嚮往和追求，一發不可收拾。

詩三首

遊鍾山四首之一	兩山間	定林所居
終日看山不厭山， 買山終待老山間。 山花落盡山長在， 山水空流山自閒。	山花如水淨， 山鳥與雲閒。 我欲拋山去， 山仍勸我還。	屋繞灣溪竹繞山， 溪山卻在白雲間。 臨溪放艇依山坐， 溪鳥山花共我閒。

人心貴在自知和自然，不屬於自己的東西不要強求。

❶ 一個人的心裡對功名利祿有很強的欲望　→　❷ 不斷計較個人榮辱得失　→　❸ 處在憂鬱與不滿之中

❹ 無論你身處什麼樣的環境之中　→　❺ 排除世俗的雜念　→　❻ 心態自然會清淨起來

94. 孟氏使陽膚為士師，問於曾子。曾子曰：「上失其道，民散久矣。如得其情，則哀矜而勿喜。」

【譯文】孟氏任命陽膚做典獄官，陽膚向曾子請教。曾子說：「執政的人早就離開正道，致使民心離散已經很長時間了。如果你能了解他們的情況，就應該憐憫他們，而不要自鳴得意。」

【點評】曾子受孔子仁德思想的影響，抨擊了執政者的無道，同時也表達對下層民眾深深的同情。

魏文侯尊卜子夏、田子方、段干木等賢者為老師。段干木受魏成的推薦，得到魏文侯的禮敬，魏文侯每次路過段干木的住所，必定低頭，手扶車前衡木，表示敬禮，所以四方賢士都來歸附他。一次，魏文侯和群臣飲酒，正高興的時候，突降大雨，魏文侯命令屬下備車，起身前往管理山林的虞人處，親口告訴對方因下雨停止打獵的事。魏文侯派將領樂羊攻打中山，等到全部占領後，將這裡分封給兒子擊。文侯詢問群臣說：「我是一位怎樣的君主？」大家一致回答說：「仁德的國君。」任座說：「國君攻占中山，不將它封給弟弟，卻封給自己的兒子，怎能算得上仁君？」文侯大怒，任座勿忙而出。文侯又問翟璜，翟璜回答說：「仁德之君。」文侯道：「你怎麼知道呢？」翟璜說：「臣聽說君主有仁德，做臣子的就正直。剛才任座的言辭正直，所以臣知道。」文侯非常高興，派翟璜召任座回來，並親自下堂迎接他，待以上賓之禮。

95. 叔孫武叔語大夫於朝，曰：「子貢賢於仲尼。」子服景伯以告子貢。子貢曰：「譬之宮牆：賜之牆也及肩，窺見室家之好。夫子之牆數仞，不得其門而入，不見宗廟之美，百官之富。得其門者或寡矣。夫子之云，不亦宜乎！」

【譯文】叔孫武叔在朝廷上對大夫們說：「子貢比仲尼更賢。」子服景伯把這一番話告訴子貢。子貢說：「拿圍牆來作比喻，我家的圍牆只有齊肩高，誰都可以探望到房屋的美好；夫子家的牆壁幾仞高，仰望不及，如果找不到門進去，你就看不見裡面宗廟的富麗堂皇。能夠找到門進去的人並不多。叔孫武叔那麼講，是不對的！」

【點評】孔子的思想平凡而偉大。孔子的語言看似很平常，但是道理極其豐富，閃耀真理的光輝，後世努力將其發揚光大。

96. 陳子禽謂子貢曰：「子為恭也，仲尼豈賢於子乎？」子貢曰：「君子一言以為知，一言以為不知，言不可不慎也。夫子之不可及也，猶天之不可階而升也。夫子之得邦家者，所謂立之斯立，道之斯行，綏之斯來，動之斯和。其生也榮，其死也哀，如之何其可及也？」

【譯文】陳子禽對子貢說：「你是謙恭了，難道仲尼比你更賢良嗎？」子貢說：「君子的一句話就可以表現他的智慧，一句話也可以表現他的不智，所以說話不可以不慎重。夫子的修養高不可及，正像天是不能夠順著梯子爬上去一樣。夫子如果得國而為諸侯或得到采邑而為卿大夫，那就會像人們說的那樣，教百姓立於禮，百姓就會立於禮；要引導百姓，百姓就會跟著走；安撫百姓，百姓就會歸順；動員百姓，百姓就會齊心協力。夫子活著是世人的榮耀，死了令人哀痛不已。我怎麼能趕得上他呢？」

【點評】子貢回答別人貶低孔子而抬高自己的問話。子貢對孔子十分敬重，認為他高不可及，所以，他不能容忍別人對孔子的誣謗。

97. 叔孫武叔毀仲尼。子貢曰：「無以為也！仲尼不可毀也。他人之賢者，丘陵也，猶可逾也。仲尼，日月也，無得而逾焉。人雖欲自絕，其何傷於日月乎？多見其不知量也。」

【譯文】叔孫武叔誹謗仲尼。子貢說：「這樣做是沒有用的！仲尼是誹謗不了的。別人的賢德好比丘陵，還可超越過去。仲尼的賢德好比太陽和月亮，是無法超越的。雖然有人要自絕於日月，對日月又有什麼損害呢？只是表明他不自量力而已。」

【點評】子貢對孔子極高的評價，說明孔子的思想偉大，感人至深，這更要得益於孔子的弟子對其思想的發揚光大。

圖解論語大全